Vamos Ler ao Piano

PRÁTICAS DE PRÉ-LEITURA NA INICIAÇÃO PIANÍSTICA

VOLUME 1

Catalogação na Fonte
Elaborado por: Josefina A. S. Guedes
Bibliotecária CRB 9/870

S235v
2024

Santiago, Patrícia Furst
Vamos ler ao piano : volume 1 : práticas de pré-leitura na iniciação pianística / Patrícia Furst Santiago, Marcelo Almeida Sampaio.
- 1. ed. – Curitiba : Appris, 2024.
266 p. ; 21 cm.

ISBN 978-65-250-4897-0

1. Piano – Instrução e estudo. 2. Partituras – Leitura. I. Sampaio, Marcelo Almeida. II. Título.

CDD – 786.2

Editora e Livraria Appris Ltda.
Av. Manoel Ribas, 2265 – Mercês
Curitiba/PR – CEP: 80810-002
Tel. (41) 3156 - 4731
www.editoraappris.com.br

Printed in Brazil
Impresso no Brasil

Patrícia Furst Santiago
Marcelo Almeida Sampaio

Vamos Ler ao Piano

PRÁTICAS DE PRÉ-LEITURA NA INICIAÇÃO PIANÍSTICA

VOLUME 1

artêra
editorial

Apresentação

PROFESSORES

Este é um livro de pré-leitura no piano que incluiu três tipos de leitura-escrita gráfica sonora, anteriores à chegada da leitura absoluta, que são apresentados em três capítulos: (1) "Leitura Musical por Signos Sonoros"; (2) "Leitura Musical por Traços"; (3) "Leitura Musical por Dedilhados". Ele não é um livro de repertório, mas de preparação para processos de leitura. O material apresentado no livro foi avaliado em pesquisa realizada por Marcelo Almeida Sampaio em pós-doutorado no Programa de Pós-Graduação em Música da Universidade Federal de Minas Gerais, sob orientação de Betânia Parizzi. A pesquisa contou com a participação de Izabela da Cunha Pavan Alvim[1], de alunos de piano do Centro de Musicalização Integrado da UFMG e da Musicalização Infantil da Universidade do Estado de Minas Gerais.

O livro é indicado para crianças entre 4 e 10 anos de idade, contemplando práticas de leitura que atendem à faixa etária correspondente a essas fases de desenvolvimento cognitivo. Para Piaget, a criança de 4 anos (da fase final do pré-operacional) já é capaz de fazer uma representação simbólica simples da sua realidade por meio de palavras e desenhos que se complexificam com o passar da idade. A partir dos 6 anos (operacional concreto), ela se torna uma "pensadora e conhecedora mais madura com habilidades simbólico-representacionais de figuras, modelos e da criação do faz-de-conta" (FLAVELL *et al.*, 1999, p. 68)[2].

Os três capítulos do livro apresentam uma série de práticas de leitura e de escrita musical visando desenvolver nos alunos a conexão entre o som e sua representação gráfica em diversas modalidades. Os conteúdos musicais são independentes, progressivos e complementares, cabendo aos professores determinar, selecionar e reordenar as atividades de acordo com o conhecimento musical, o desenvolvimento motor e a motivação de cada aluno. A forma lúdica, adotada ao longo do livro, procura motivar os alunos a se interessarem pela leitura musical e a se conectarem prazerosamente com ela.

A leitura no instrumento musical depende do desenvolvimento motor dos alunos, não podendo, portanto, prescindir de habilidades motoras previamente estabelecidas. Por isso, a progressividade das práticas de leitura baseia-se, principalmente, no desenvolvimento motor, partindo de gestos e ações físicas rudimentares em direção ao refinamento motor e ao uso individual dos dedos.

---

1 Professora da Escola de Música da Universidade do Estado de Minas Gerais.

2 FLAVELL, John. H.; MILLER, Patricia. H.; MILLER, Scott. A. **Desenvolvimento cognitivo**. 3. ed. Porto Alegre: Artes Médicas Sul, 1999.

As práticas de leitura são inseridas em séries distintas que incluem as seguintes atividades:

1. *Histórias no piano*: Capítulo 1 – "Leitura Musical por Signos Sonoros". Desenhos para serem sonorizados livremente no piano, visando proporcionar às crianças uma primeira experiência na representação de signos visuais de forma prazerosa e lúdica.

Estratégias didáticas:

- Vocalizar e gestualizar[3] os movimentos apresentados nos desenhos.
- Criar histórias inspiradas nos desenhos, estabelecendo contextos, personagens e situações.
- Experimentar quaisquer procedimentos motores e recursos sonoros do piano que possam representar as histórias — cordas percutidas pelas teclas ou por baquetas, com outros objetos ou com mãos e dedos; caixa de madeira percutida pelas mãos ou baquetas; tábua de ressonância percutida por baquetas ou mãos e dedos; preparação do piano com objetos inseridos entre as cordas do instrumento; pedais para modificar o timbre.
- Sonorizar as histórias no piano.
- Se possível, gravar a sonorização das histórias para futura apreciação e formação de repertório composto pelas crianças.

2. *Jogos no piano*: Capítulo 1 – "Leitura Musical por Signos Sonoros". Partituras planimétricas[4] para serem sonorizadas livremente no piano, proporcionando às crianças a prática de conteúdos musicais específicos, tais como registros do piano, parâmetros sonoros (durações, dinâmicas), alternância e simultaneidade sonora e uso do pedal.

Estratégias didáticas:

- Vocalizar e gestualizar os movimentos apresentados nos jogos.
- Experimentar a realização de cada signo, considerando registros, dinâmicas e pedal.
- Realizar os jogos de acordo com as instruções de cada atividade.
- Gravar a realização dos jogos para futura apreciação e formação de repertório composto pelas crianças.

---

[3] O termo gestualizar refere-se ao uso de todo o corpo ou partes dele, para a realização dos movimentos sonoros e rítmicos.

[4] Planimetria: "Técnica de composição; maneira específica de organizar a música estruturalista [...]. Levantamento cronográfico destinado a fornecer as medidas e proporções do plano partitura ou de uma de suas partes, isto é, a projeção gráfica das partes significativas do trecho. Realização de um espaço temporal vazio (plano ou fundo) pelo levantamento de ocorrências musicais" (KOELLREUTTER, Hans Joachim. **Terminologia para uma Nova Estética da Música**. Porto Alegre: Movimento, 1990, p. 104).

3. *Preparações ou explicações para atividades de leitura-escrita musical*: Capítulos 1, 2 e 3 – "Leitura Musical por Signos Sonoros", "Leitura Musical por Traços" e "Leitura Musical por Dedilhados". Orientações sobre o conteúdo musical a ser desenvolvido em determinada série, surgindo quando necessárias para garantir aos alunos a realização das práticas posteriores.

Estratégias didáticas:

- Ler atentamente as instruções de cada atividade.
- Trabalhar a abordagem motora requisitada em cada atividade.
- Vocalizar e gestualizar os movimentos sonoros.

4. *Canções*: Capítulos 1, 2 e 3 – "Leitura Musical por Signos Sonoros", "Leitura Musical por Traços" e "Leitura Musical por Dedilhados". Aprendizagem e memorização das canções por imitação, com acompanhamento dos professores, preparando os alunos para as leituras posteriores.

Estratégias didáticas:

- Cantar as canções com as letras para memorização.
- Vocalizar e gestualizar os movimentos sonoros.
- Tocar as canções de acordo com as instruções de cada atividade.
- Tocar as canções com o acompanhamento do professor.

5. *Leitura à primeira vista*: Capítulos 1, 2 e 3 – "Leitura Musical por Signos Sonoros", "Leitura Musical por Traços" e "Leitura Musical por Dedilhados". Práticas gestálticas de leitura, realizadas por blocos de ocorrências rítmico-sonoras, evitando a leitura nota a nota.

Princípios de prática:

- Não olhar para as mãos. Manter os olhos na partitura.
- Não fixar os olhos no ponto da partitura que está lendo. Olhar adiante, procurando antever o que virá.
- Evitar paradas, mesmo que haja erros.
- Ouvir o que se está lendo.

Estratégias didáticas:

- Escolher e identificar registros, posições das mãos, dedilhados, âmbitos intervalares e notas a serem tocadas.
- Antes de iniciar a leitura, organizar as mãos no âmbito em que irá tocar.
- Observar bem os dedilhados indicados na partitura.
- Praticar o reconhecimento das posições das mãos nas notas: fechando os olhos, o aluno toca os dedos requisitados pelo professor; o aluno fala o número do dedo que vai tocar; o aluno fala o número do dedo que tocou.
- Praticar os movimentos sonoros a serem tocados: o aluno toca os movimentos sonoros requisitados pelo professor; o aluno fala qual foi o movimento sonoro que tocou; o aluno fala o movimento sonoro que vai tocar.
- Praticar os intervalos a serem tocados: o aluno toca os intervalos requisitados pelo professor; o aluno toca o intervalo e fala qual tocou; o aluno fala o intervalo que vai tocar.
- Praticar os nomes das notas a serem tocadas: o aluno toca as notas requisitadas pelo professor; o aluno fala os nomes das notas que tocou; o aluno fala os nomes das notas que vai tocar.
- A partir de um dedo que tocou (por exemplo, o dedo 1 na nota Ré), o professor fala o dedo que deve ser tocado a seguir; a partir de um som que tocou (por exemplo, o dedo 1 na nota Fá), o professor canta o som que deve ser tocado a seguir.
- Ler uma primeira vez em um andamento confortável. Ler outras vezes em andamentos mais rápidos.
- Ler falando o número do dedo que vai tocar (1, 2, 3, 4 ou 5).
- Ler falando o tipo de movimento sonoro que vai tocar (ascendente, descendente ou repetição de notas).
- Ler falando o intervalo que vai tocar (segunda, terça, quarta, quinta).
- Ler falando os nomes das notas.
- Ler cantando os nomes das notas.

6. *Escrita musical*: Capítulo 1 – "Leitura Musical por Signos Sonoros". Escrita de signos musicais, reforçando a capacidade de leitura dos alunos, surgindo quando necessária para garantir aos alunos a realização das práticas posteriores.

7. *Dinâmicas e pedal de sustentação*: Capítulos 1, 2 e 3 – "Leitura Musical por Signos Sonoros", "Leitura Musical por Traços" e "Leitura Musical por Dedilhados". Realização de dinâmicas e uso do pedal de sustentação. Caso a sua realização seja difícil para os alunos, os professores poderão simplificá-los ou excluí-los, especialmente nas práticas de leitura à primeira vista.

8. *Parabéns*: Capítulos 1, 2 e 3 – "Leitura Musical por Signos Sonoros", "Leitura Musical por Traços" e "Leitura Musical por Dedilhados". Autoavaliação dos alunos, dando a eles a oportunidade de refletirem sobre o seu aprendizado.

Capítulo 1 – Leitura Musical por Signos Sonoros

Definição: leitura-escrita musical que apresenta desenhos e formas visuais reconhecíveis, tais como elementos da natureza, formas geométricas e gráficas. As alturas e as durações são relativizadas e qualitativas. As representações visuais sugerem os contrastes entre "acima" e "abaixo"; "curto" e "longo". Cabe ao praticante reconhecer ou definir a posição no piano onde vai tocar.

Objetivos: (1) introduzir a leitura musical por meio de signos visuais diversos (*clusters*, *glissandi*, sons longos e curtos); (2) incentivar os alunos iniciantes a relacionarem representações visuais a eventos sonoros no piano; (3) vivenciar os parâmetros do som; (4) favorecer o uso do pedal de sustentação; (5) treinar a coordenação motora.

Processos motores: (1) coordenação motora, com o reconhecimento da lateralidade das mãos; (2) ataques indiretos e diretos na produção de *clusters* com mãos abertas e fechadas; (3) *glissandi* com o uso de paninho para evitar ferir as mãos; (4) ataques indiretos ou diretos ("dedos como pontas") na produção de sons curtos e longos. *Observação*: é recomendável a manutenção do estado funcional das mãos em posições fechadas ou abertas e em ataques de "dedos como pontas". Os pontos e linhas deverão ser realizados usando os dedos como pontas (ataques indiretos ou diretos).[5]

Pré-requisitos: (1) nenhum.

Conteúdos musicais: (1) exploração dos sons do piano; (2) registros do teclado; (3) geografia do teclado; (4) parâmetros do som (sons curtos e longos; alturas; intensidades; timbre pelo uso do pedal de sustentação); (5) pulsação; (6) transposição.

---

[5] Detalhes sobre esses processos motores podem ser encontrados em: SANTIAGO, Patrícia Furst. **Formação do Professor de Piano**: ensino de piano para iniciantes. Curitiba: Appris, 2021. Veja também vídeos no canal youtube.com/pianofortebh.

Capítulo 2 – Leitura Musical por Traços

Definição: leitura-escrita musical por traços que representam durações curtas ou durações longas indicadas por fermatas. Os traços correspondem à unidade, dobro, triplo, quádruplo e seus silêncios. Os traços também representam alturas proporcionais, enfatizando o contraste entre "acima" e "abaixo", realizados pelas mãos direita e esquerda, respectivamente. Cabe ao praticante reconhecer ou definir a posição no teclado onde vai tocar.

Objetivos: (1) introduzir a leitura musical de durações (curto e longo) e alturas (acima, abaixo); (2) vivenciar os parâmetros do som; (3) favorecer o uso do pedal de sustentação; (4) treinar a coordenação motora, com o reconhecimento da lateralidade das mãos; (5) praticar a abordagem motora "dedo como ponta" (ataques indiretos ou diretos).

Processos motores: (1) coordenação motora, com o reconhecimento da lateralidade das mãos; (2) ataques indiretos ou diretos ("dedos como pontas") na produção de sons curtos e longos, com mãos separadas, alternadas e simultâneas. Os pontos e linhas deverão ser realizados usando os "dedos como pontas". *Observação*: é recomendável a manutenção do estado funcional das mãos em posições fechadas ou abertas e em ataques de "dedos como pontas".

Pré-requisitos: (1) nenhum.

Conteúdos musicais: (1) exploração dos sons do piano; (2) registros do teclado; (3) geografia do teclado; (4) parâmetros do som (sons curtos e longos; alturas; intensidades; timbre pelo uso do pedal de sustentação); (5) fermata; (6) pulsação; (7) transposição.

Capítulo 3 – Leitura Musical por Dedilhado

Definição: leitura-escrita musical que apresenta o uso de dedilhados no âmbito de intervalo musical de quinta, com o uso das mãos em estado funcional no teclado. As alturas são relativizadas sem o uso de claves, ou seja, a localização das notas não é predeterminada. As durações são curtas ou são longas quando acrescidas de fermatas. Cabe ao praticante reconhecer ou definir a posição no teclado onde vai tocar.

Objetivos: (1) desenvolver a propriocepção, ou seja, a capacidade de reconhecer a posição das mãos e dos dedos no teclado; (2) automatizar os números dos dedos; (3) praticar os movimentos sonoros ascendentes, descendentes e as repetições de notas; (4) praticar os intervalos no âmbito de quinta; (5) treinar a ordenação de movimentos sonoros dos nomes de notas; (6) praticar a leitura da unidade, dobro, triplo e quádruplo e seus silêncios; (7) treinar o uso das mãos em estado funcional no teclado; (8) praticar o uso da abordagem motora "tecla para baixo" (ataques diretos dos dedos no teclado).

Processos motores: (1) coordenação motora, com o reconhecimento da lateralidade das mãos; (2) uso das mãos em estado funcional no teclado; (3) ataques diretos de dedos no teclado ("tecla para baixo"); (4) reconhecimento dos números dos dedos.

Pré-requisitos: (1) conhecimento da geografia e dos registros do teclado; (2) vivência dos parâmetros do som.

Conteúdos musicais: (1) registros do teclado; (2) geografia do teclado; (3) parâmetros do som (sons curtos e longos; alturas; intensidades; timbre pelo uso do pedal de sustentação); (4) fermata; (5) pulsação; (6) ordenação dos nomes das notas no âmbito de intervalo de quinta; (7) movimentos sonoros ascendentes, descendentes e repetições de notas; (8) intervalos no âmbito de quinta.

Sumário

Leitura por dedilhado

Leitura musical
por signos sonoros

Queridos alunos

1. ANTES DE TOCAR, OBSERVEM BEM AS FIGURAS DE CADA PÁGINA.
2. IMAGINEM E VOCALIZEM SONS QUE PODEM REPRESENTAR AS FIGURAS.
3. EXPERIMENTEM NO PIANO DIFERENTES FORMAS DE SONORIZAR CADA DESENHO.
4. TRABALHEM COM ATENÇÃO AS ABORDAGENS MOTORAS QUE VOCÊS VÃO USAR PARA REALIZAR CADA FIGURA.
5. CANTEM E SONORIZEM AS CANÇÕES NO PIANO.
6. REALIZEM OS JOGOS E AS LEITURAS NO PIANO.

DIVIRTAM-SE!

Série 1 - Histórias no piano

1.1 Bolas rolantes e linhas andantes

Sonorize esta história no piano como você quiser.

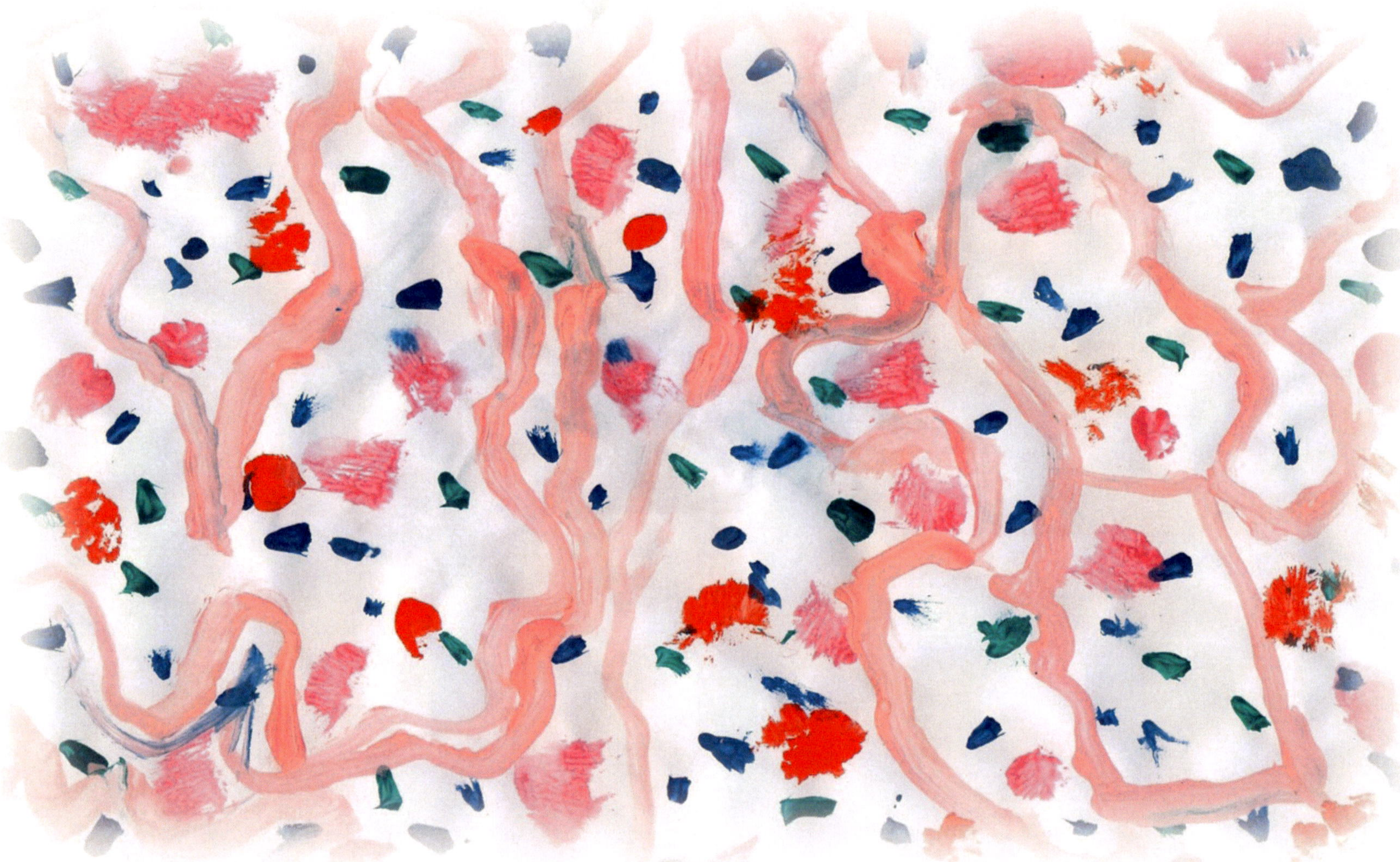

1.2 Riscos viajantes

Sonorize esta história no piano como você quiser.

1.3 Vou brincar com meus amigos

Sonorize esta história no piano como você quiser.

1.4 Um dia cheio de sons

Sonorize esta história no piano como você quiser.

1.5 Canções para cantar e desenhar

Cante esta canção e faça um desenho para representá-la.
Depois, sonorize o seu desenho no piano.

O TAMBOR

O TAMBOR

Tenho um tambor, tão pequenino,
veio da Espanha, para mim.

Ta-taratá-tá, tá-tá-tá,
Ta-taratá - tá.

Nesse tambor, tão pequenino,
com as baquetas, toco assim.

O ANJO MENSAGEIRO

Vamos cantar e desenhar mais uma canção e sonorizá-la no piano?

ANJO MENSAGEIRO

Tem uma casinha, onde mora um anjo.

É um mensageiro, querubim.

Esse lindo anjo, voa lá no alto.

E pula nas nuvens, trampolim.

Série 2 - Movimentos sonoros no piano

2.1 Subindo e descendo no piano

Quando tocamos teclas brancas e pretas no teclado, da esquerda para a direita, parece que os sons estão "subindo". Esse movimento sonoro se chama ASCENDENTE. Quando tocamos teclas brancas e pretas no teclado, da direita para a esquerda, parece que os sons estão "descendo". Esse movimento sonoro se chama DESCENDENTE.

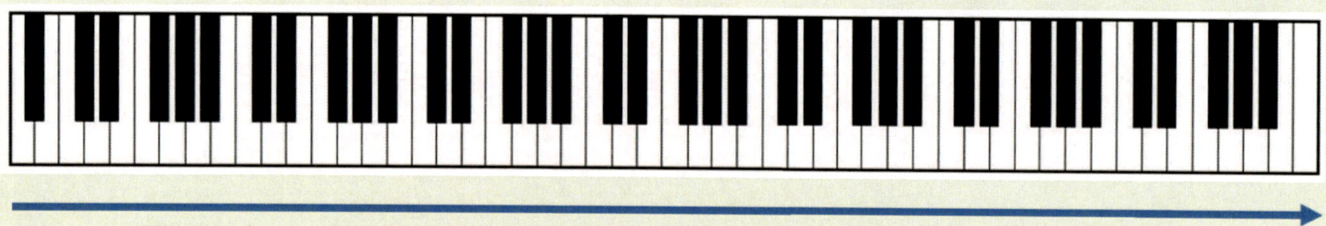

Tocando teclas brancas e pretas no teclado da esquerda para a direita
"Subindo" = movimento sonoro ASCENDENTE

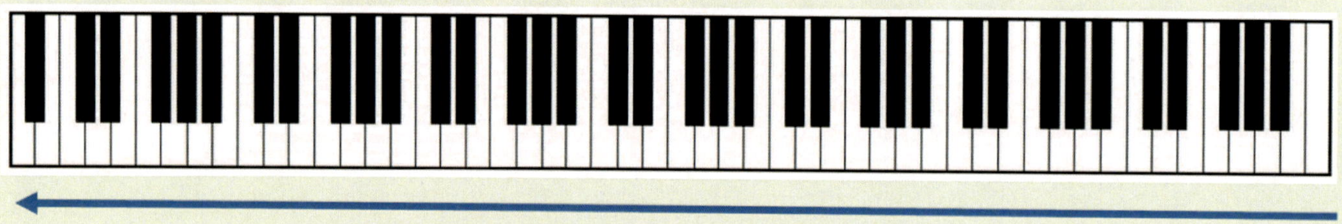

Tocando teclas brancas e pretas no teclado da direita para a esquerda
"Descendo" = movimento sonoro DESCENDENTE

2.2 Movimentos sonoros ascendentes e descendentes nas teclas pretas

Com o dedo indicador da mão direita, toque todas as notas pretas no teclado, como indicado nos quadros a seguir. Depois, toque todas as notas pretas no teclado com o indicador da mão esquerda.

2.3 Movimentos sonoros ascendentes e descendentes nas teclas brancas

Com o dedo indicador da mão direita, toque todas as notas brancas no teclado, como indicado nos quadros a seguir. Depois, toque todas as notas brancas no teclado com o indicador da mão esquerda.

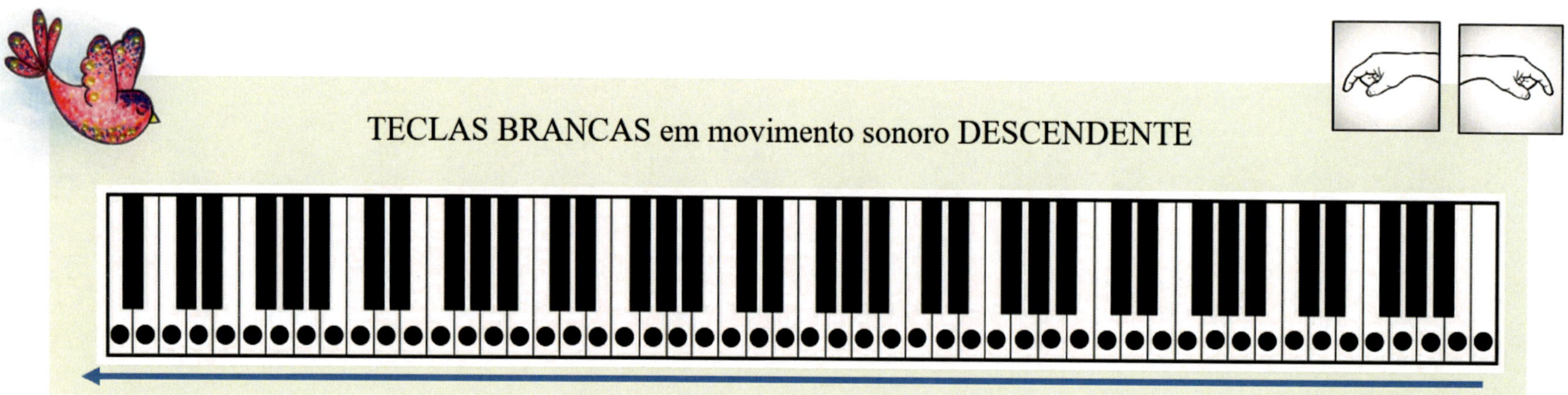

Série 3 – Signos sonoros e canções

3.1 Preparação: mão direita

O elefante, o coelho, a formiga e a cobra deixaram suas pegadas no piano, representadas por signos sonoros: *clusters*, linhas, pontos e *glissandi*. Para saber como tocá-los no piano, veja os desenhos das mãos e dedos ao lado das pegadas. Agora, toque em quaisquer teclas do piano as pegadas de cada animal com a MÃO DIREITA. Use um paninho para realizar os *glissandi*.

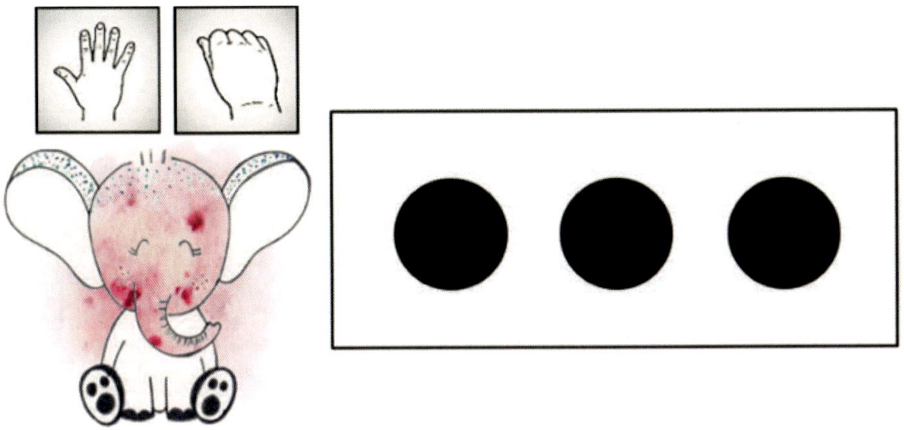

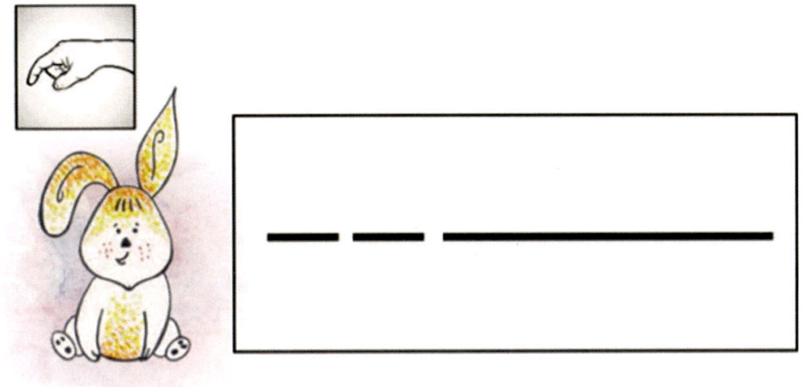

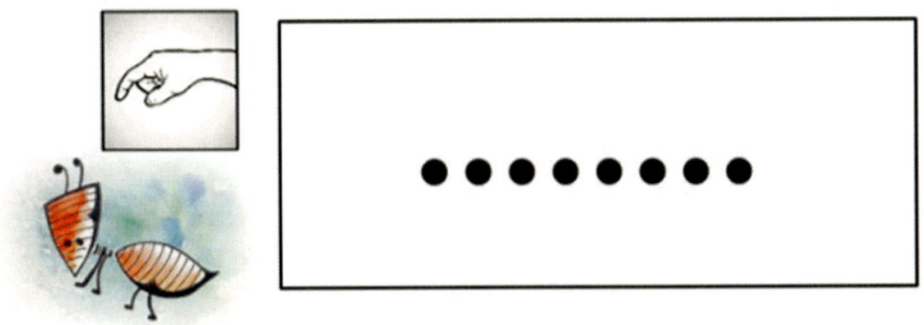

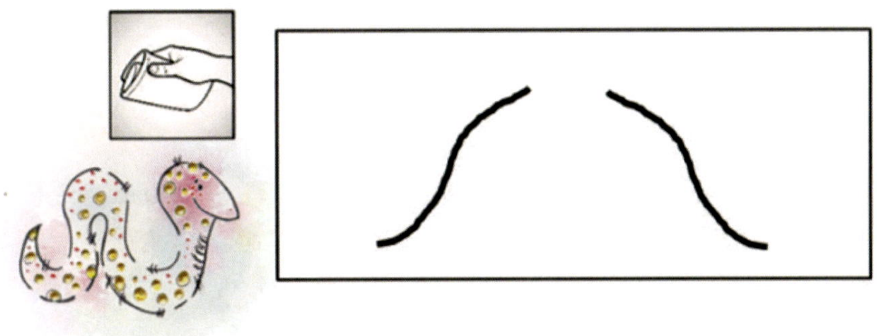

3.2 Preparação: mão esquerda

Agora vamos tocar os *clusters*, linhas, pontos e *glissandi* com a MÃO ESQUERDA. Use um paninho para realizar os *glissandi*.

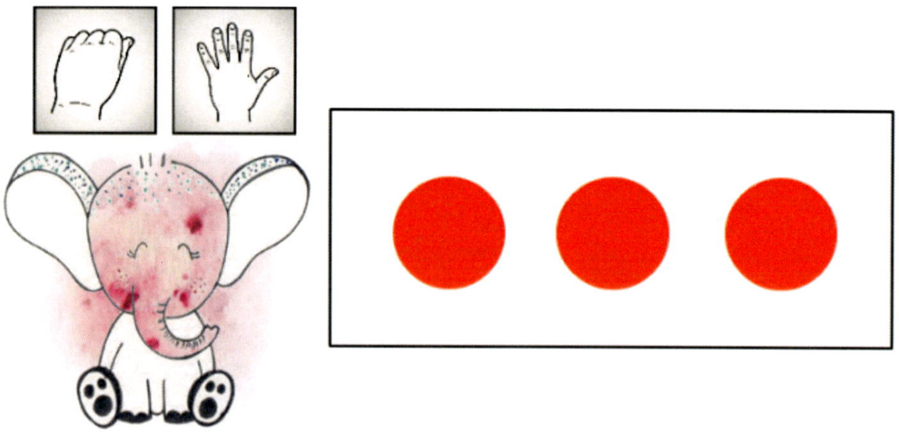

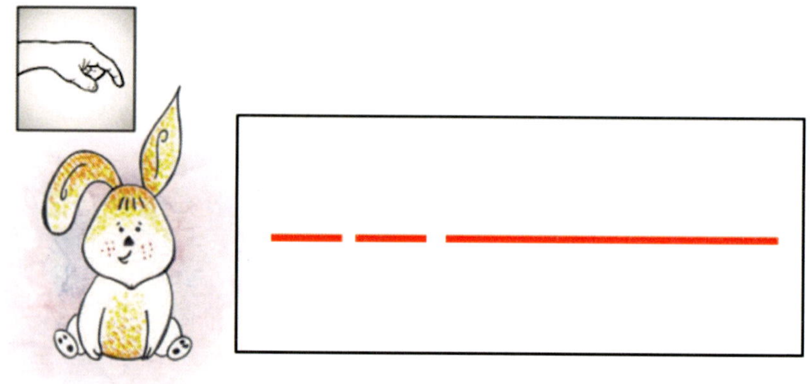

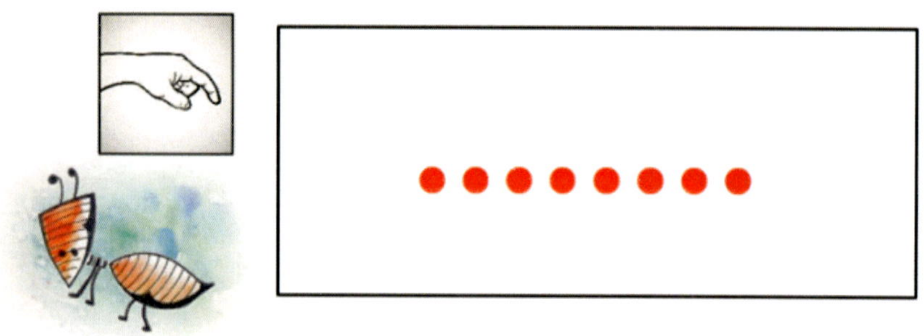

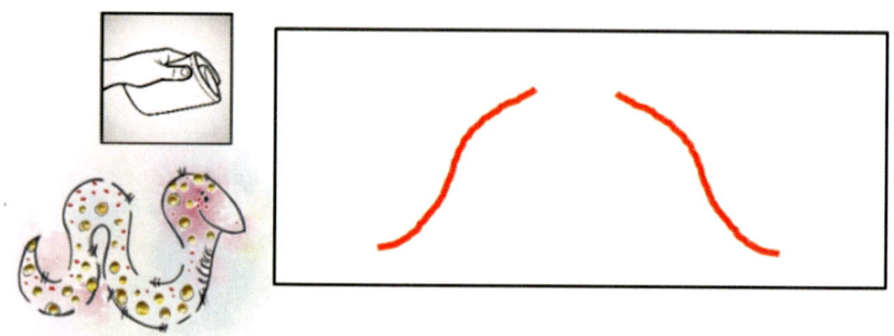

3.3 Signos sonoros em movimentos ascendentes e descendentes

Toque os signos escritos em cada quadro, em quaisquer teclas do teclado, com a mão direita (pretos) ou com a esquerda (vermelhos). Observe os movimentos sonoros ascendentes ou descendentes. Use um paninho para realizar os *glissandi*.

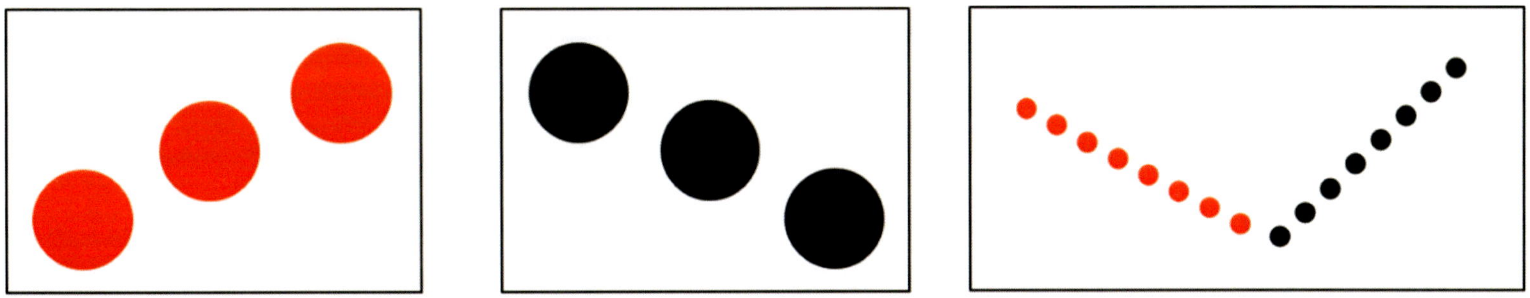

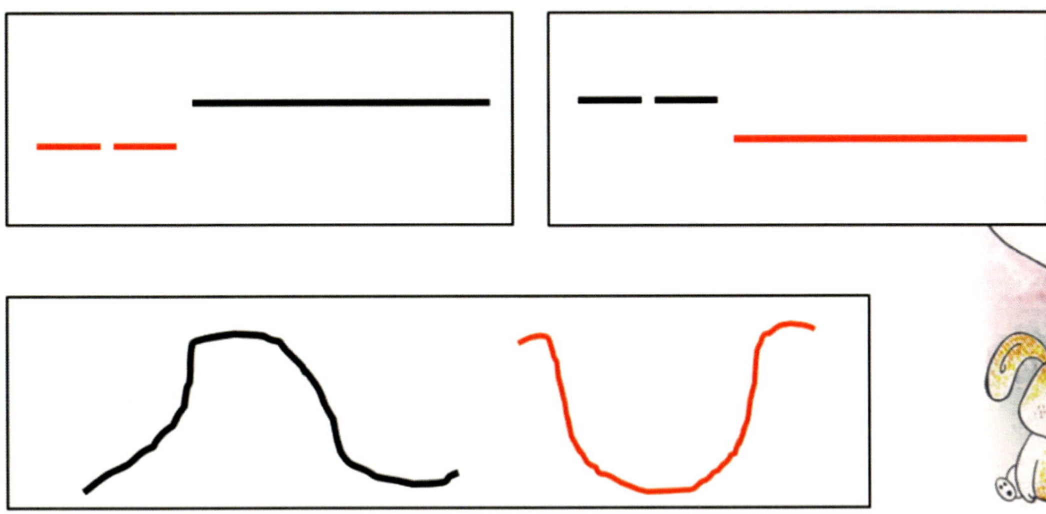

3.4 Canções com passos de animais

SOBE O MORRO, ELEFANTE

Cante e toque esta canção no piano, alternando mão direita (*clusters* pretos) e esquerda (*clusters* vermelhos).

SOBE O MORRO, ELEFANTE

Elefante sobe o morro com seus passos lar- gos. So-be, sobe o morrinho e já vai des-cer.

Elefante tão cansado quer su-bir o mor- ro. Vai subir de-va-garinho e de-pois des-cer.

Cante e toque esta canção no piano, alternando mão direita (linhas pretas) e esquerda (linhas vermelhas).

PULA, PULA, COELHINHO

Pu- la, pula, co- e- lhinho, vem brin-car na mi- nha mão.

Tão li- geiro e es- per- tinho, pu- la no meu co- ra- ção.

Cante e toque esta canção no piano, alternando mão esquerda (pontos vermelhos) e mão direita (pontos pretos).

FORMIGUINHA NO JARDIM

Formiguinha vai buscar a comidinha no jardim.

Ela encontra um raminho e come, come até o fim.

Cante e toque esta canção no piano, alternando mão direita (*glissando* preto) e mão esquerda (*glissando* vermelho).

A COBRA

Cobra, é tão sinuosa, tão silenciosa, anda assim. 

Vive, toda enroladinha, no galho, na selva, no montim. 

Série 4 - Teclas, registros, dinâmicas e pedal

4.1 Número de teclas e registros do piano

O piano tem muitos sons, não é? Conte quantas teclas o piano tem e escreva os números nos quadros a seguir. Podemos classificar os sons do piano em três REGISTROS. Alguns sons são bem GRAVES. Outros sons são MÉDIOS. Outros são AGUDOS. Veja no teclado a seguir a divisão dos três registros do piano.

Teclas pretas	Teclas brancas	Total das teclas

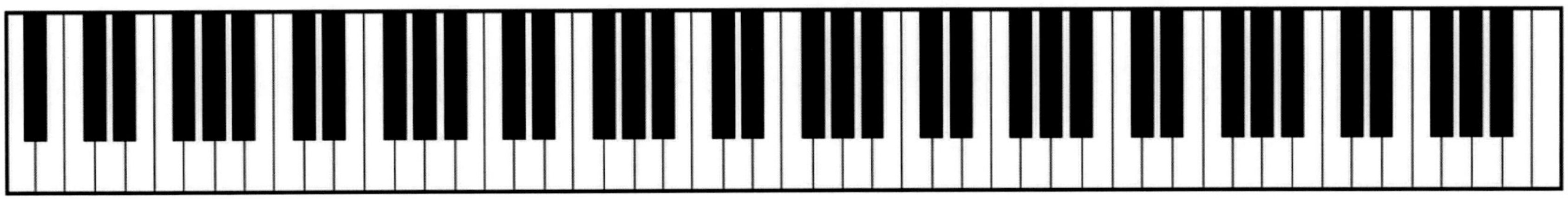

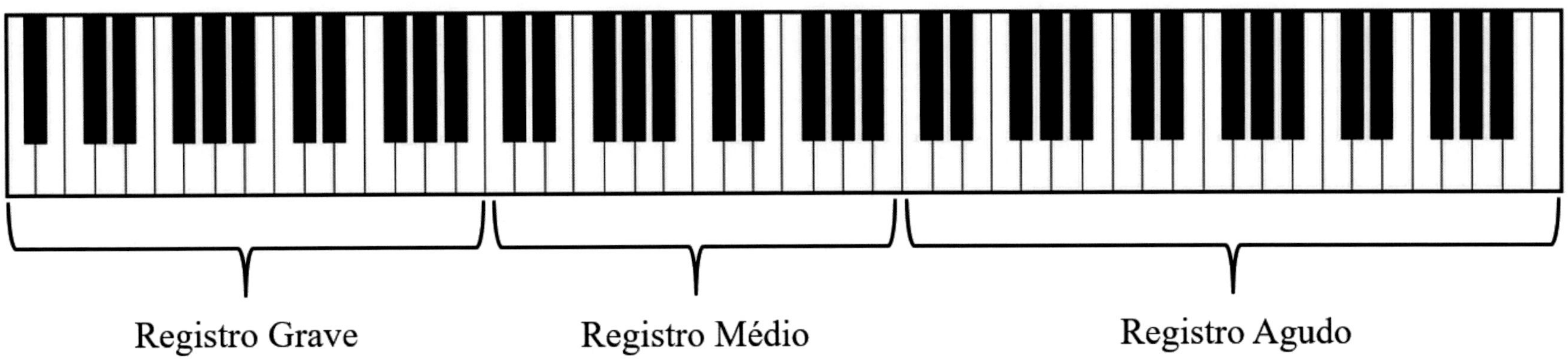

Vamos colorir os registros do piano? Escolha diferentes cores para colorir as teclas do registro GRAVE, do MÉDIO e do AGUDO.

Agora, escreva nos quadros a seguir nomes de animais, pessoas, eventos da natureza e eventos da civilização que possuem "vozes" correspondentes aos registros grave, médio e agudo.

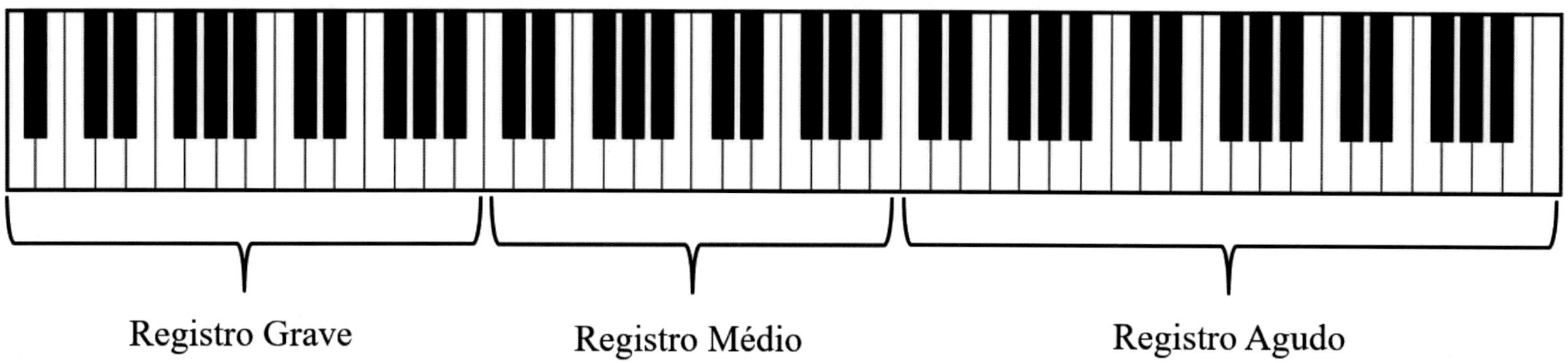

GRAVE	MÉDIO	AGUDO

4.2 Signos sonoros nos registros do piano

Toque no piano os signos sonoros que representam os passos dos animais nos registros indicados, grave, médio ou agudo. Observe com que mão você deve tocar cada signo: mão direita (signos pretos) e mão esquerda (signos vermelhos).

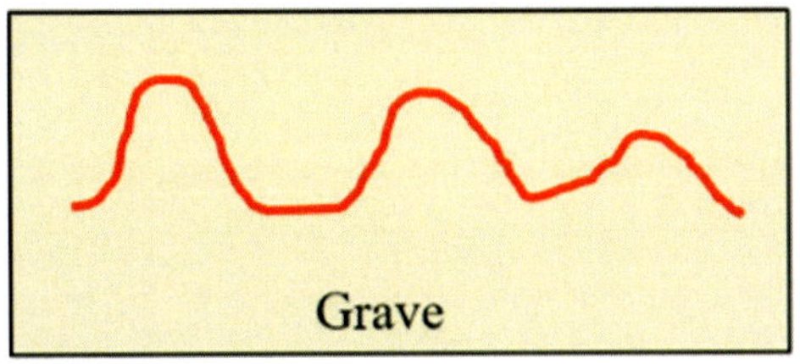

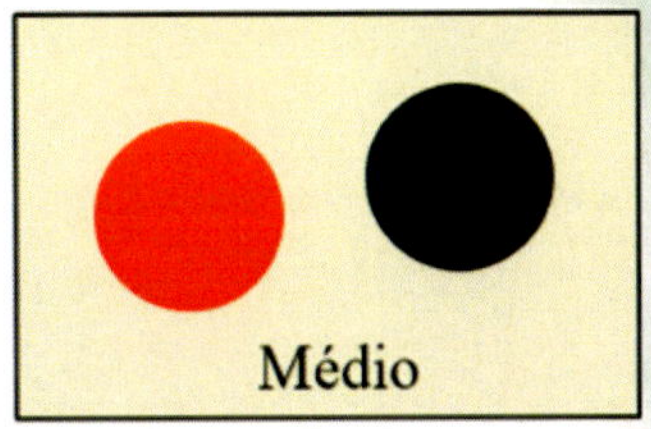

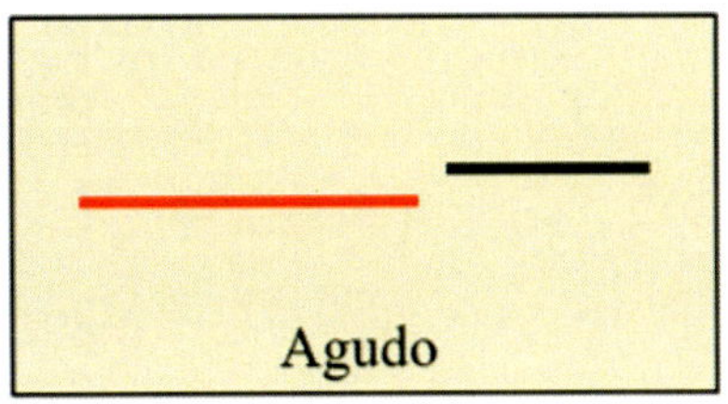

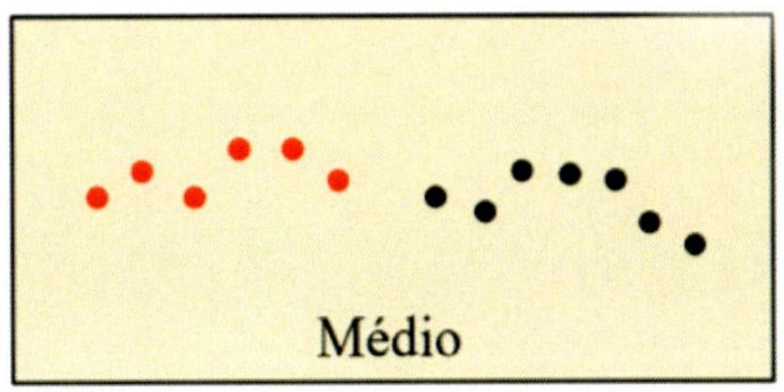

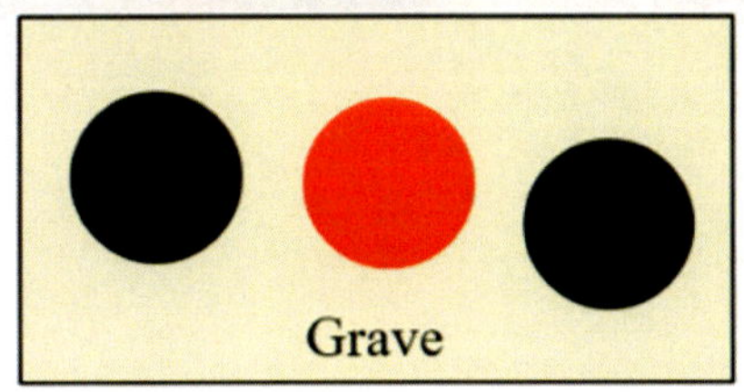

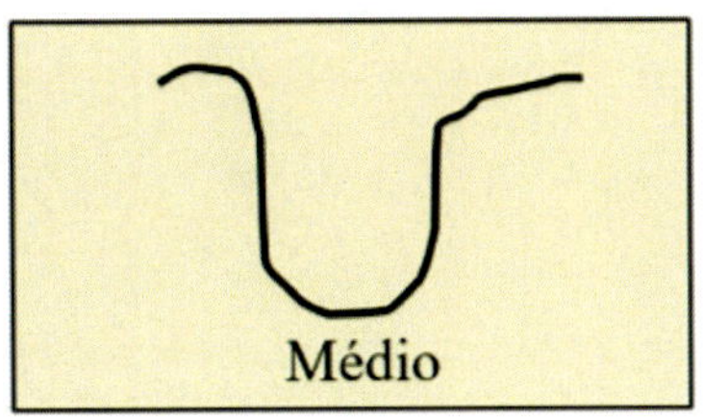

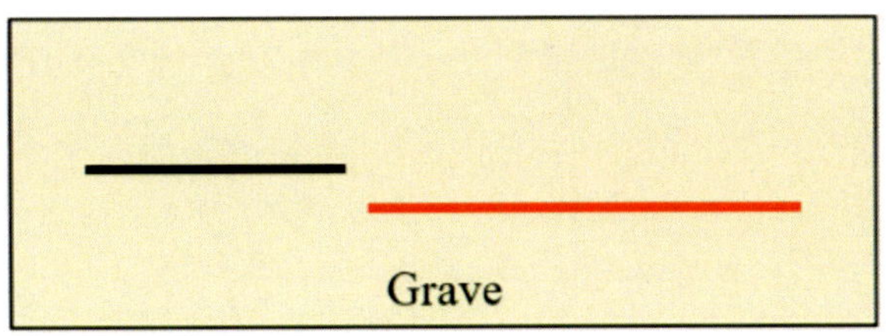

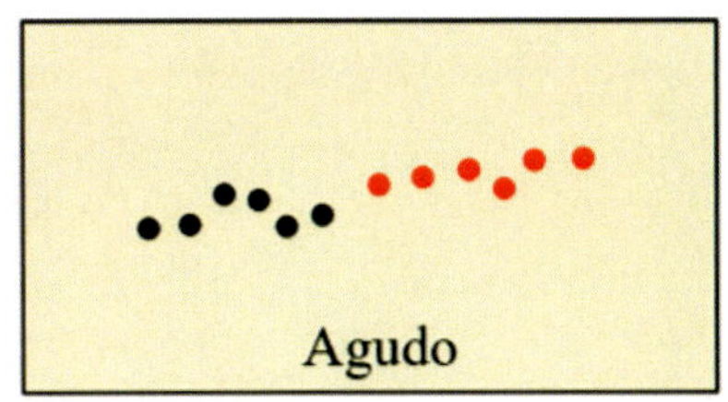

4.3 Jogo das setas

Seguindo as setas, toque no piano os signos sonoros escritos no quadro a seguir, com a mão direita (preto) ou esquerda (vermelho), começando onde quiser e usando livremente os registros do piano (grave, médio e agudo).

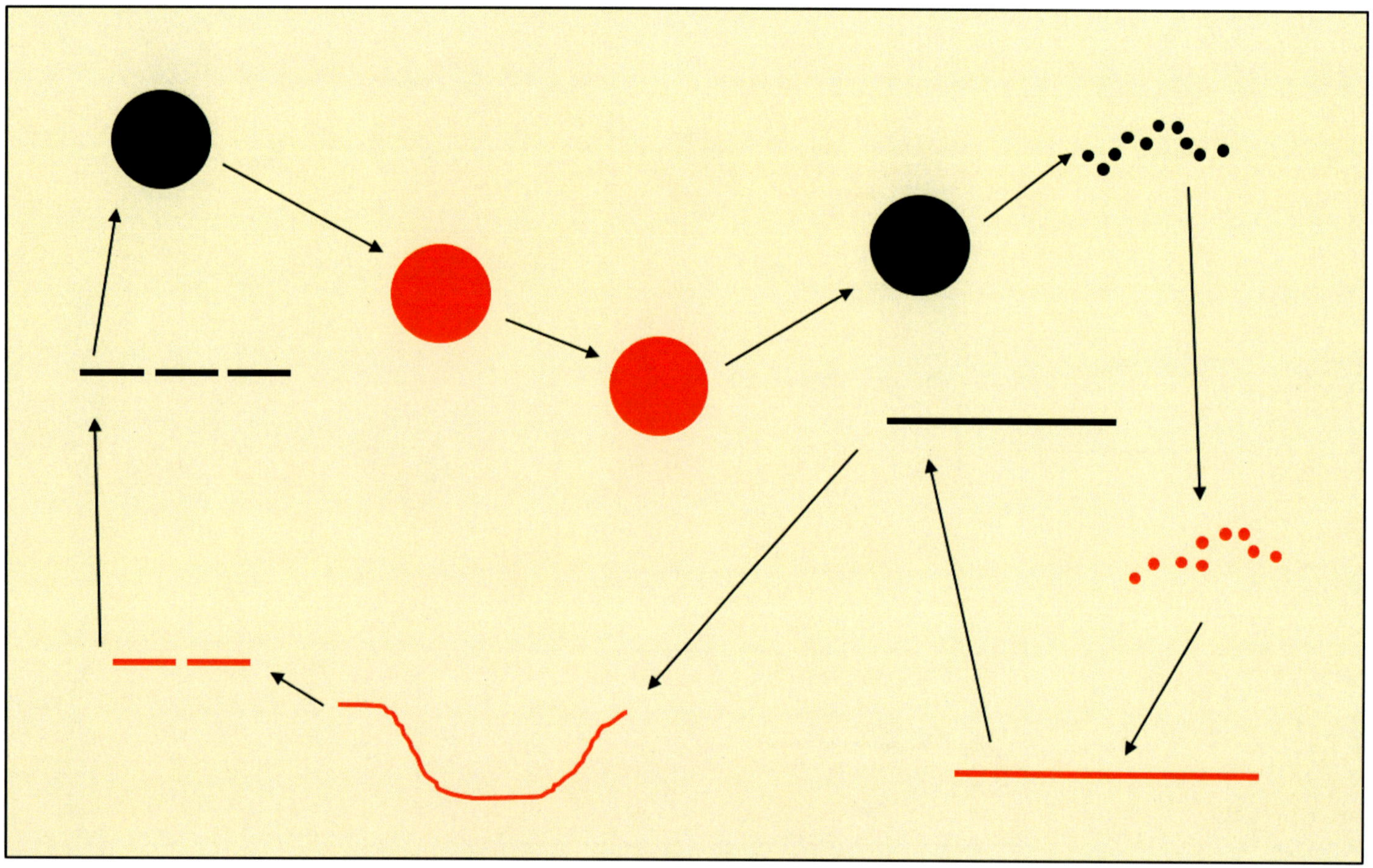

4.4 As dinâmicas no piano

Podemos tocar sons com diferentes intensidades no piano: FORTES e SUAVES. Em música, usamos palavras na língua italiana para indicar essas intensidades. *Forte*, em italiano, significa forte. *Piano*, em italiano, significa suave. Essas diferentes intensidades são chamadas de DINÂMICAS.

Então, os sons *Forte* serão indicados com *f*   Os sons *Piano* serão indicados com *p*

Agora, toque os signos escritos no quadro a seguir com a mão direita (preto) e com a esquerda (vermelho), nos registros que você escolher. Não se esqueça de realizar as dinâmicas.

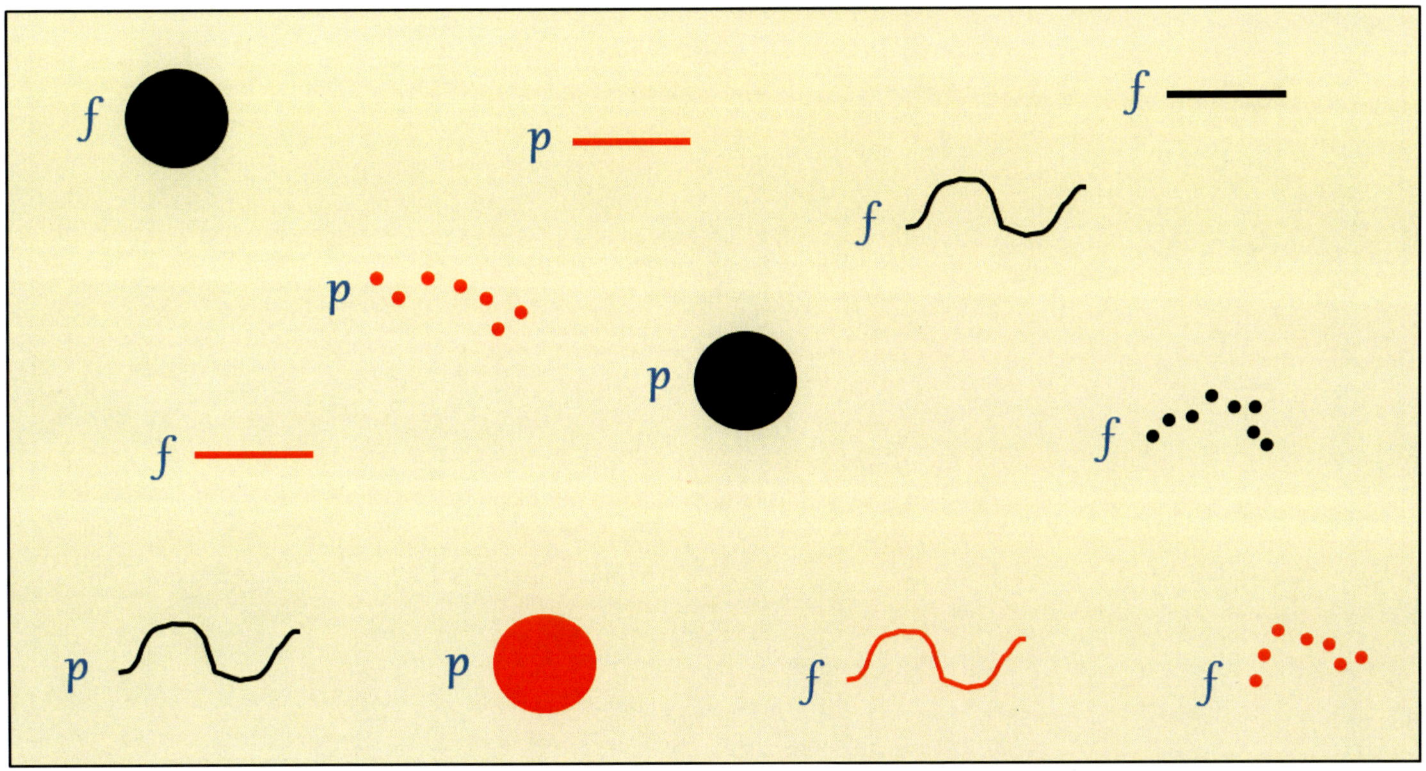

4.5 Com pedal ou sem pedal

Vamos aprender a usar o pedal de sustentação que modifica o som do piano? Ele está à direita e deve ser acionado com o pé direito. O pedal é indicado assim: *Ped*

Agora, toque os signos sonoros escritos no quadro a seguir com a mão direita (preto) ou esquerda (vermelho), nos registros que escolher, usando o pedal de sustentação.

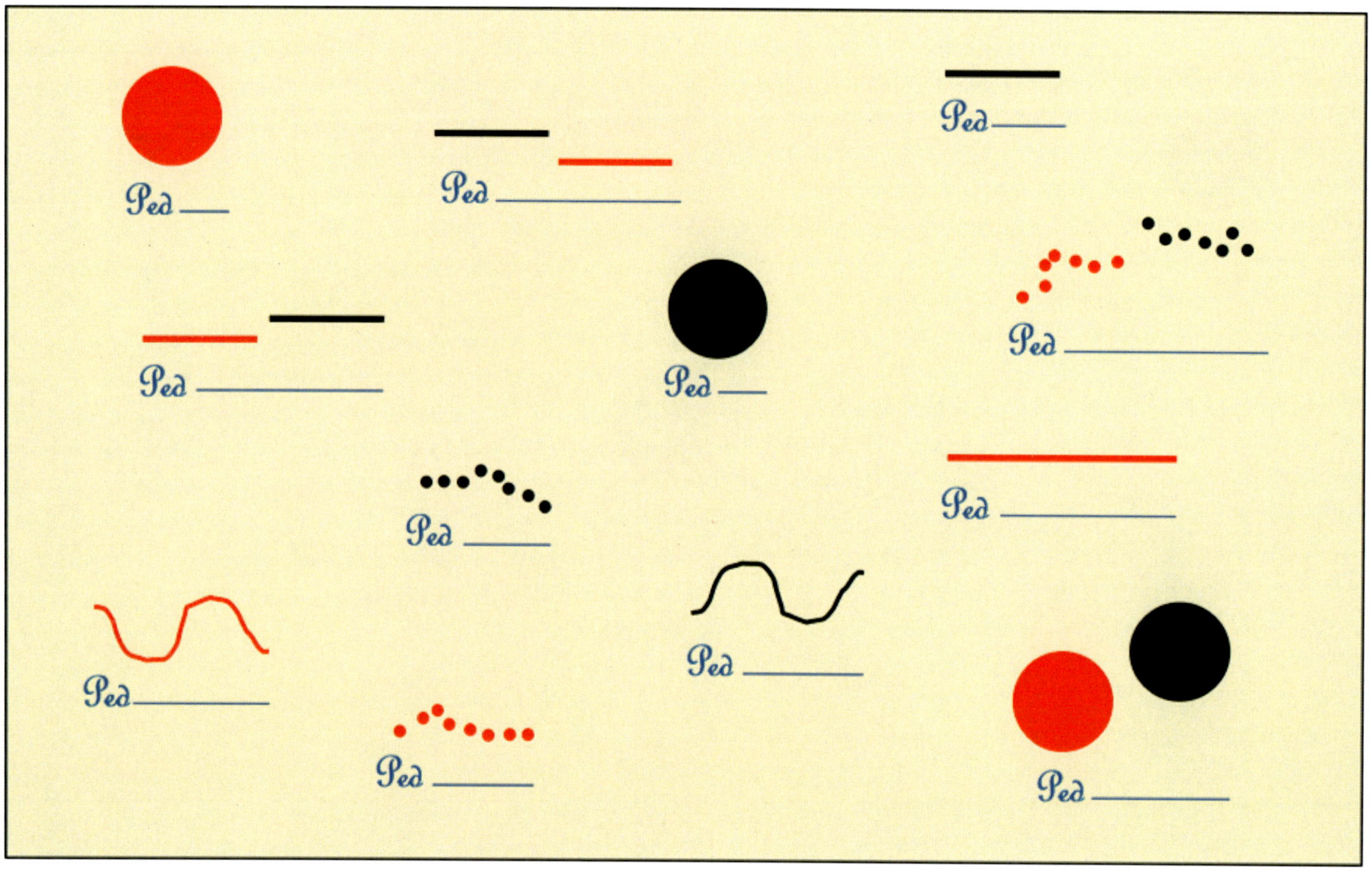

4.6 Jogo dos signos contrários

Toque no piano os signos sonoros da coluna à esquerda, numerados de 1 a 5. Depois, toque os signos sonoros da coluna à direita. Os signos da coluna esquerda têm uma versão contrária na coluna à direita. Encontre os signos contrários correspondentes e numere a coluna à direita, de acordo com cada signo contrário à esquerda. Agora, toque os signos contrários de ambas as colunas. Não se esqueça de realizar as dinâmicas e de usar o pedal quando indicado.

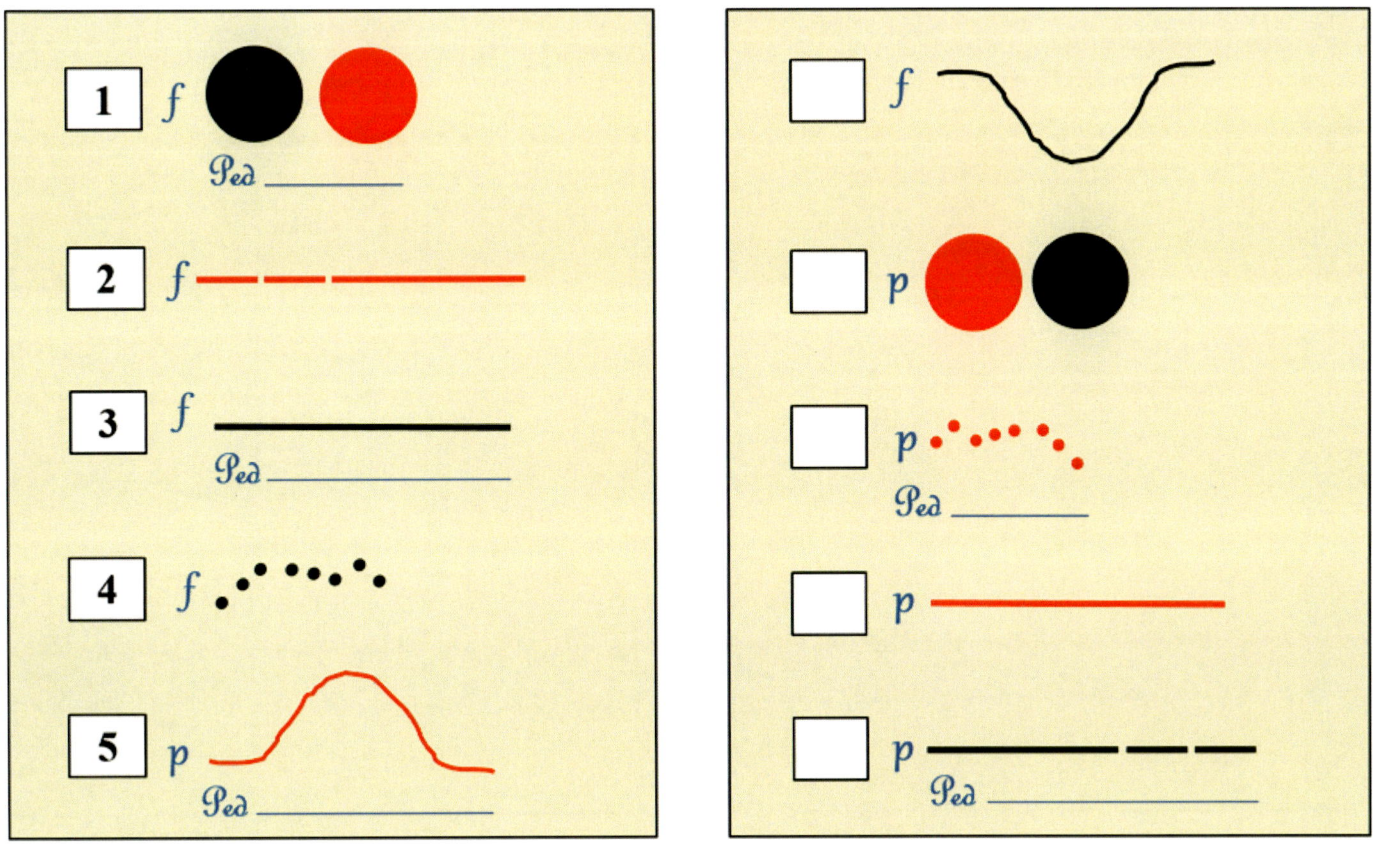

4.7 O Mezzo Forte

Vamos tocar sons meio fortes? Em música, usamos o termo italiano *Mezzo Forte* para indicar sons meio fortes. Então, os sons fortes serão indicados com *f* Os sons suaves serão indicados com *p*
E os sons meio fortes serão indicados com *mf*
Agora, toque os signos sonoros escritos no quadro a seguir com a mão direita (preto) e com a esquerda (vermelho), nos registros que escolher. Não se esqueça de realizar as dinâmicas.

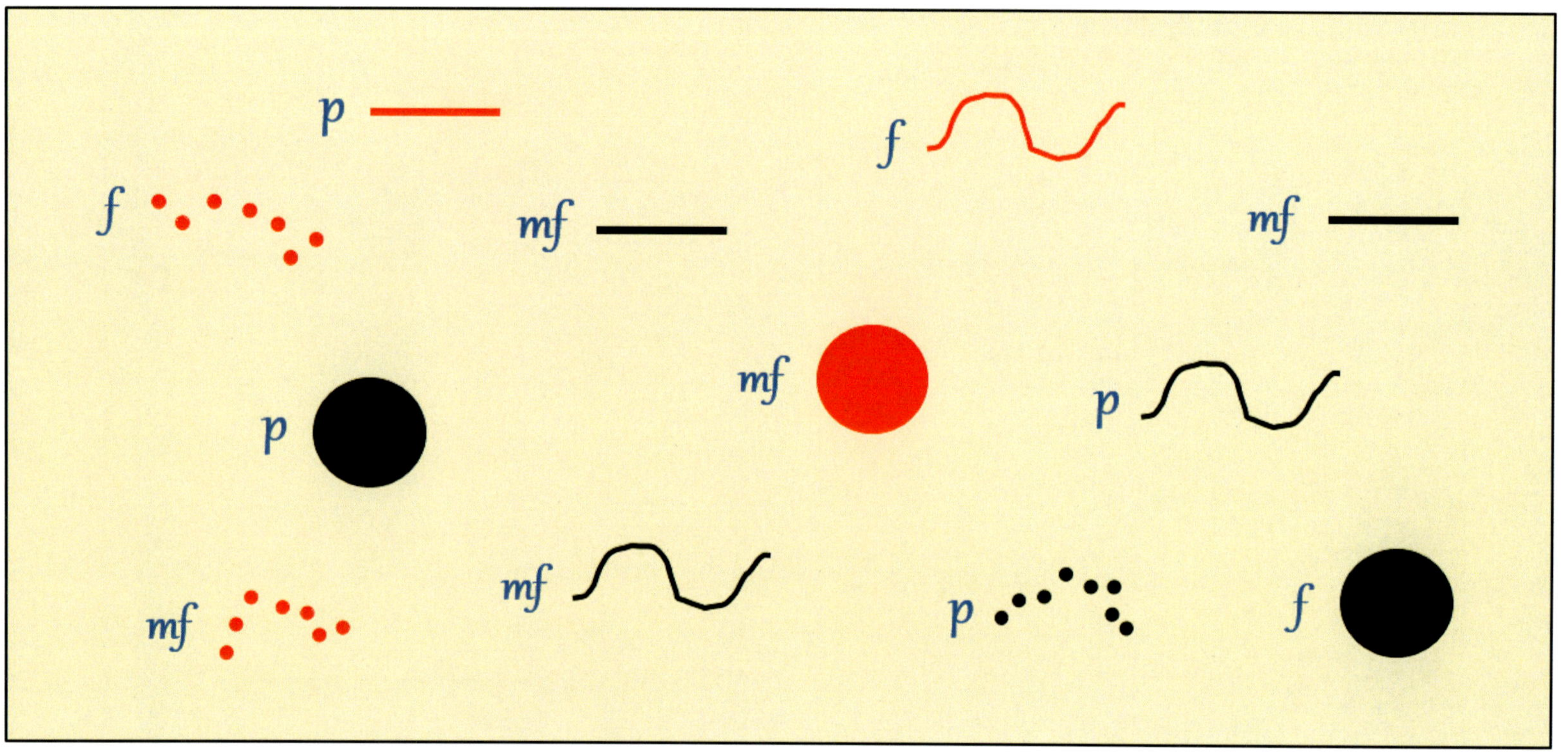

4.8 Jogo do pentágono

Toque no piano os signos sonoros escritos a seguir, iniciando onde quiser, escolhendo os registros e caminhando livremente pelo pentágono. Observe que há um triângulo vazio que representa o silêncio. Não se esqueça de realizar as dinâmicas e de usar o pedal quando indicado.

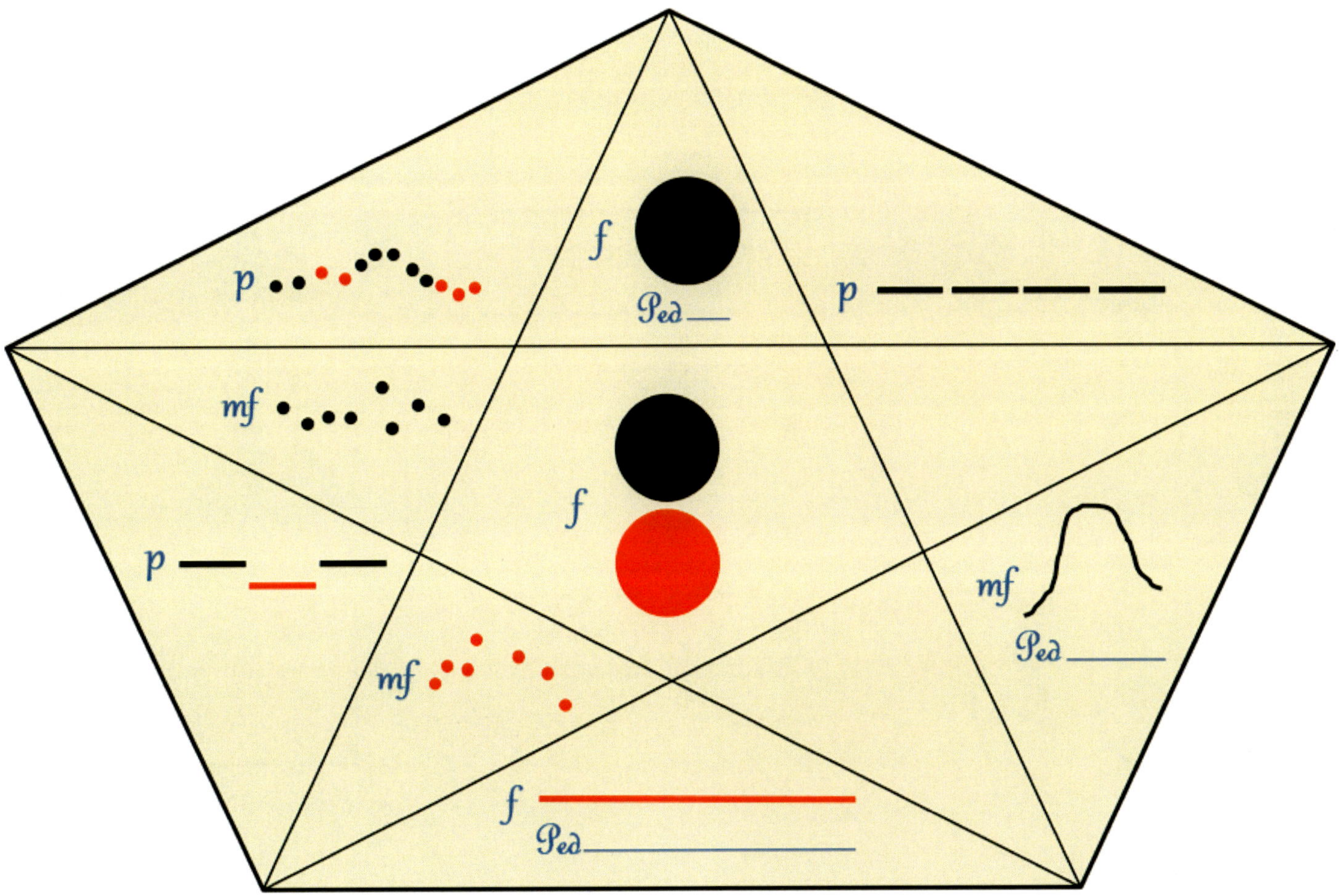

4.9 Sapo pulante

Dentro de cada balão, escreva os signos sonoros indicados abaixo deles. Escolha a ordem em que vai tocar os signos no piano e escreva os números correspondentes nos quadrinhos à direita. Depois, toque os signos no piano, escolhendo a mão com que vai tocar e os registros do piano. Não se esqueça de realizar as dinâmicas e de usar o pedal quando indicado.

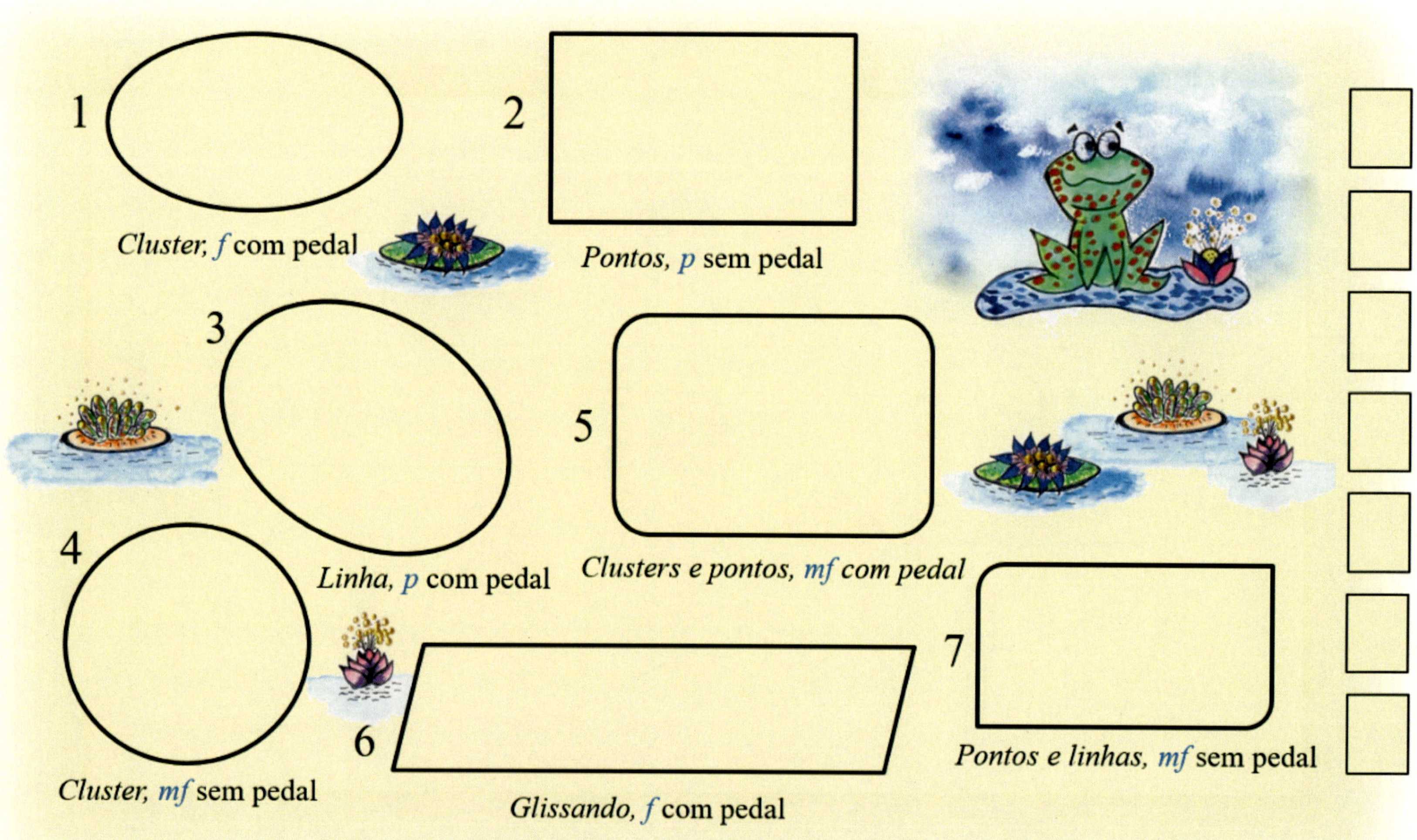

4.10 Dois amigos extraterrestres brincam na Terra

Lulupi vive no planeta Zarcom. Larilari vive no planeta Yarim. Eles vieram visitar a Terra e se tornaram grandes amigos. Porém, somente conseguiram comunicar-se por meio da linguagem sonora. Desenhe os signos sonoros dentro dos balões para representar a conversa entre Lulupi e Larilari. Depois, sonorize esta história no piano, tocando os signos dos balões com a mão direita ou com a esquerda, nos registros que você escolher.

Série 5 – Canções e leituras com passos de animais: mãos alternadas

5.1 Canções com passos de animais: mãos alternadas

Cante e toque esta canção no piano, realizando os passos dos animais.

A FESTA DO SEU LEÃO

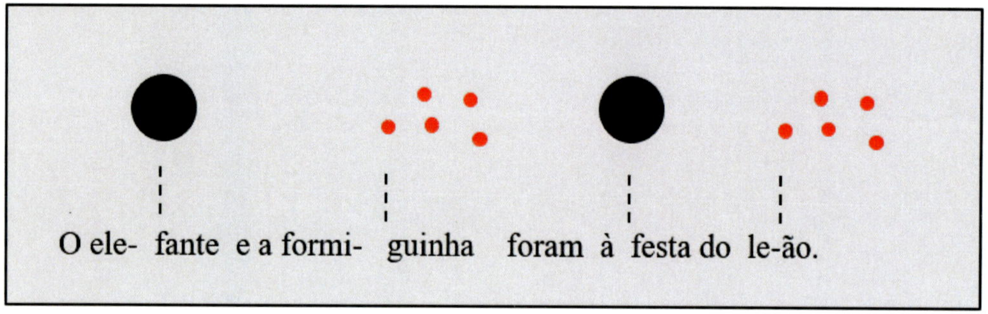

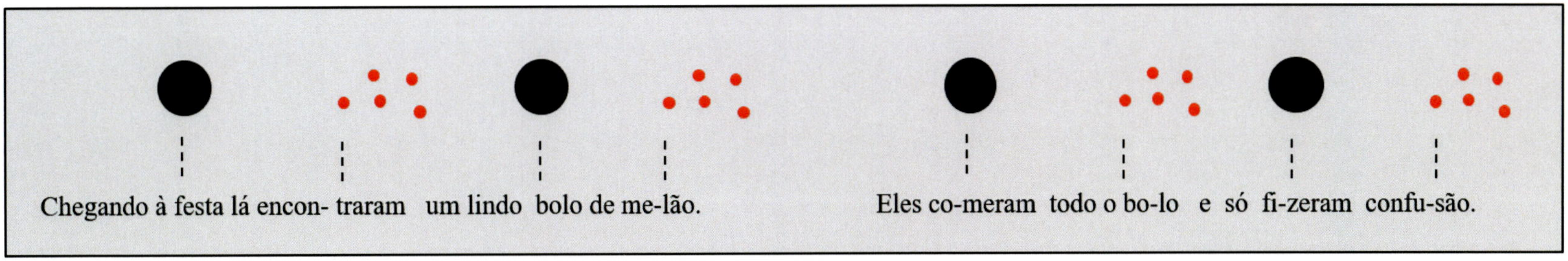
Chegando à festa lá encon- traram um lindo bolo de me-lão.
Eles co-meram todo o bo-lo e só fi-zeram confu-são.

13
2.Che - gan - do à fes - ta lá en - con - tra - ram um lin - do bo - lo de me - lão.
25
3.E - les co - me - ram to - do o bo - lo e só fi - ze - ram con - fu - são.

Cante e toque esta canção no piano, realizando os passos dos animais.

SEU COELHO E DONA COBRA

Seu coelho avistou a cobra,
e fugiu tão rapidinho assim.

Dona cobra que estava com fome,
resolveu que vai comer capim.

5.2 Leituras com clusters

Toque no piano os *clusters*, alternando mão direita (preto) e esquerda (vermelho), nos registros que escolher. Observe as dinâmicas, os pedais e os espaços vazios, que serão os silêncios.

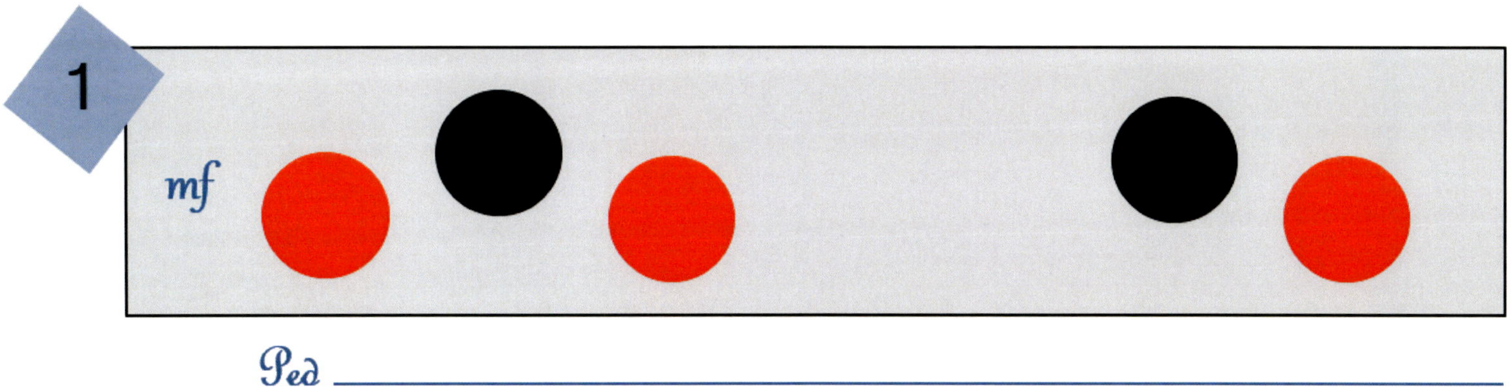

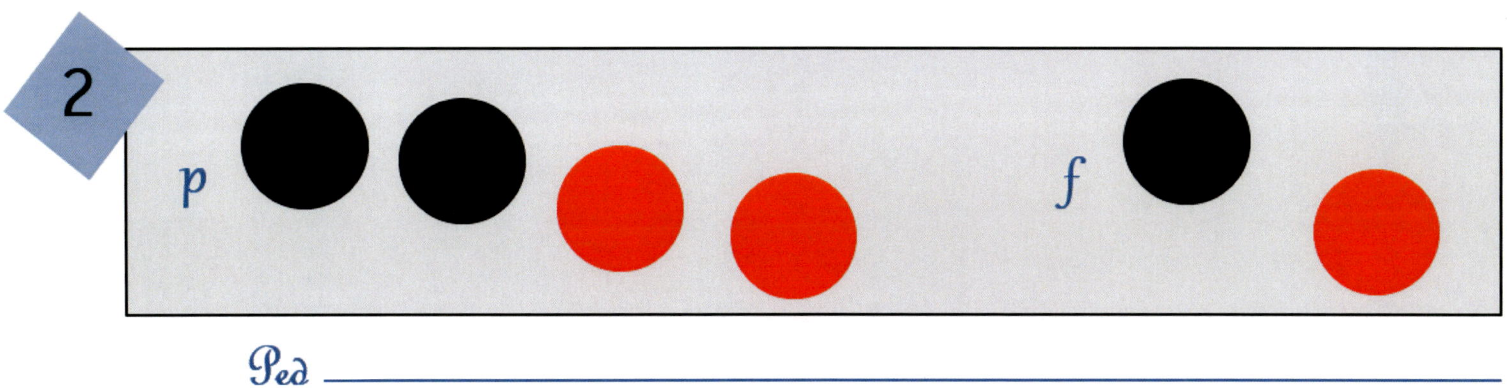

5.3 Leituras com pontos

Toque no piano os pontos, alternando mão direita (preto) e esquerda (vermelho), nos registros que escolher. Observe as dinâmicas, os pedais e os espaços vazios, que serão os silêncios.

1

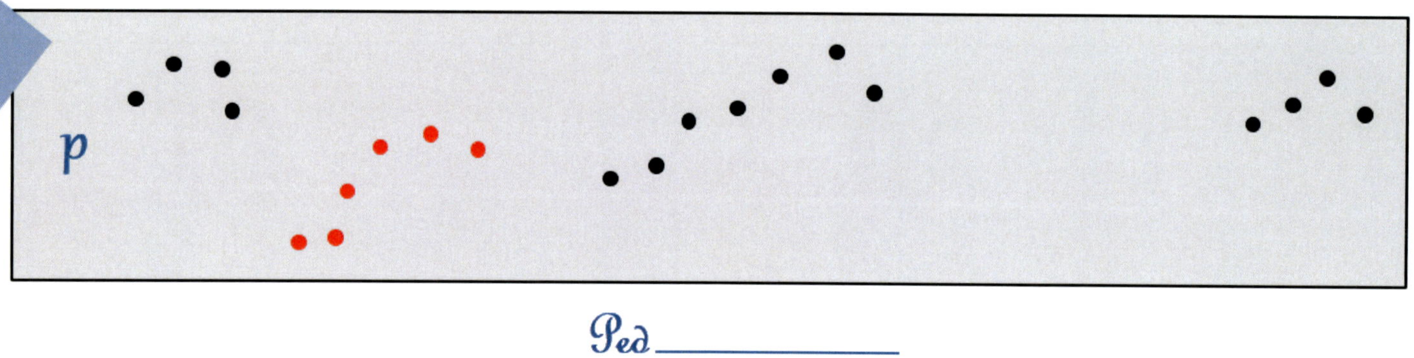

2

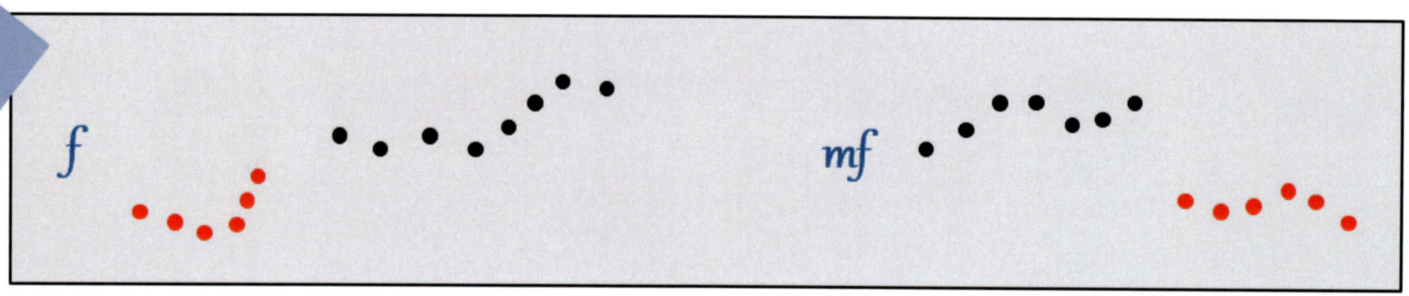

5.4 Leituras com linhas

Toque no piano as linhas, alternando mão direita (preto) e esquerda (vermelho), nos registros que escolher. Observe as dinâmicas, os pedais e os espaços vazios, que serão os silêncios.

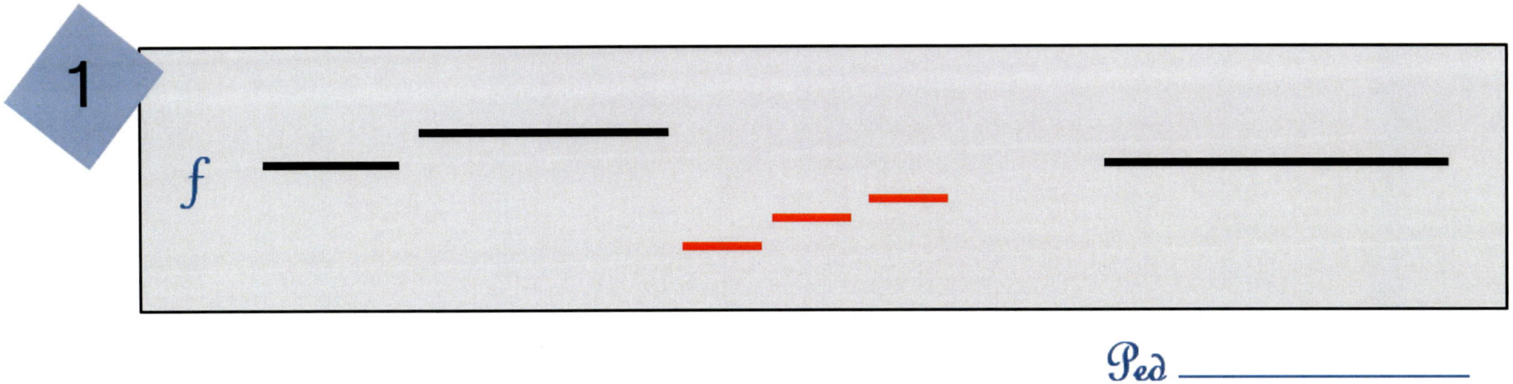

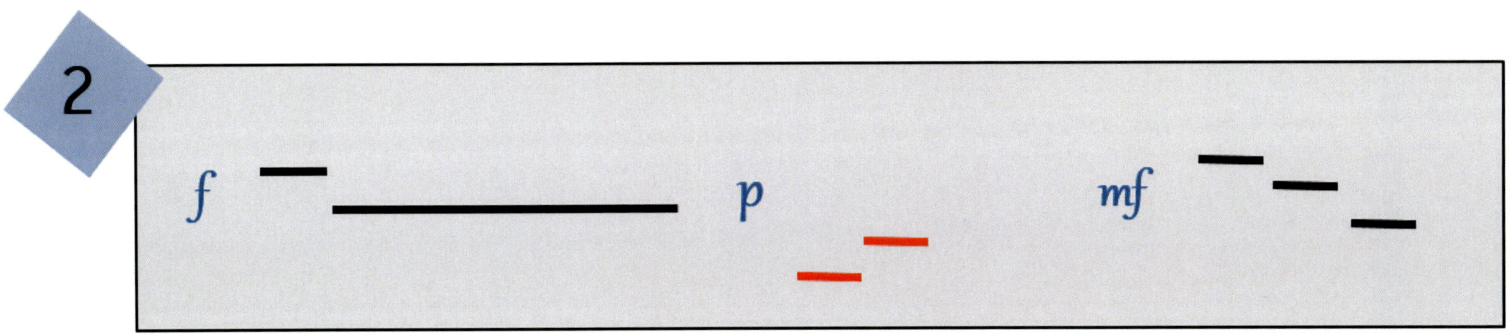

5.5 Leituras com glissandi

Toque no piano os *glissandi*, alternando mão direita (preto) e esquerda (vermelho), nos registros que escolher. Observe as dinâmicas, os pedais e os espaços vazios, que serão os silêncios.

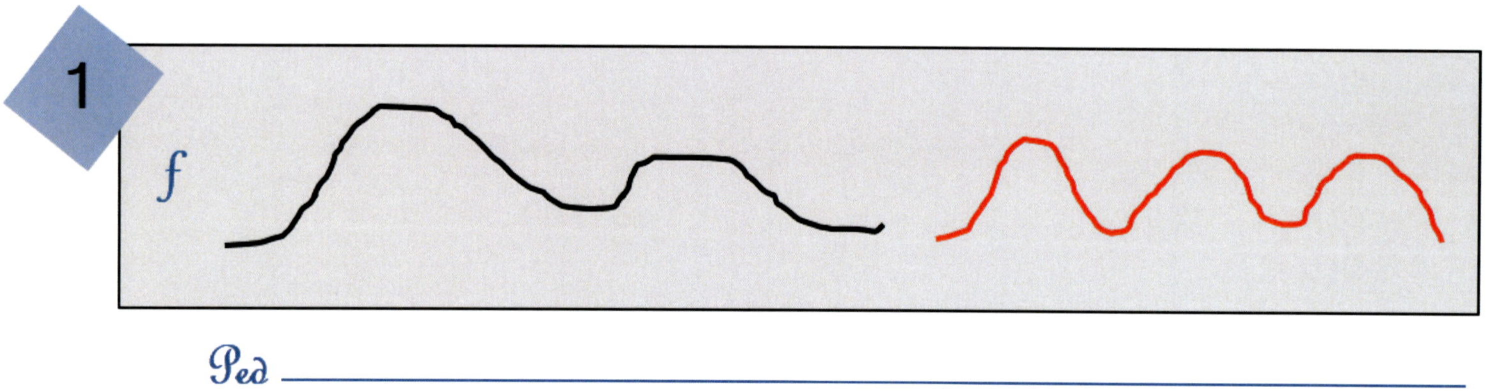

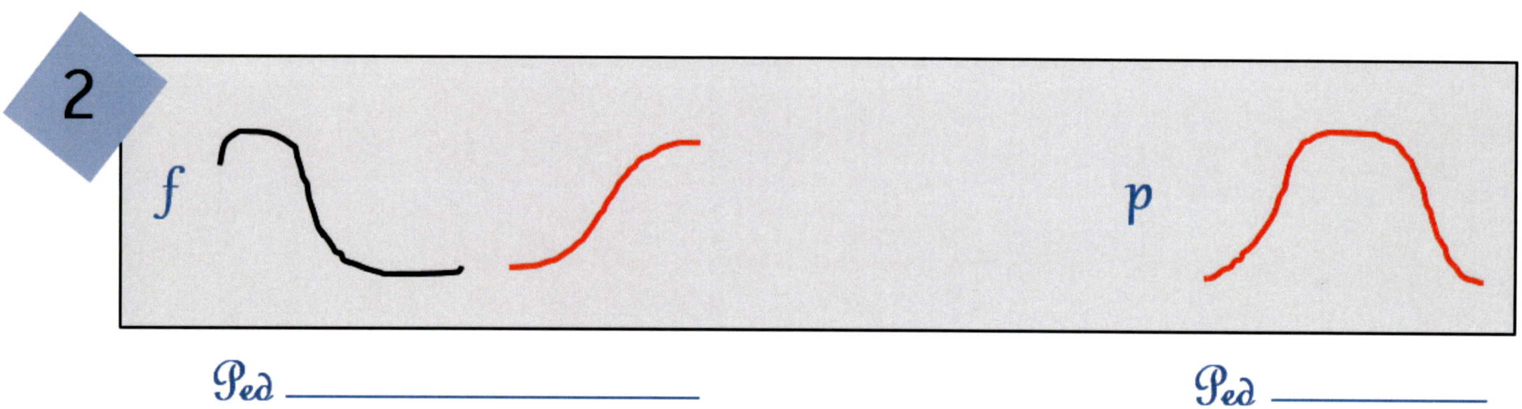

Série 6 - Canções e leituras com passos de animais: mãos simultâneas

6.1 Canções com passos de animais: mãos simultâneas

DOIS ELEFANTES

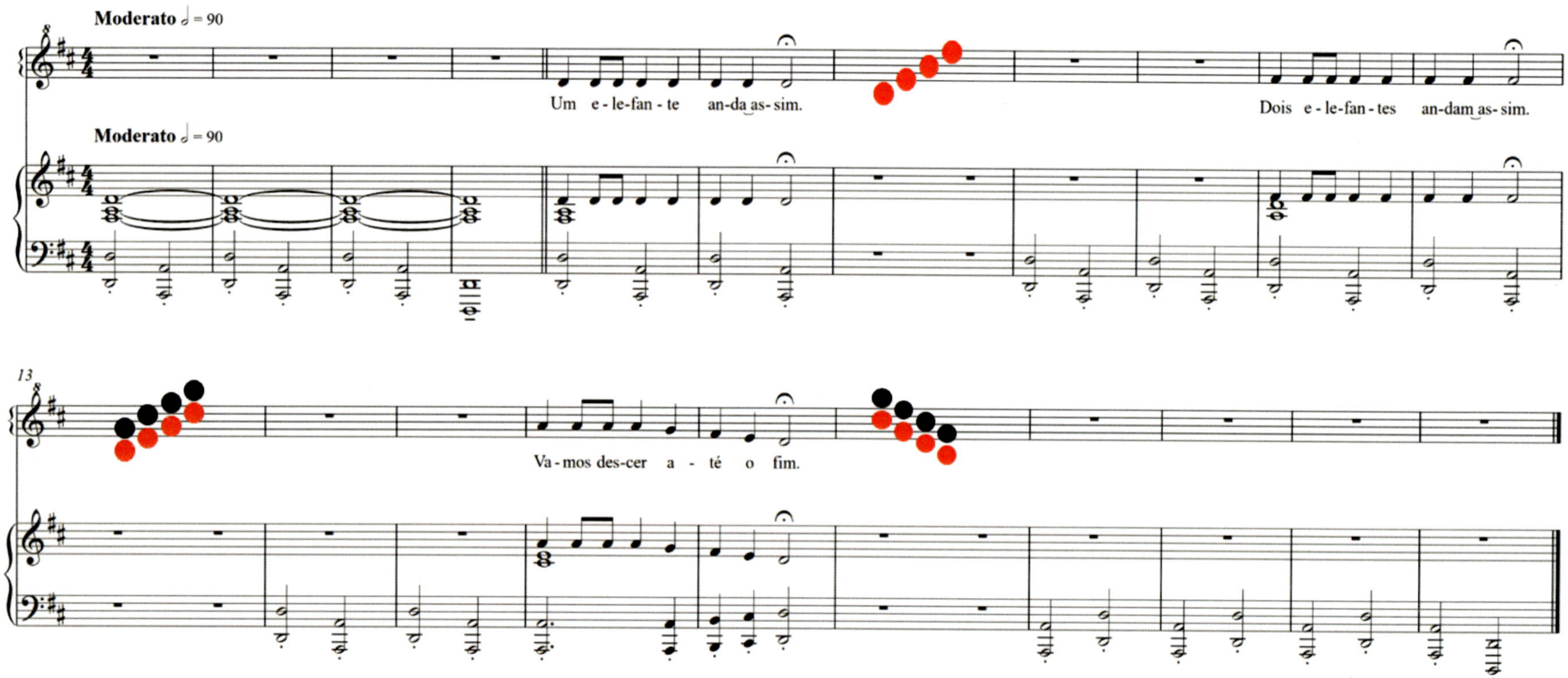

Cante e toque esta canção no piano, realizando os passos dos animais.

DOIS ELEFANTES

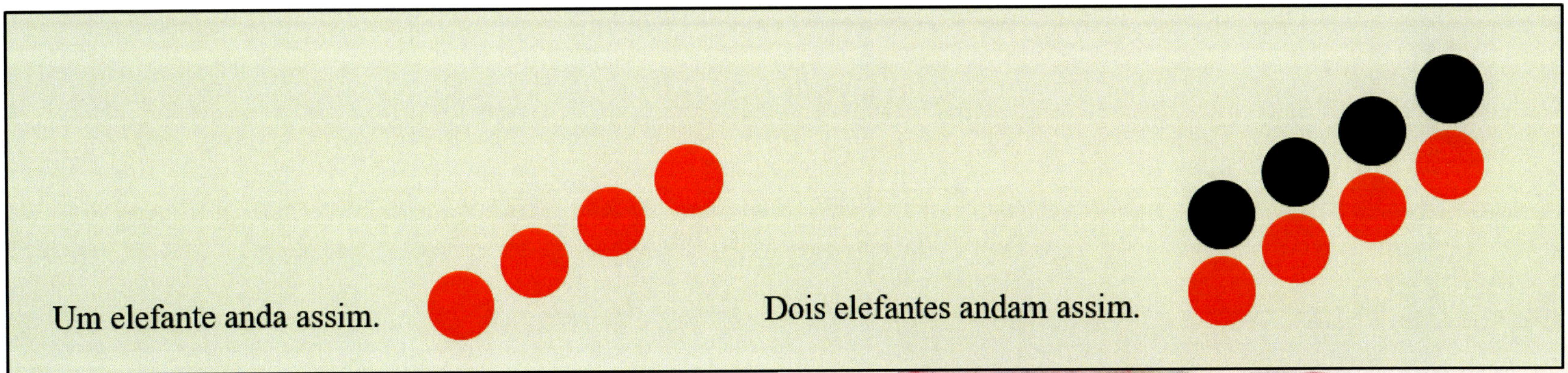

O DOCE DAS FORMIGUINHAS

Cante e toque esta canção no piano, realizando os passos dos animais.

O DOCE DAS FORMIGUINHAS

Formiguinhas foram ao mercado,

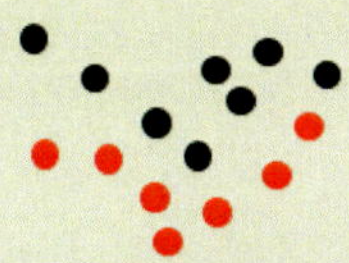

comprar um doce caramelizado.

Lá no mercado não encontraram,

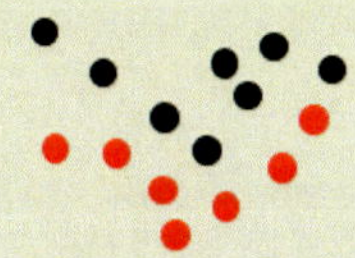

só tinha um doce no pote furado.

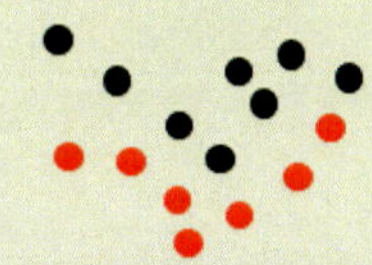

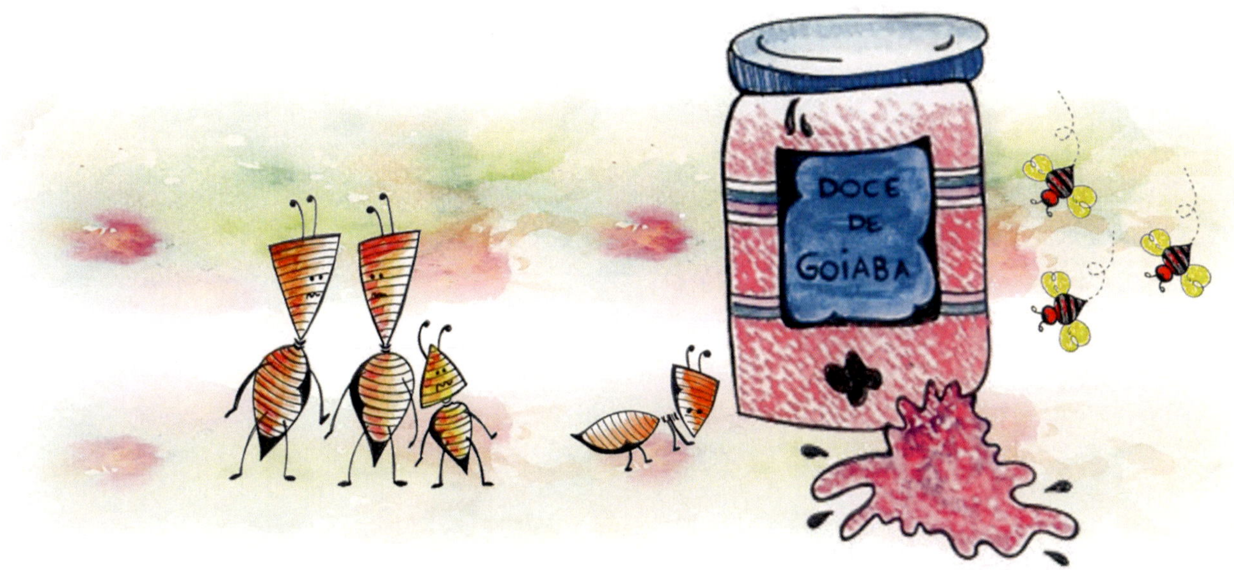

6.2 Leituras com clusters

Toque os *clusters* no piano, com mãos alternadas ou simultâneas. Observe as dinâmicas, os pedais e os espaços vazios, que serão os silêncios.

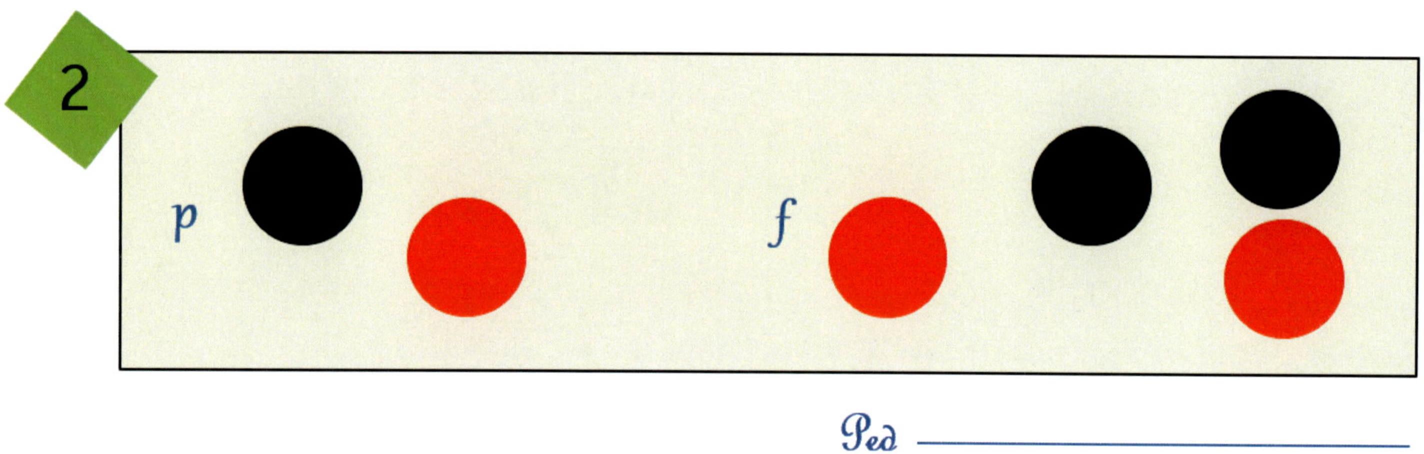

6.3 Leituras com pontos

Toque os pontos no piano, com mãos alternadas ou simultâneas. Observe as dinâmicas, os pedais e os espaços vazios, que serão os silêncios.

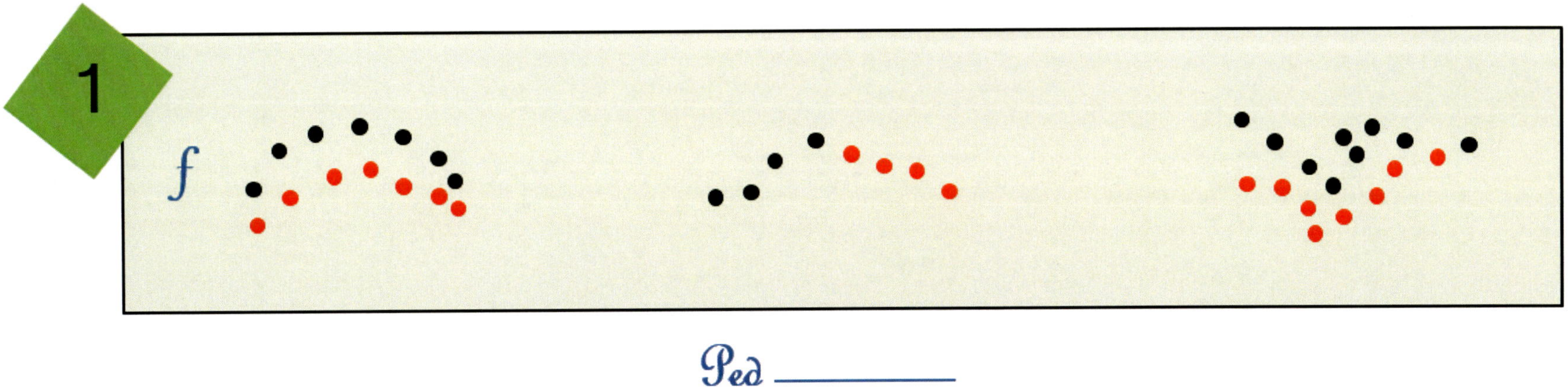

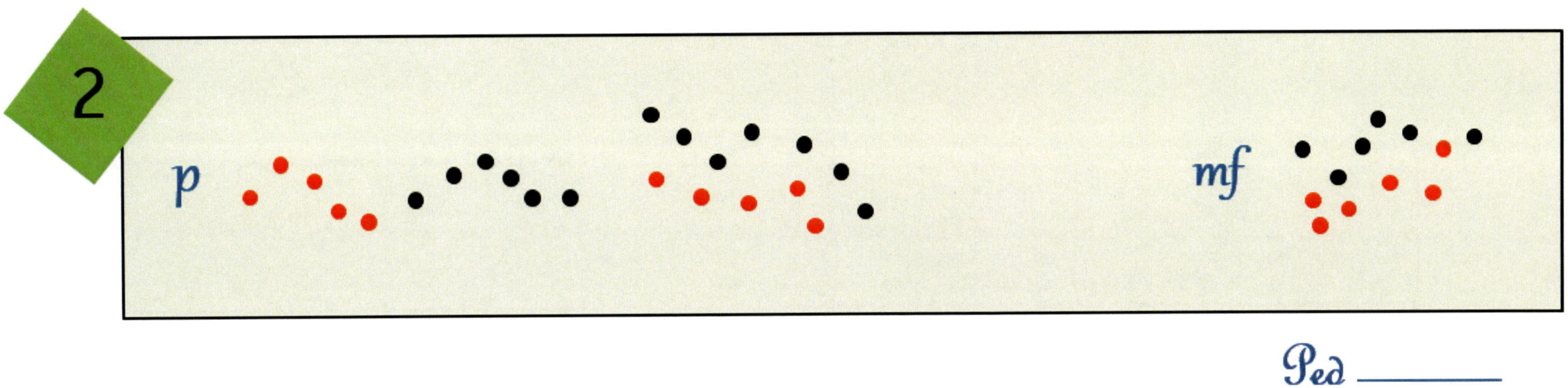

6.4 Leituras com linhas

Toque as linhas no piano, com mãos alternadas ou simultâneas. Observe as dinâmicas, os pedais e os espaços vazios, que serão os silêncios.

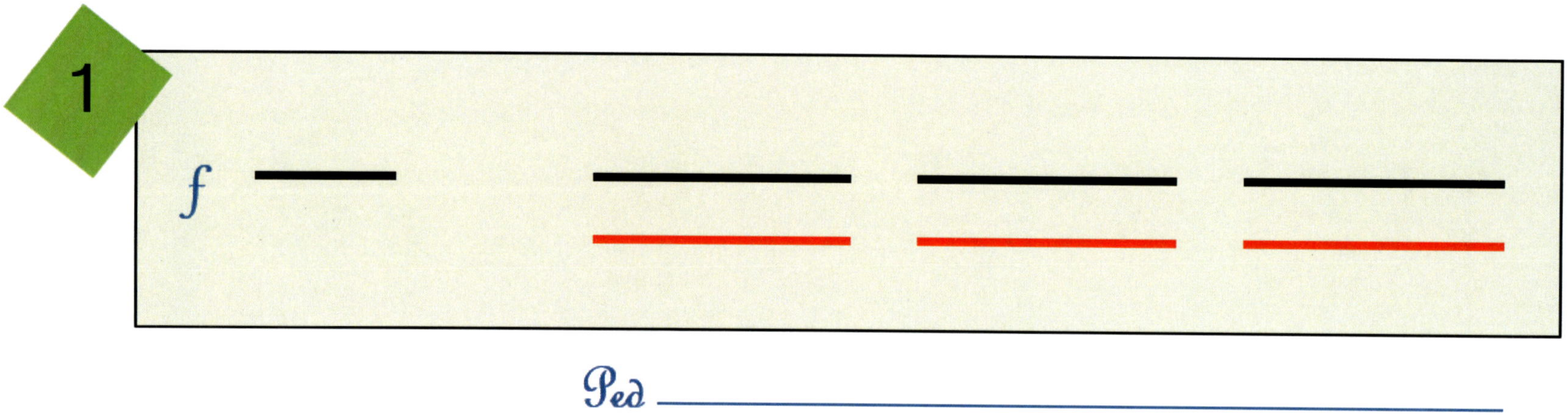

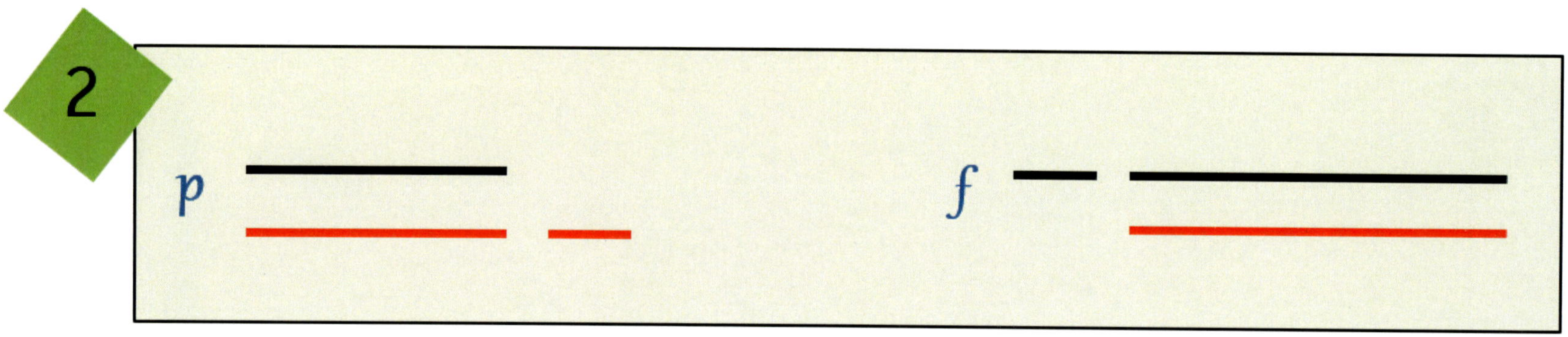

6.5 Leituras com glissandi

Toque os *glissandi* no piano, com mãos alternadas ou simultâneas. Observe as dinâmicas, os pedais e os espaços vazios, que serão os silêncios.

1

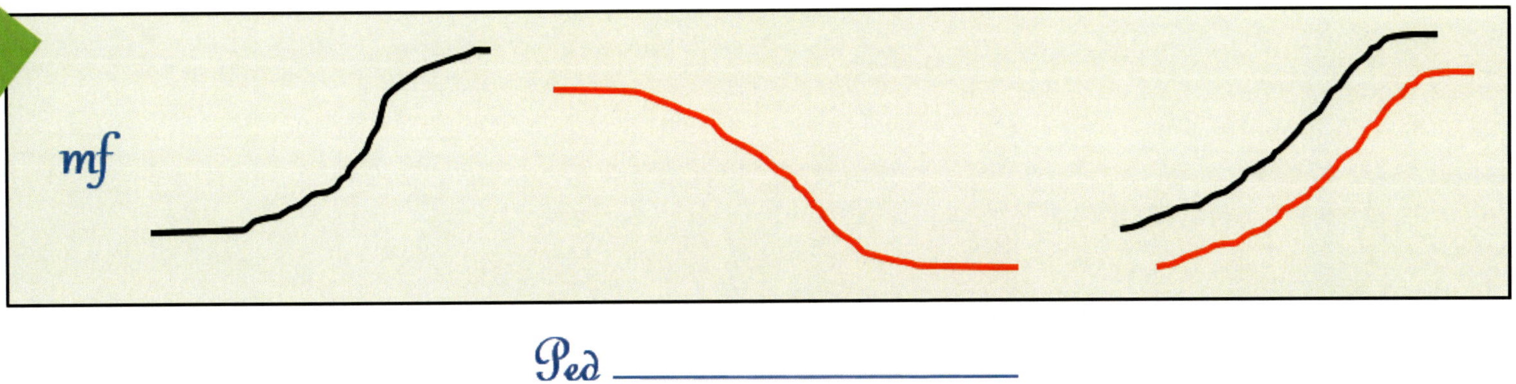

2

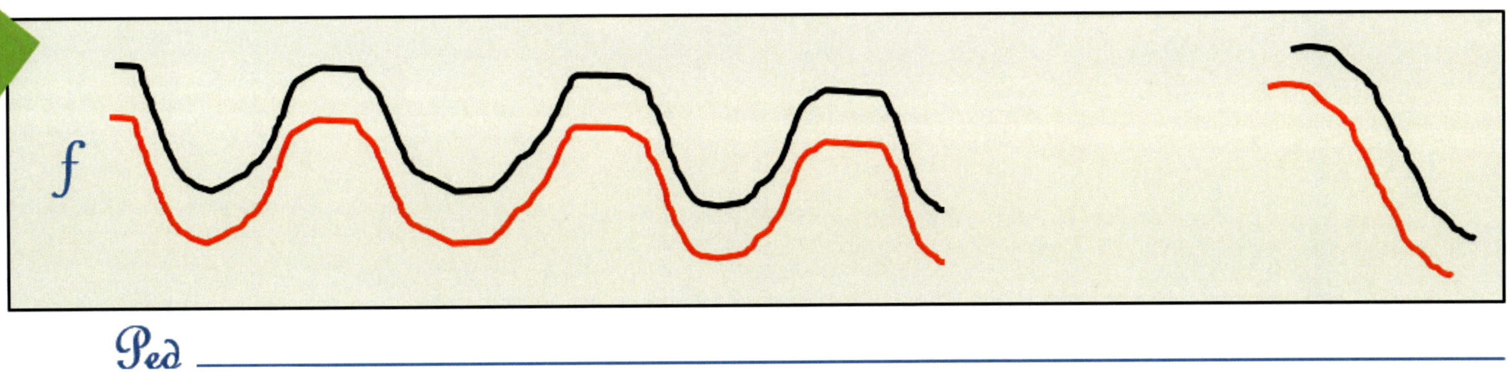

Série 7 - Canções e leituras com signos sonoros juntos e misturados

7.1 Canções com signos sonoros juntos e misturados

OS PASSOS DOS ANIMAIS

Cante e toque esta canção no piano, realizando os passos dos animais.

OS PASSOS DOS ANIMAIS

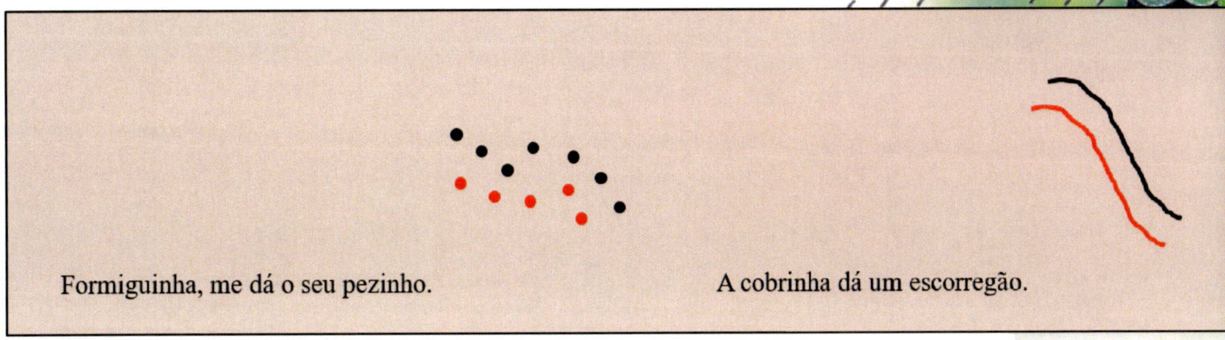

Cante e toque esta canção no piano, realizando os passos dos animais.

A FESTA DOS ANIMAIS

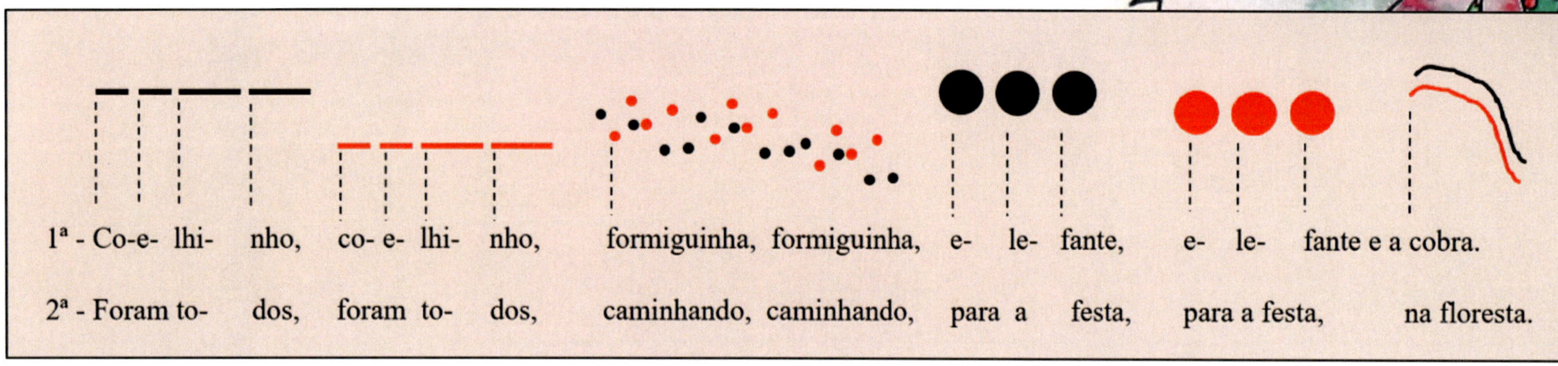

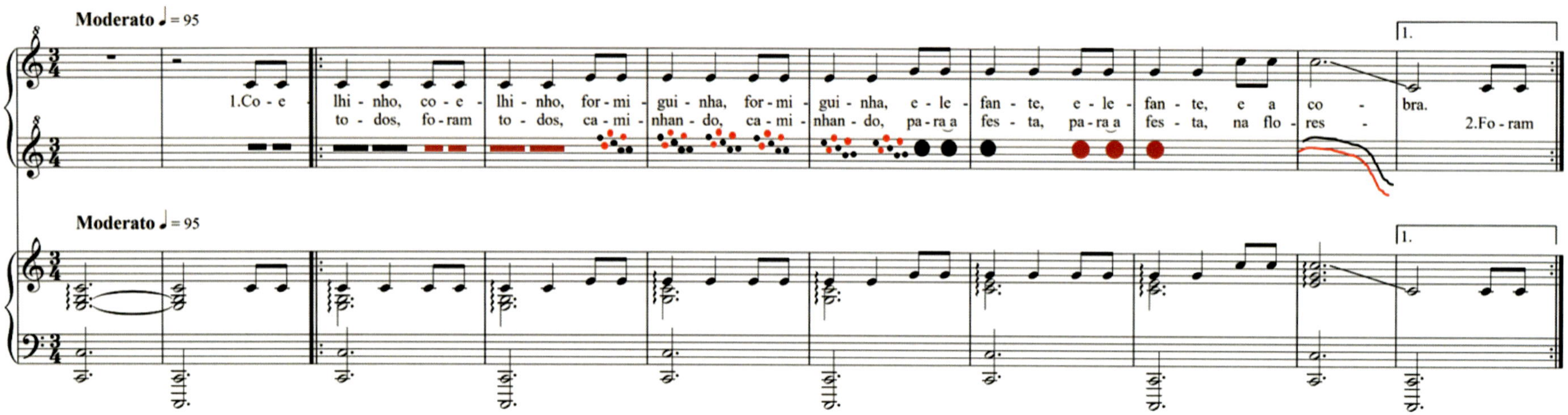

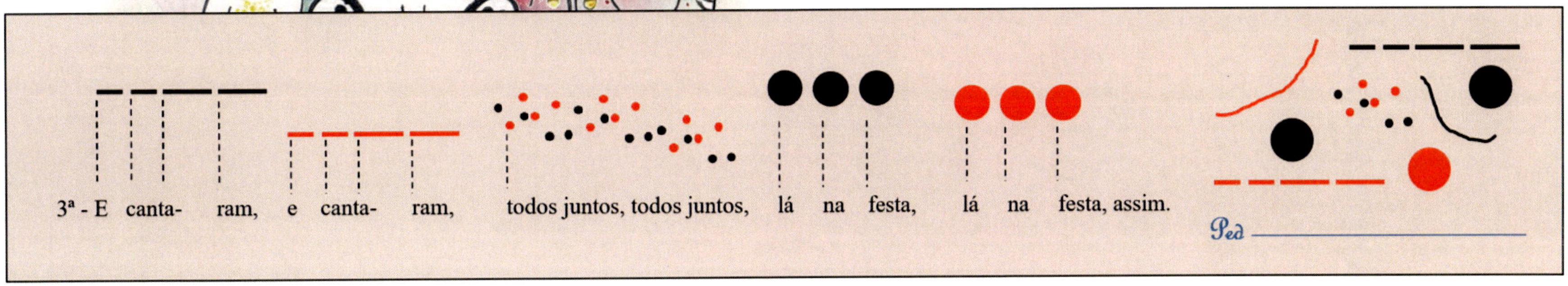
3ª - E canta- ram, e canta- ram, todos juntos, todos juntos, lá na festa, lá na festa, assim.
Ped

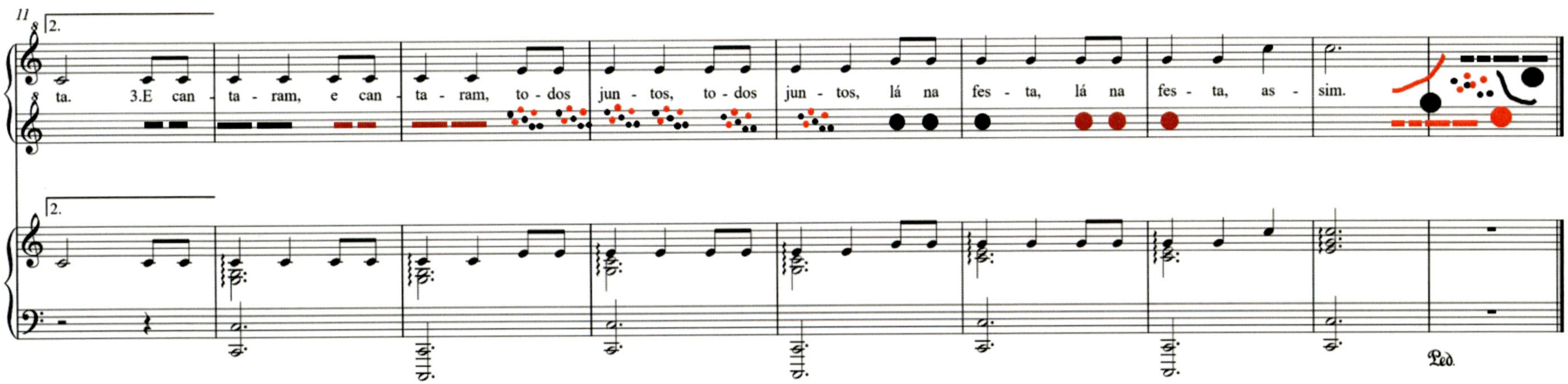
11
2.
ta. 3.E can - ta - ram, e can - ta - ram, to - dos jun - tos, to - dos jun - tos, lá na fes - ta, lá na fes - ta, as - sim.
2.
Ped.

7.2 Leituras com signos sonoros juntos e misturados

Toque os signos no piano com mãos alternadas ou simultâneas. Observe as dinâmicas, os pedais e os espaços vazios, que serão os silêncios.

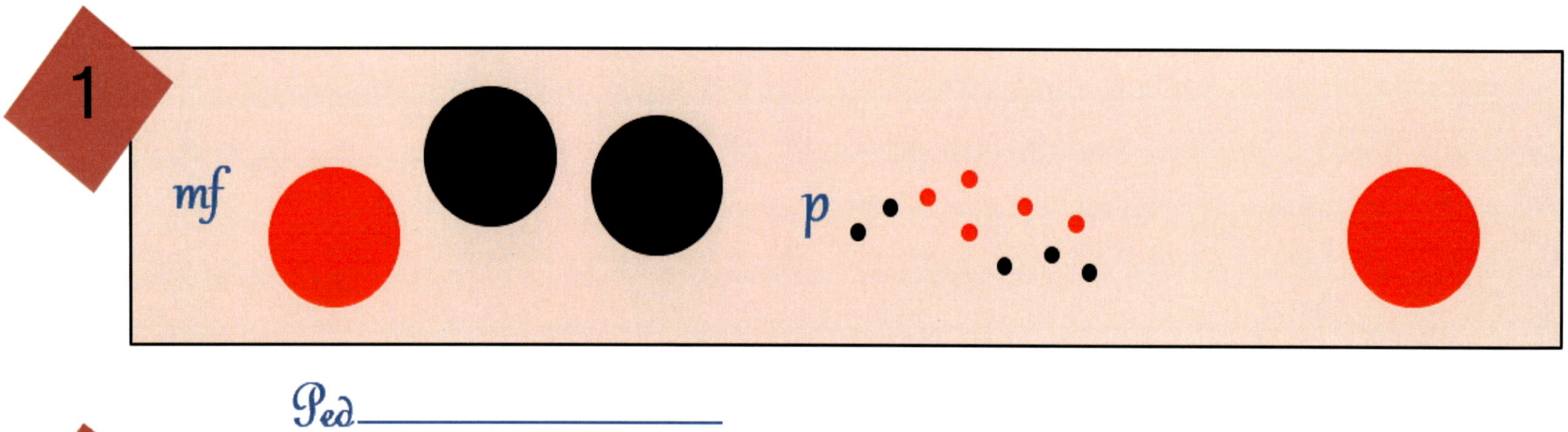

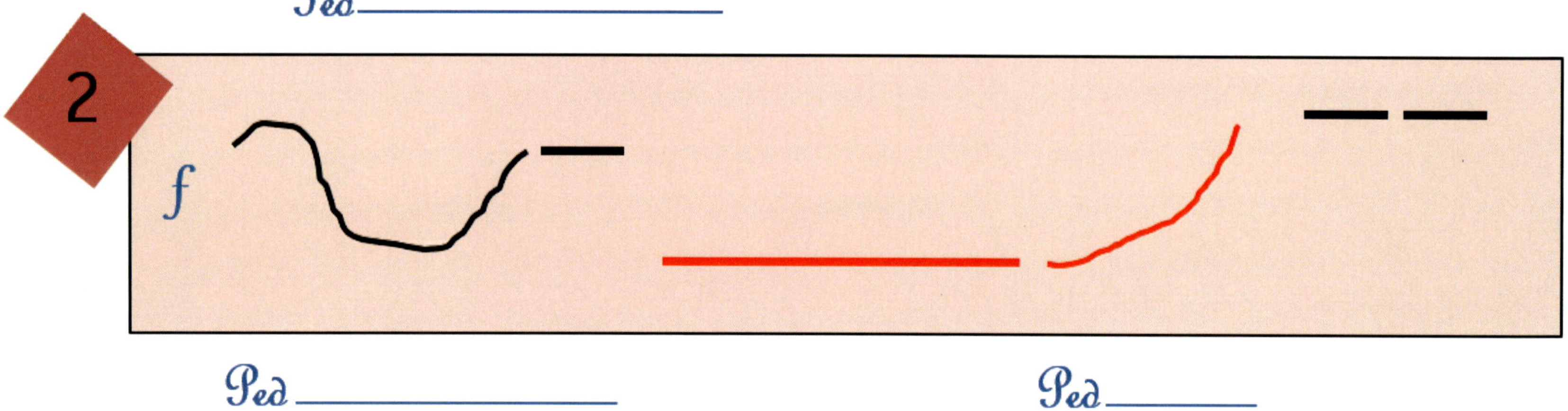

3

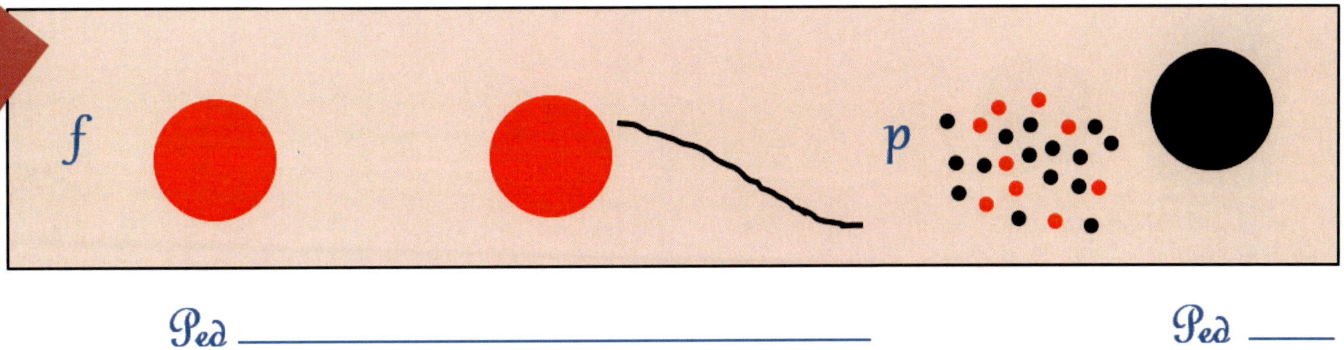

4

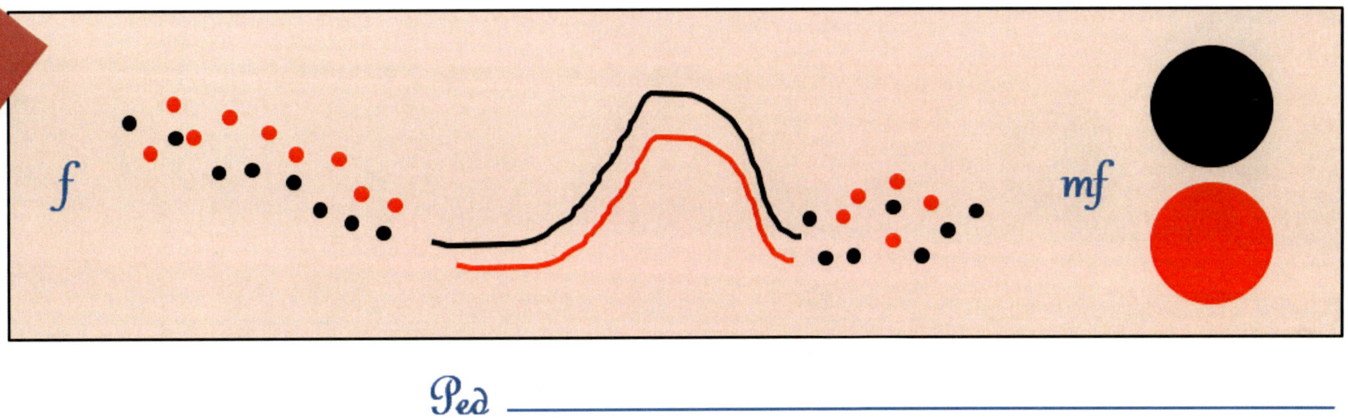

5

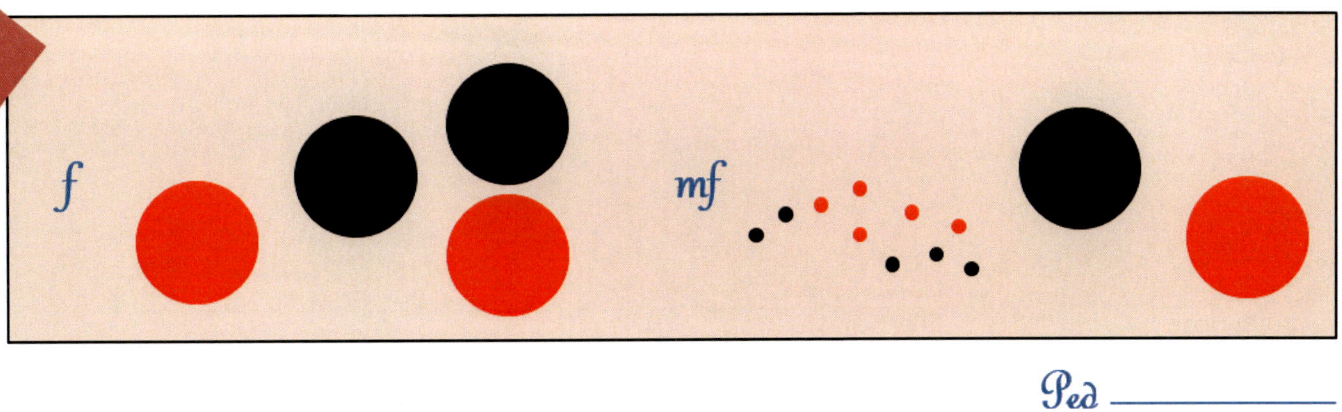

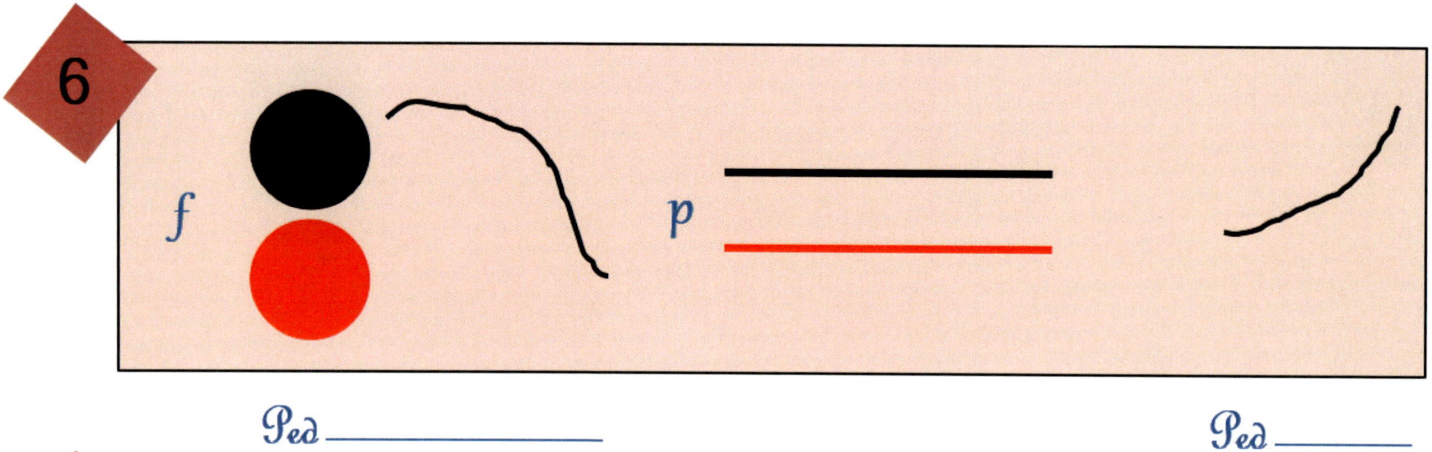
6
f
p
Ped
Ped

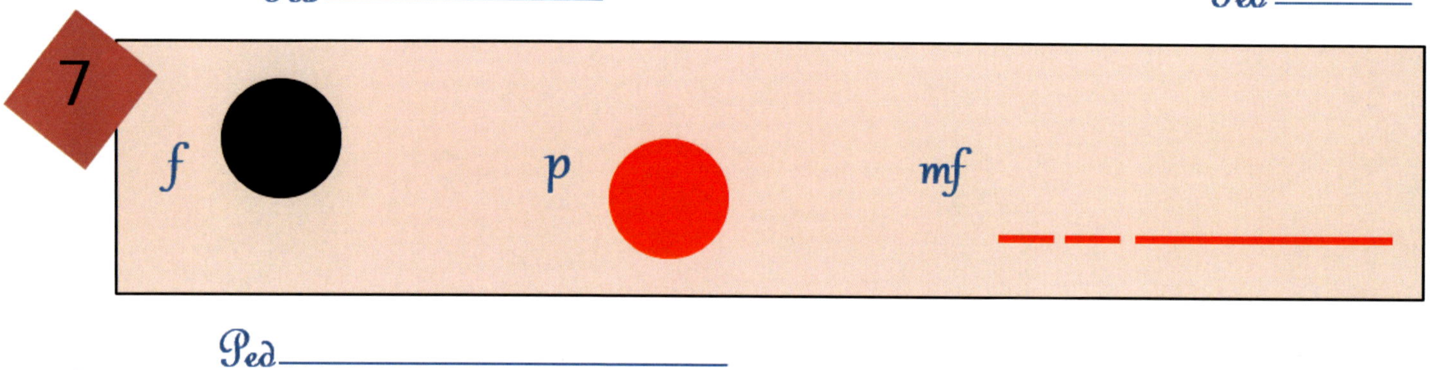
7
f
p
mf
Ped

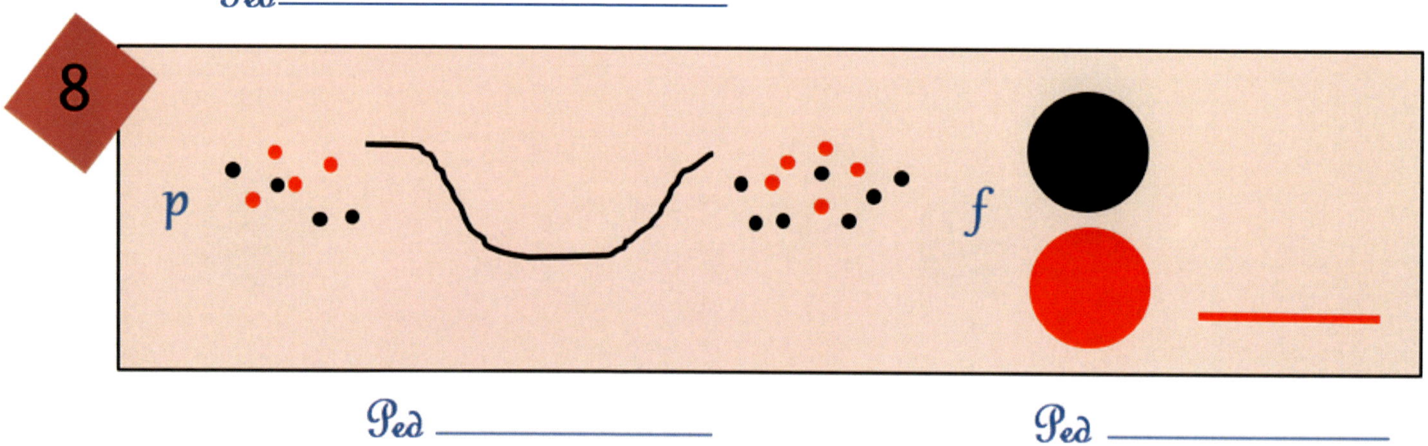
8
p
f
Ped
Ped

Série 8 - Pulsação

8.1 Preparação

Nesta série, você vai aprender a tocar seguindo a PULSAÇÃO, que é um tempo regular, como se fosse um relógio bem certinho... tic-tac, tic-tac...

Vamos realizar séries de *clusters* com pulsação. Veja os números acima dos quadros para saber quantos *clusters* você vai tocar seguindo os batimentos regulares.

Toque no piano as sequências de *clusters* com pulsações, usando a MÃO DIREITA.

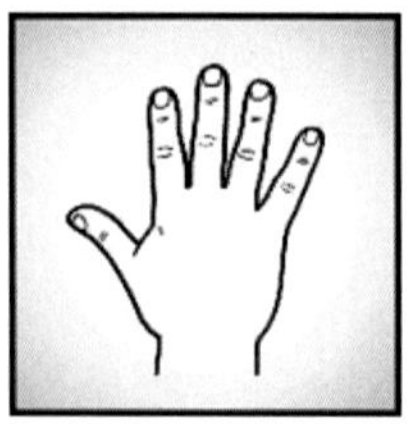

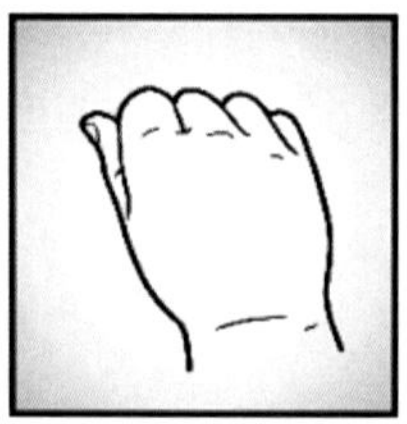

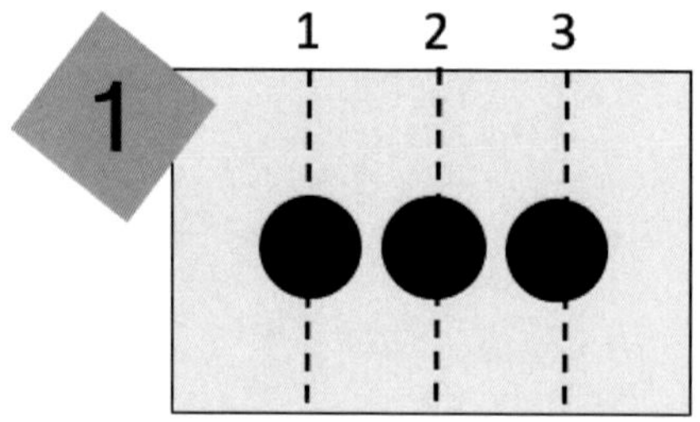

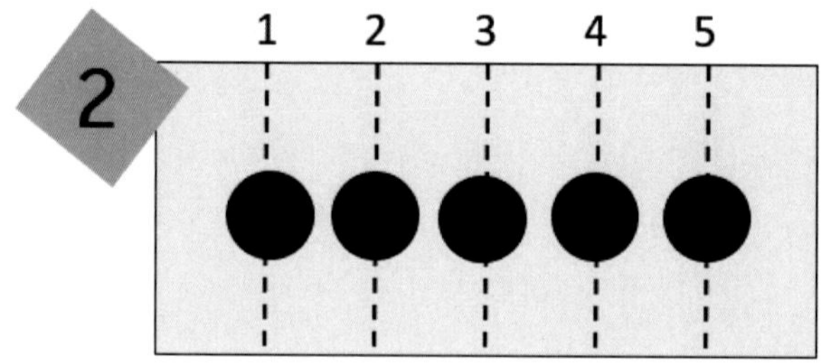

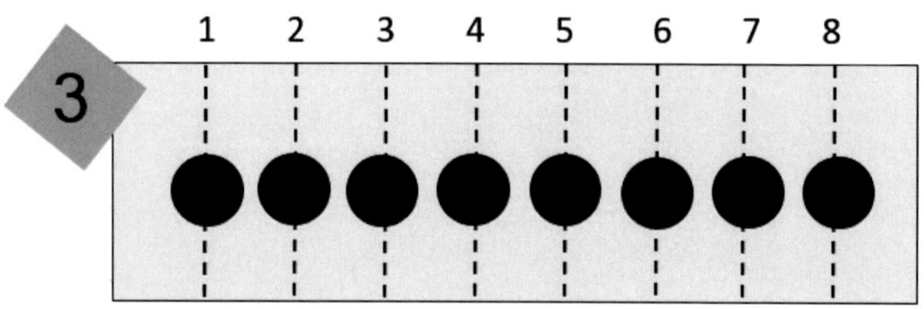

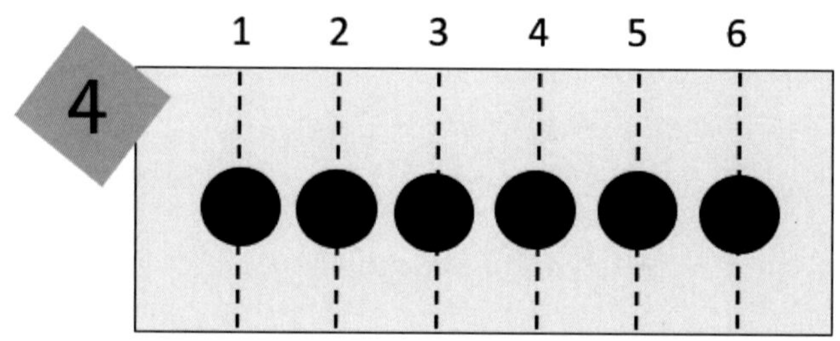

Vamos agora realizar séries de *clusters* com pulsação, usando a MÃO ESQUERDA. Veja os números acima dos quadros para saber quantos *clusters* você vai tocar seguindo os batimentos regulares.
Toque no piano as sequências de *clusters* com pulsações, usando a MÃO ESQUERDA.

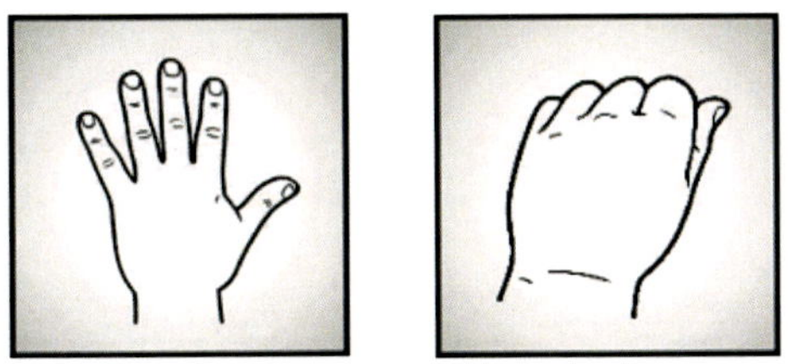

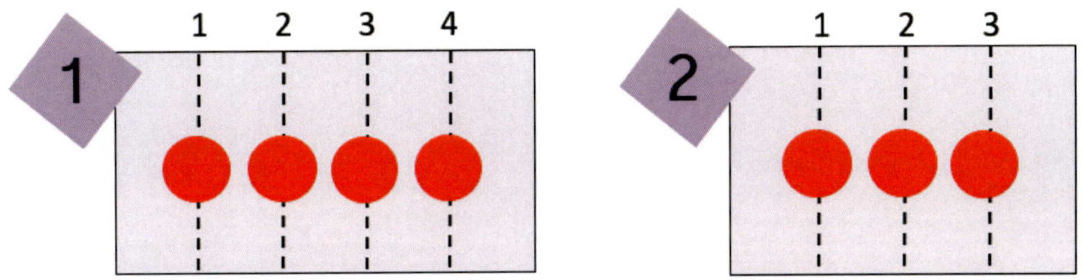

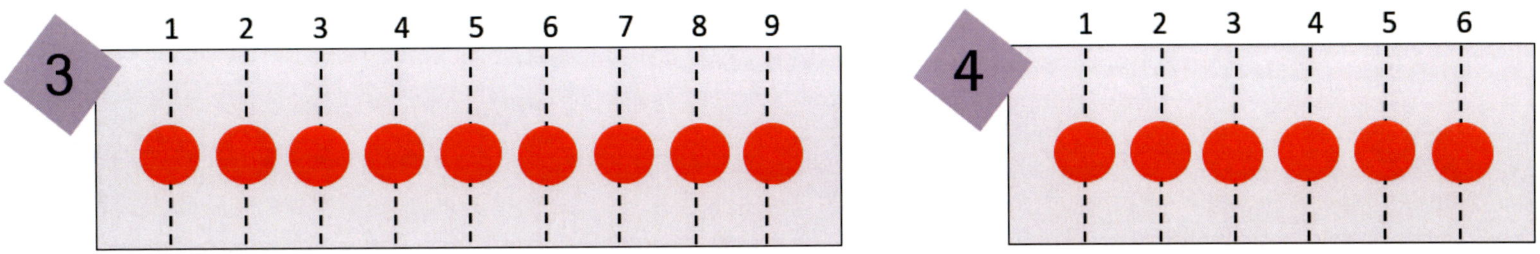

8.2 Canção com pulsações

BATE RELÓGIO

Cante e toque esta canção no piano realizando os *clusters*.

BATE RELÓGIO

Bate o relógio uma hora assim.

Bate o relógio duas horas assim.

Bate o relógio três horas assim.

Bate o relógio tantas horas para mim.

8.3 Pulsações e silêncios

Com a MÃO DIREITA, vamos tocar sequências de *clusters* com pulsação. Porém, alguns espaços não serão preenchidos com *clusters*. Eles serão SILÊNCIOS. Veja, acima dos quadros, os números pretos para saber quantos *clusters* você vai tocar e os números azuis para saber quantos silêncios você realizará.

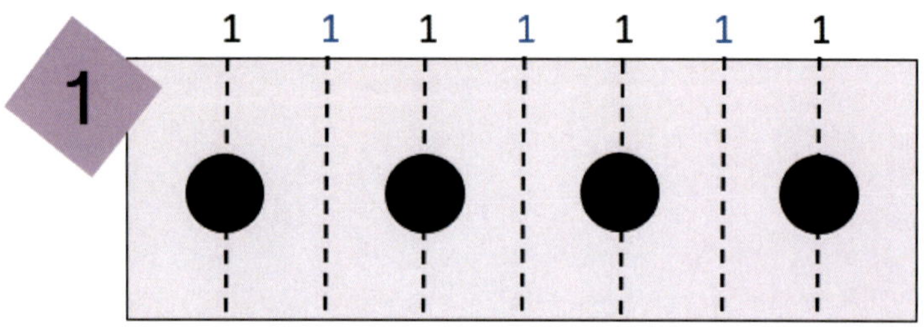

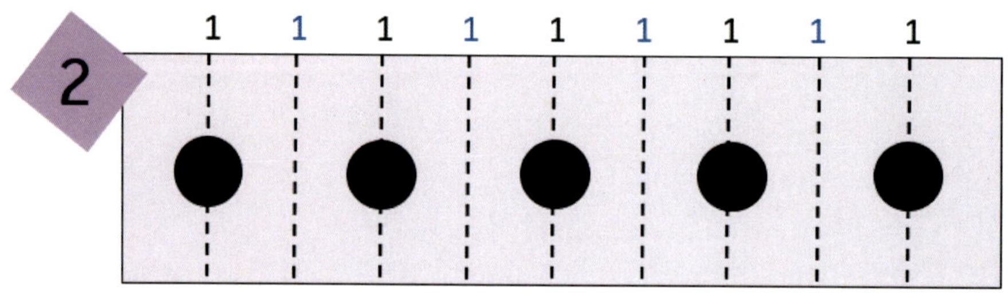

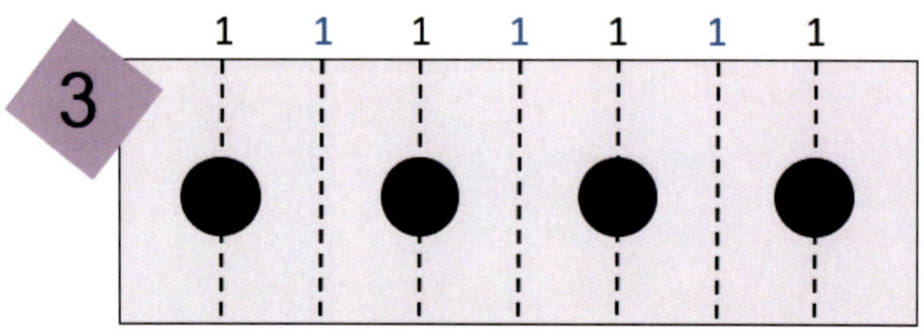

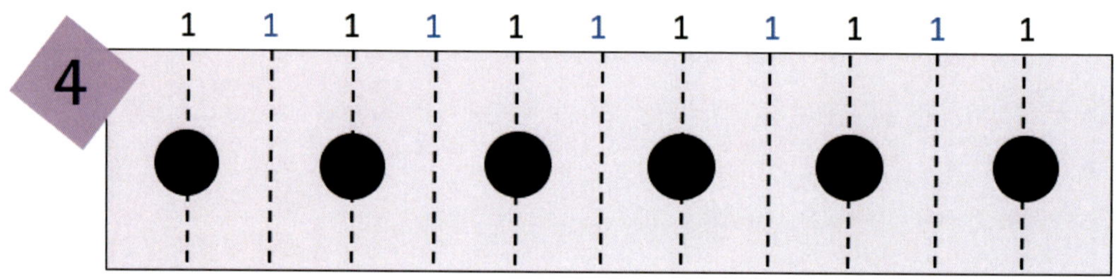

Agora, com a MÃO ESQUERDA, vamos tocar os *clusters* com pulsação e realizar os silêncios. Lembre que os números pretos acima dos quadros indicam os *clusters* e os números azuis indicam os silêncios.

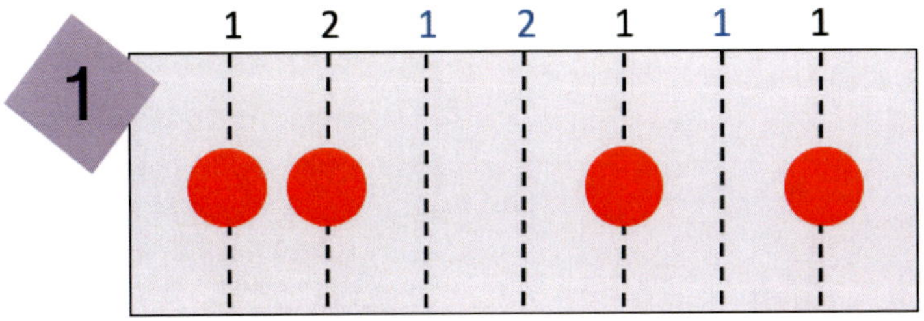

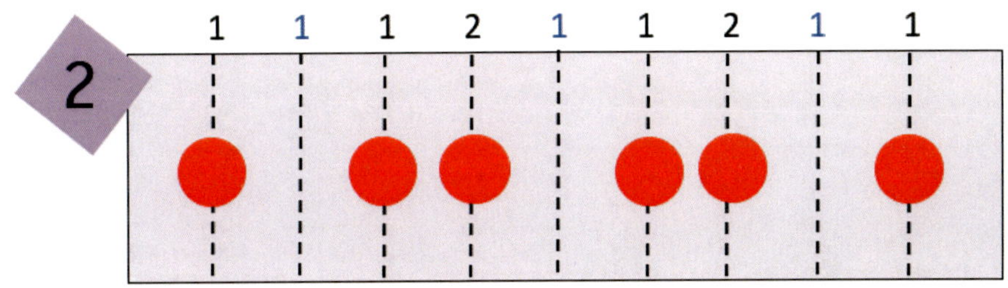

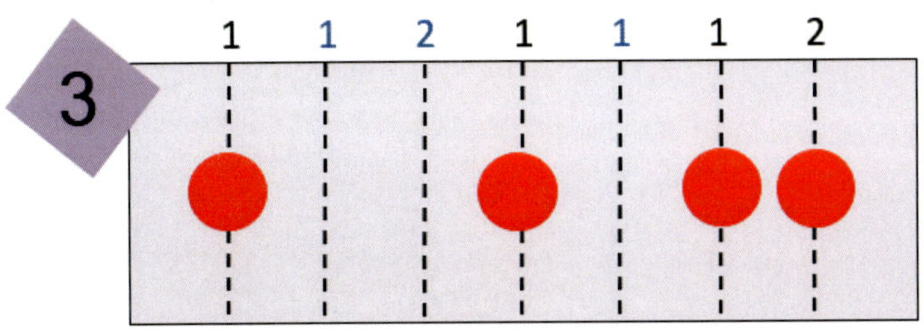

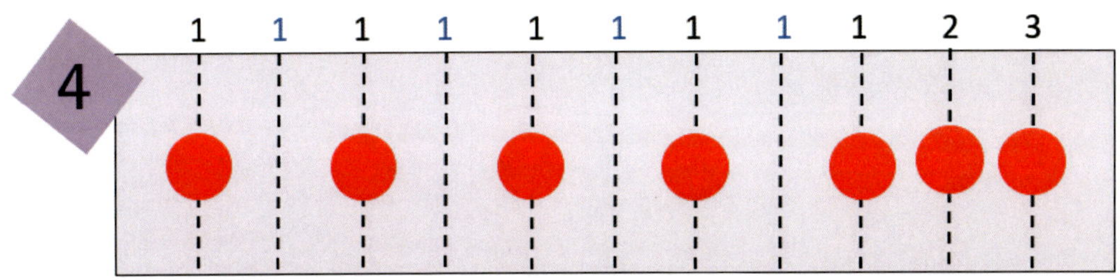

8.4 Leituras com pulsações e silêncios: mão direita

Seguindo a pulsação, toque no piano os *clusters*, usando a MÃO DIREITA. Observe os silêncios, as dinâmicas e o pedal.

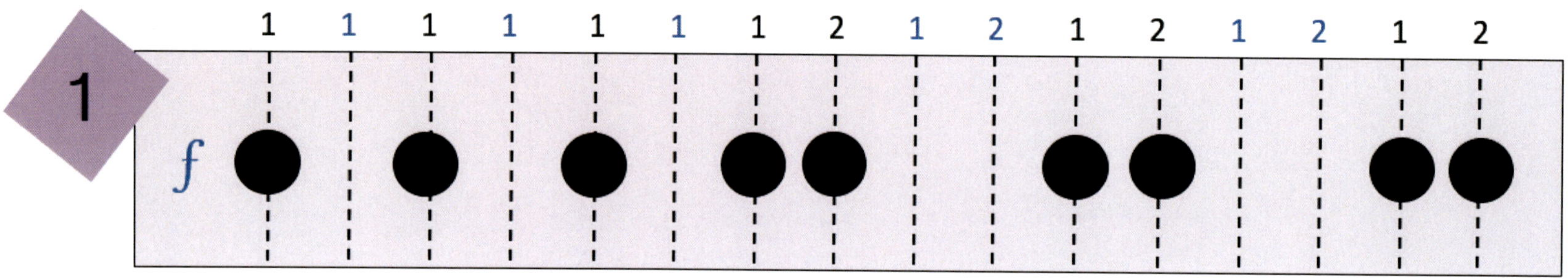

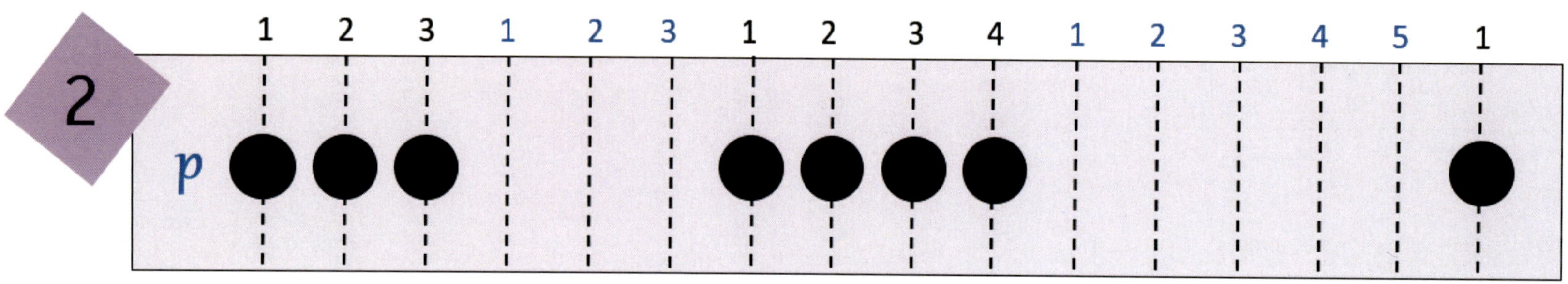

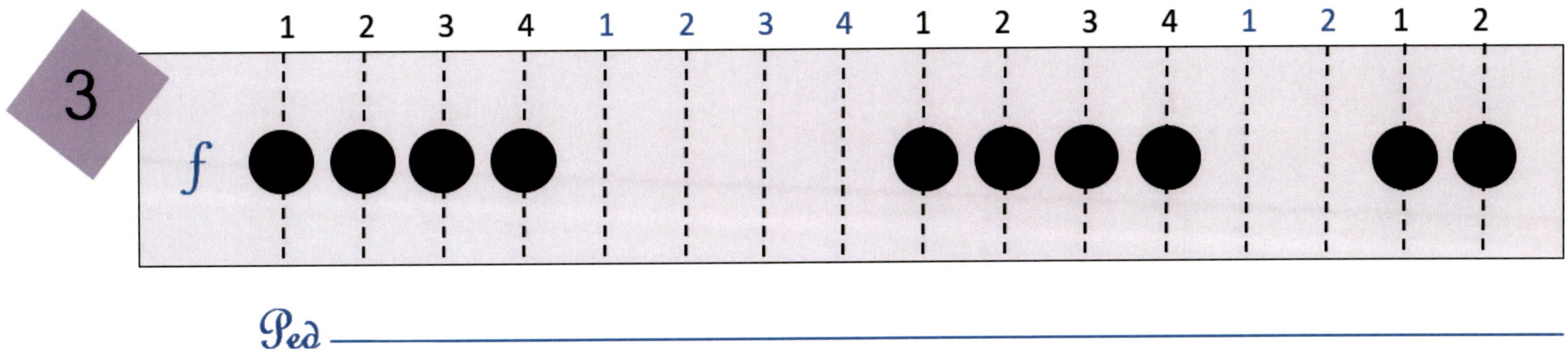
3
1 2 3 4 1 2 3 4 1 2 3 4 1 2 1 2
f
Ped

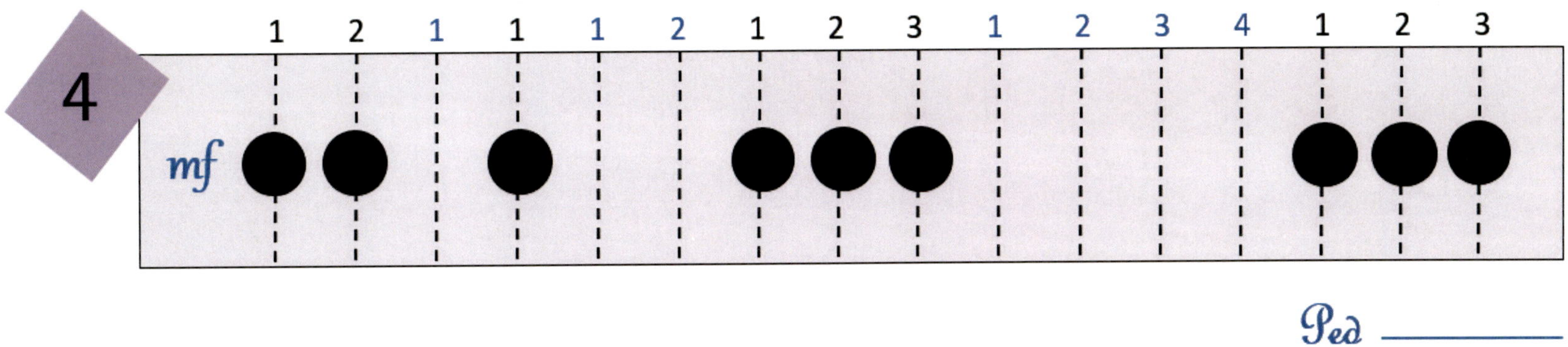
4
1 2 1 1 1 2 1 2 3 1 2 3 4 1 2 3
mf
Ped

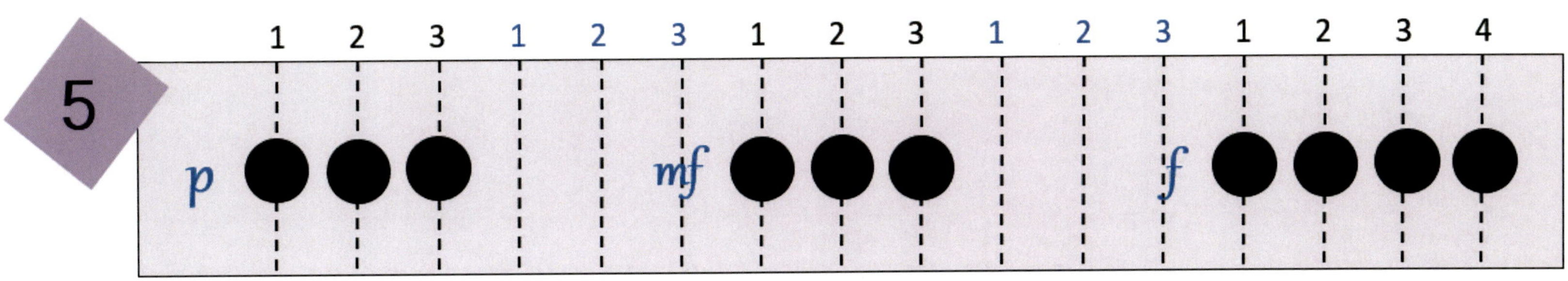
5
1 2 3 1 2 3 1 2 3 1 2 3 1 2 3 4
p
mf
f

8.5 Leituras com pulsações e silêncios: mão esquerda

Toque no piano os *clusters*, usando a MÃO ESQUERDA. Observe os silêncios, as dinâmicas e o pedal.

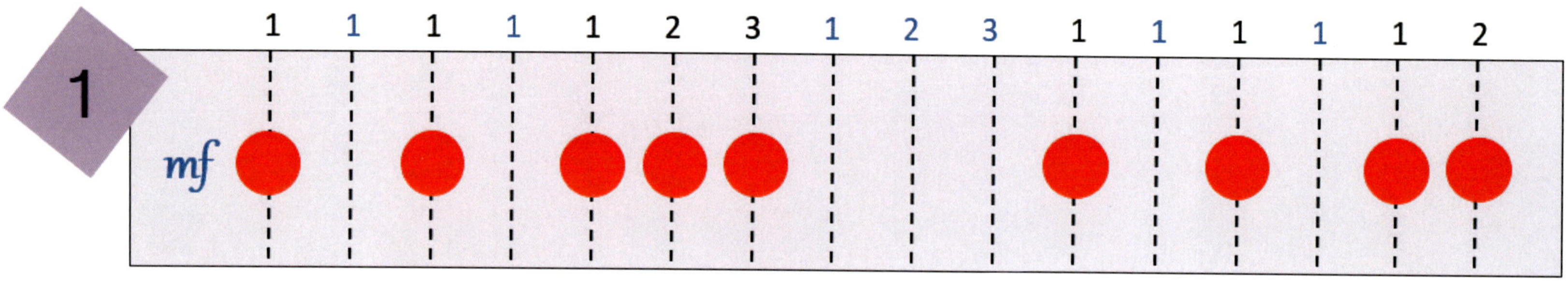

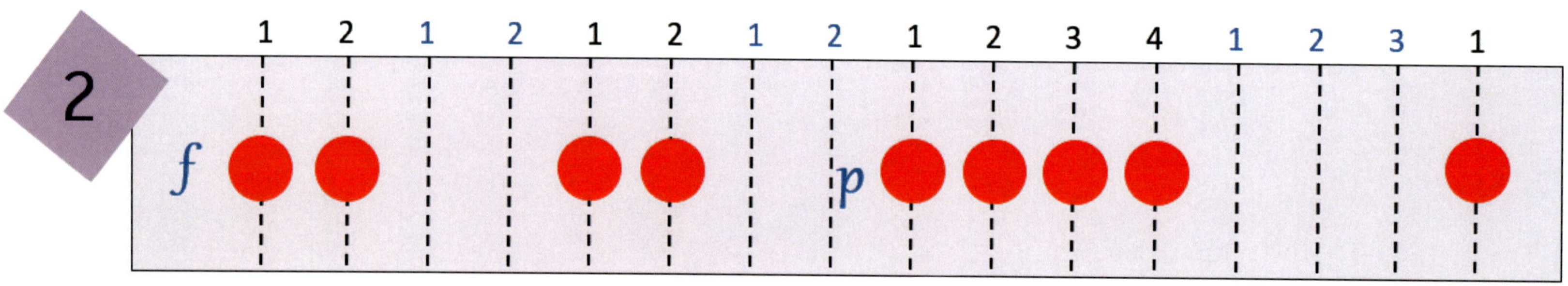

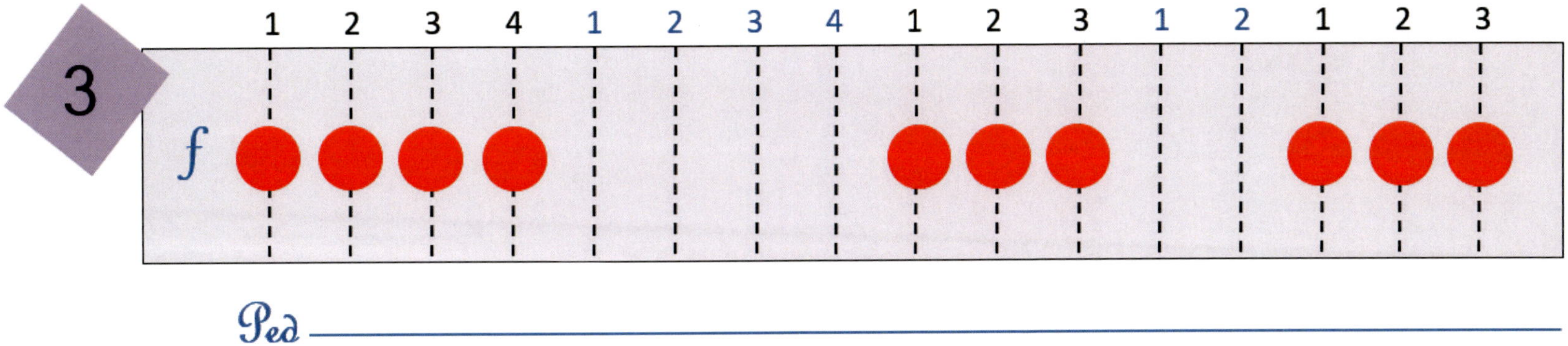
3
1 2 3 4 1 2 3 4 1 2 3 1 2 1 2 3
f
Ped

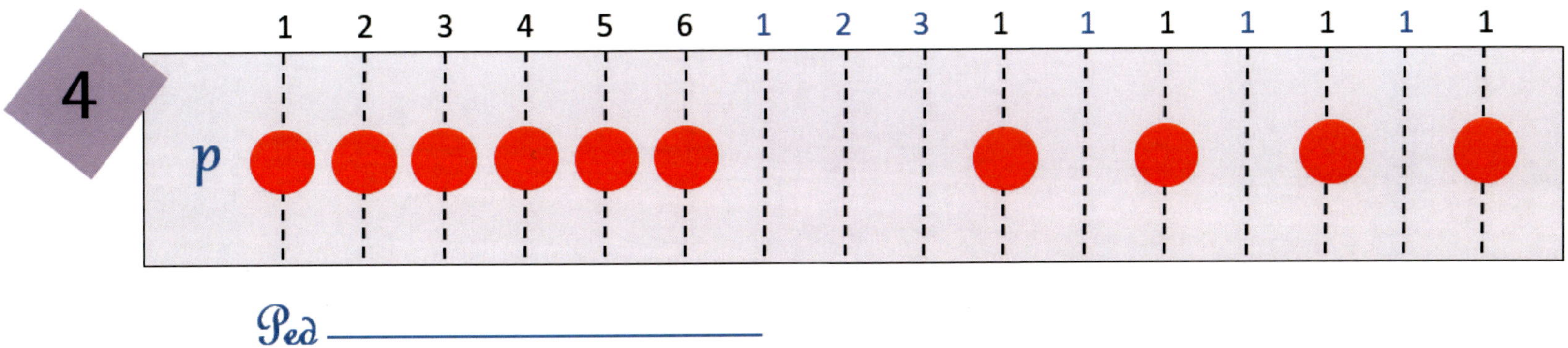
4
1 2 3 4 5 6 1 2 3 1 1 1 1 1 1 1
p
Ped

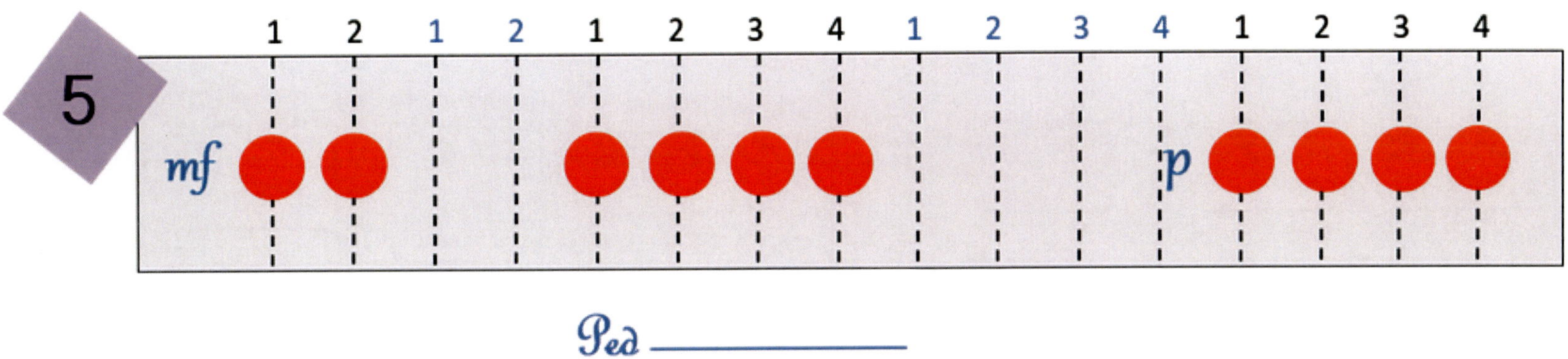
5
1 2 1 2 1 2 3 4 1 2 3 4 1 2 3 4
mf
p
Ped

8.6 Canção com pulsações: mãos simultâneas

A MÁQUINA DO JOSÉ

Cante e toque esta canção no piano, realizando os *clusters*.

A MÁQUINA DO JOSÉ

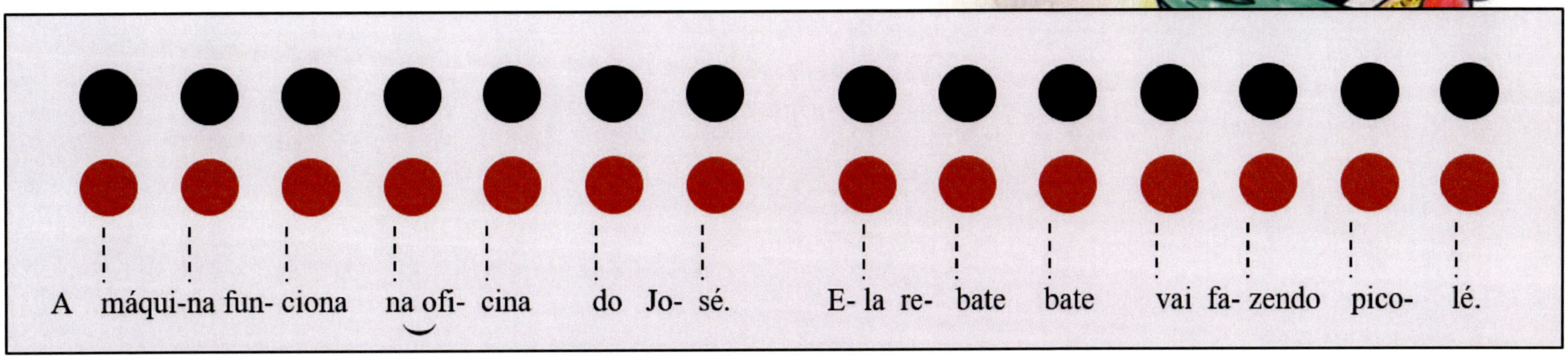

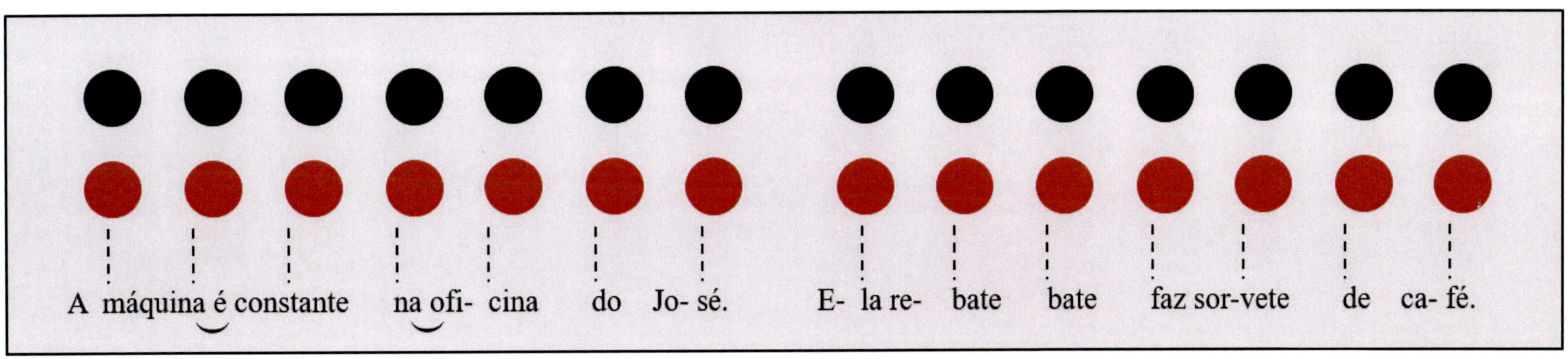

8.7 Leituras com mãos alternadas e simultâneas

Seguindo a pulsação, toque no piano os *clusters* com mãos alternadas ou simultâneas. Observe os silêncios, as dinâmicas e o pedal.

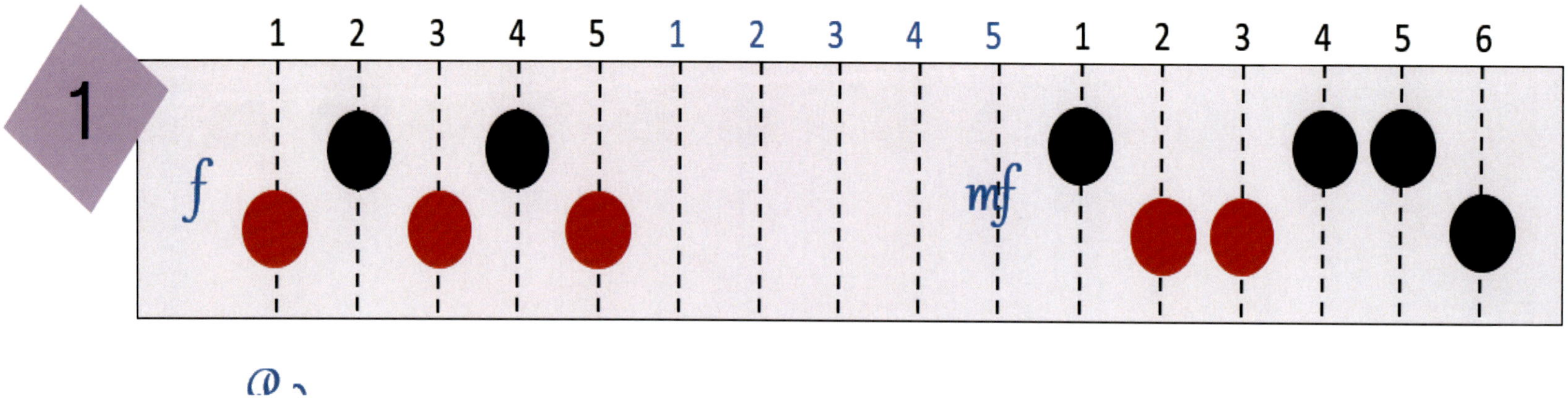

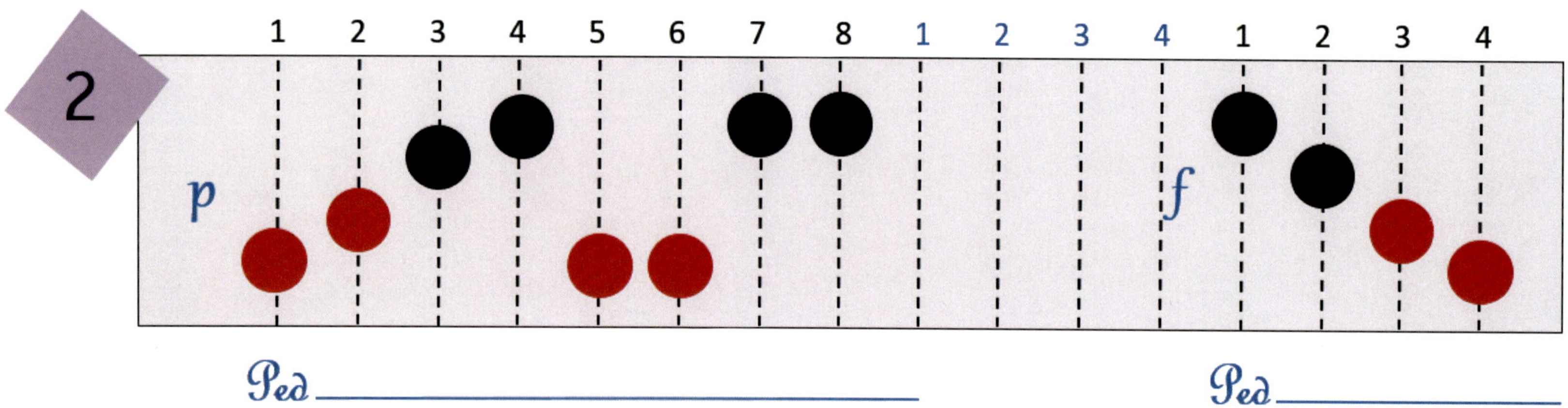

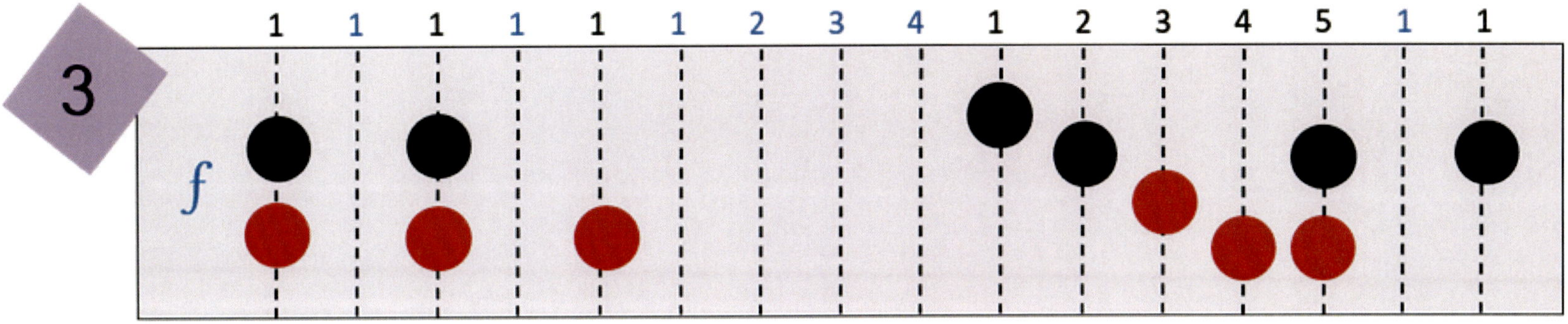
3
1 1 1 1 1 1 2 3 4 1 2 3 4 5 1 1
f

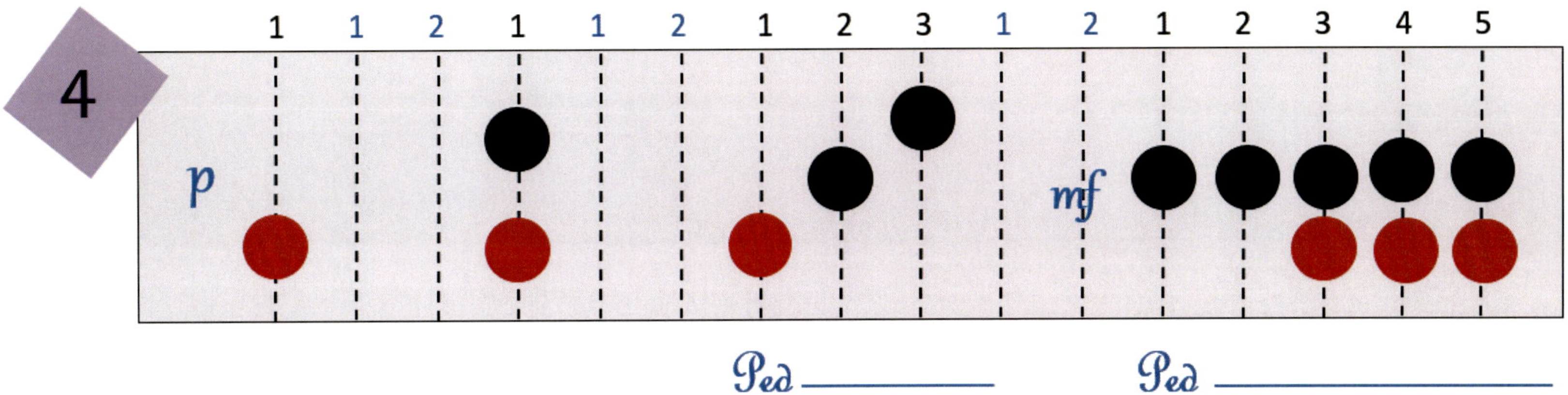
4
1 1 2 1 1 2 1 2 3 1 2 1 2 3 4 5
p
mf
Ped
Ped

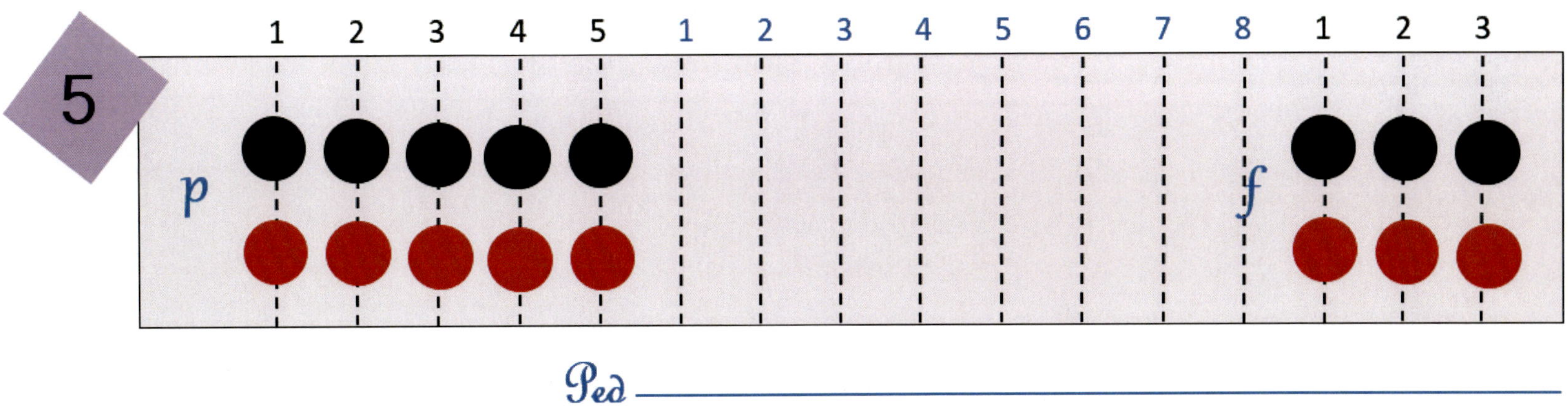
5
1 2 3 4 5 1 2 3 4 5 6 7 8 1 2 3
p
f
Ped

Parabéns!

Você chegou ao final do capítulo de LEITURA MUSICAL POR SIGNOS SONOROS. Vamos lembrar tudo o que você aprendeu?

1. SONORIZAÇÃO DE SIGNOS SONOROS NO PIANO.
2. OS REGISTROS GRAVE, MÉDIO E AGUDO DO PIANO.
3. AS DINÂMICAS *FORTE*, *PIANO* E *MEZZO FORTE*.
4. O PEDAL DE SUSTENTAÇÃO.
5. CANÇÕES E LEITURAS COM CLUSTERS, PONTOS, LINHAS E GLISSANDI, COM MÃOS SEPARADAS, ALTERNADAS E SIMULTÂNEAS.
6. A PULSAÇÃO.

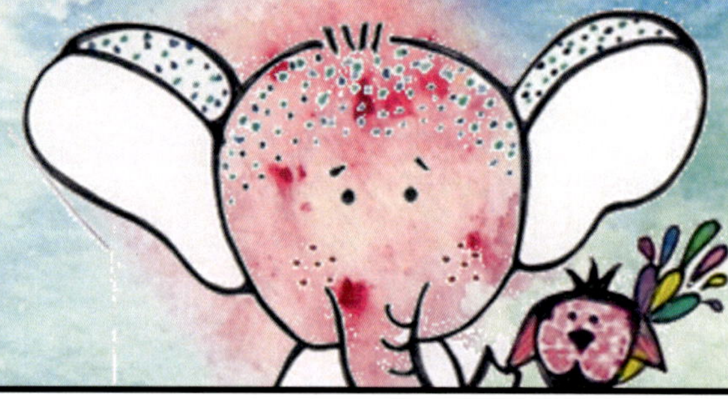

Neste quadro, escreva sobre aquilo que você achou fácil e o que você achou difícil.

Leitura musical
por traços

Queridos Alunos

1. ANTES DE TOCAR, OBSERVEM BEM AS LEITURAS DE CADA PÁGINA.
2. VOCALIZEM OS SONS QUE PODEM REPRESENTAR OS TRAÇOS.
3. TRABALHEM COM ATENÇÃO AS ABORDAGENS MOTORAS QUE VÃO USAR PARA REALIZAR OS TRAÇOS.
4. CANTEM E TOQUEM AS CANÇÕES.
5. REALIZEM AS LEITURAS POR TRAÇOS NO PIANO ASSIM: LEIAM UMA PRIMEIRA VEZ EM ANDAMENTO CONFORTÁVEL; LEIAM OUTRAS VEZES EM ANDAMENTOS MAIS RÁPIDOS.
6. NÃO OLHEM PARA AS MÃOS. NÃO FIXEM OS OLHOS NO PONTO EM QUE ESTÃO LENDO, OLHEM ADIANTE. EVITEM PARADAS, MESMO QUE HAJA ERROS.
7. OUÇAM O QUE ESTÃO TOCANDO.

DIVIRTAM-SE!

Série 1 - As notas e as famílias do piano

1.1 Identificando notas e famílias do piano

Vamos identificar as notas pretas do piano. Veja, no teclado a seguir, como elas se organizam em grupos de 2 e de 3. Vamos identificar também as notas brancas do piano. Veja como os grupos de 2 e 3 notas pretas estão ligados a 7 notas brancas, formando uma família completa.

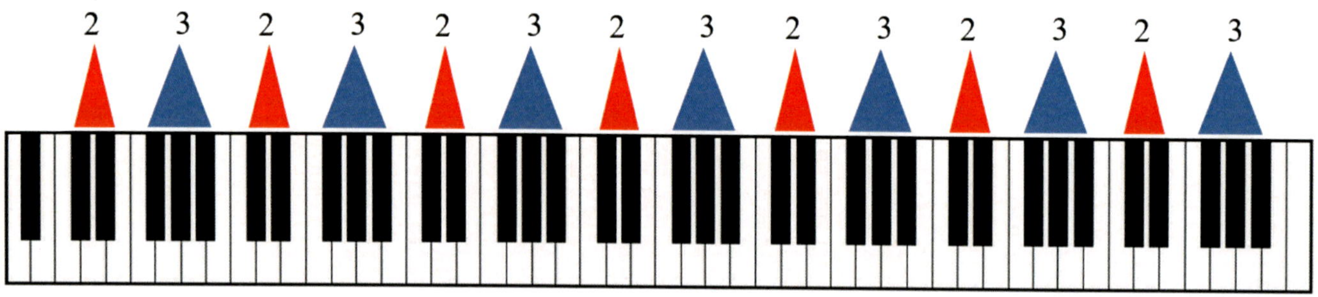

Agora, veja os arcos acima do teclado a seguir: 7 famílias completas e 2 incompletas.

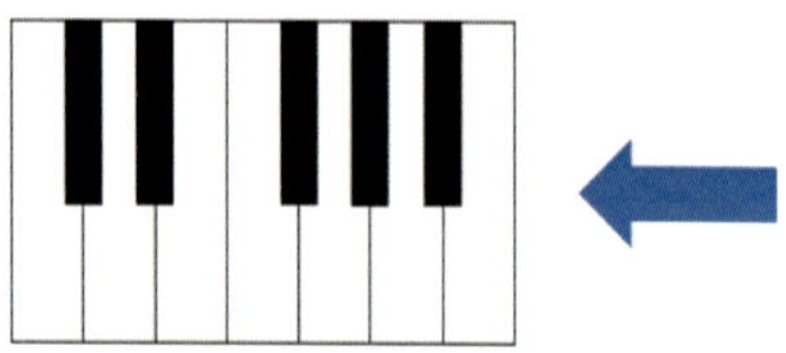

Família completa

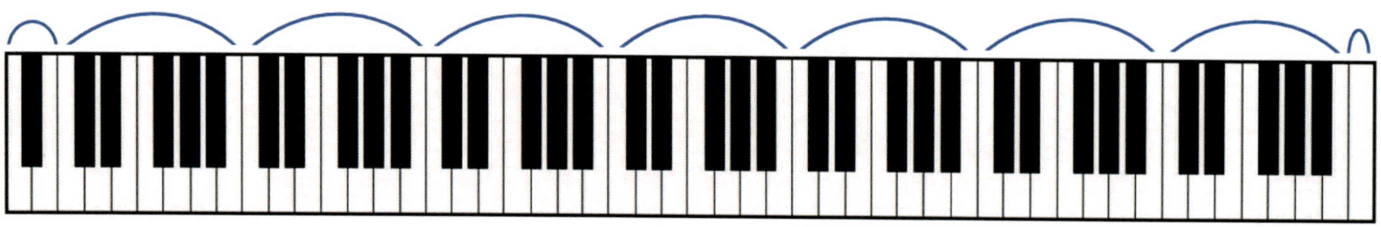

1.2 Numerando e colorindo as famílias do piano

Vamos numerar as famílias para facilitar a sua identificação. Veja os números das famílias no teclado a seguir.

Agora você vai colorir:

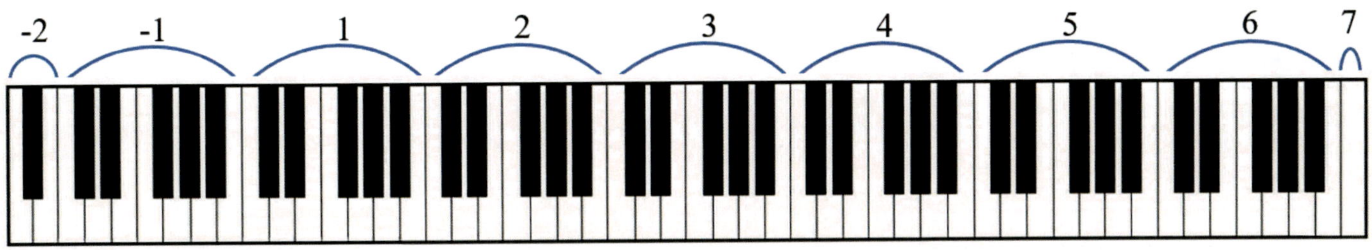

- A família 3 de azul
- A família 2 de verde

- A família 5 de roxo
- A família 1 de cinza
- A família -2 de vermelho
- A família 6 de laranja
- A família 7 de amarelo
- A família -1 de marrom
- A família 4 de rosa

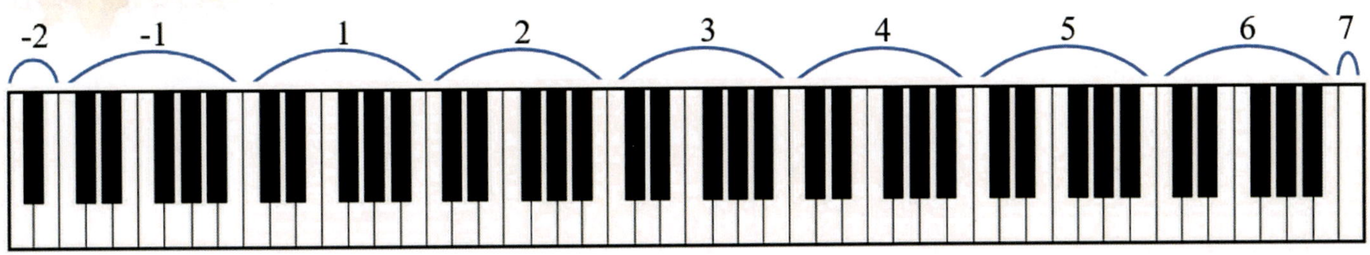

1.3 Nomeando e identificando as notas brancas do piano

Veja os nomes das notas em teclas brancas no teclado a seguir.

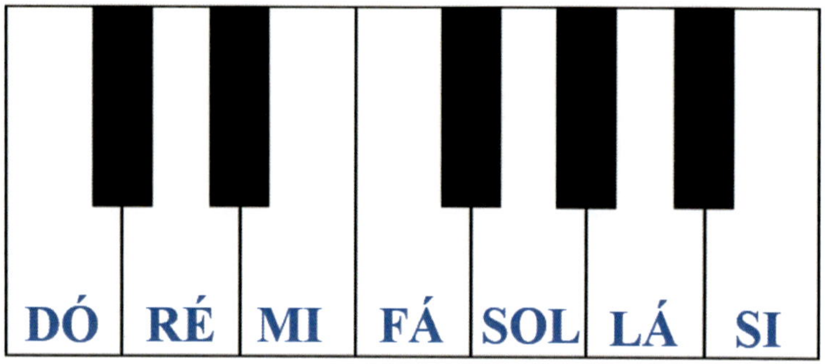

Agora, escreva os nomes das notas indicadas pelas setas.

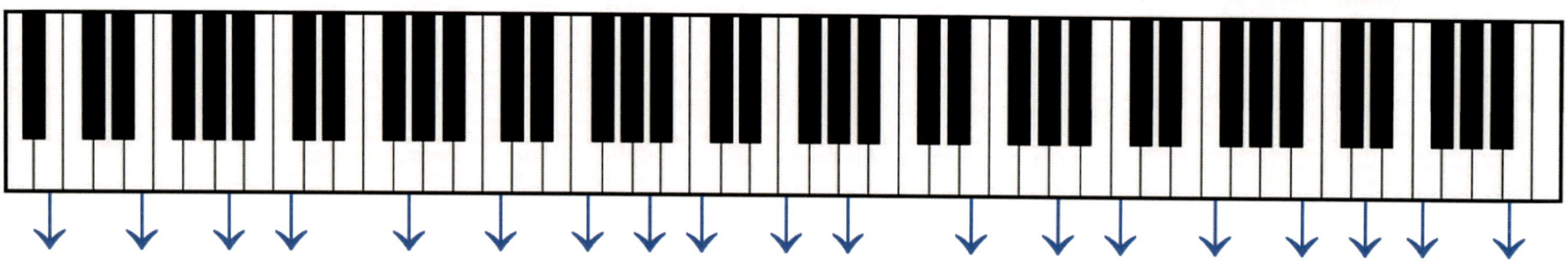

1.4 Nomeando e identificando as notas pretas do piano

Veja os nomes das teclas pretas. Quando o movimento sonoro é ascendente, as notas são chamadas de SUSTENIDOS. Quando o movimento sonoro é descendente, elas são chamadas de BEMÓIS.

O signo que representa o sustenido é assim: #

O signo que representa o bemol é assim: *b*

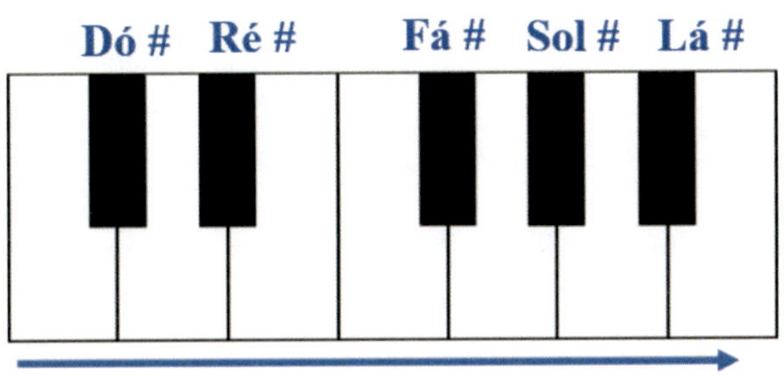

Movimento sonoro ascendente

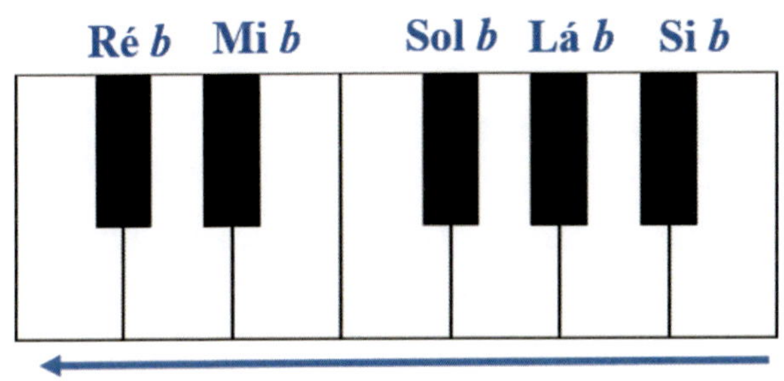

Movimento sonoro descendente

Escreva, dentro dos quadros a seguir, os signos do sustenido e do bemol.

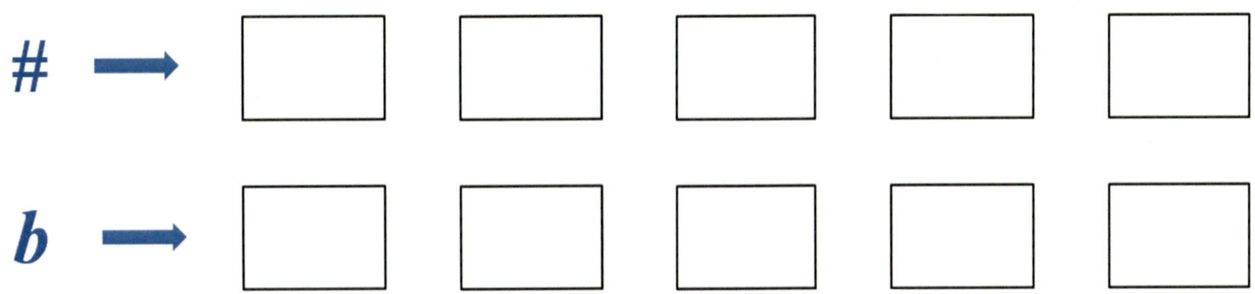

No teclado abaixo, escreva os nomes das notas inicadas pelas setas em SUSTENIDOS.

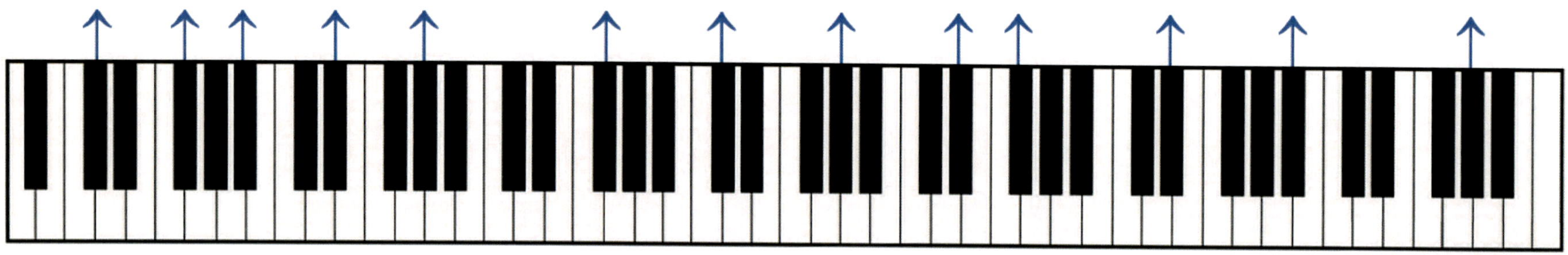

No teclado abaixo, escreva os nomes das notas indicadas pelas setas em BEMÓIS.

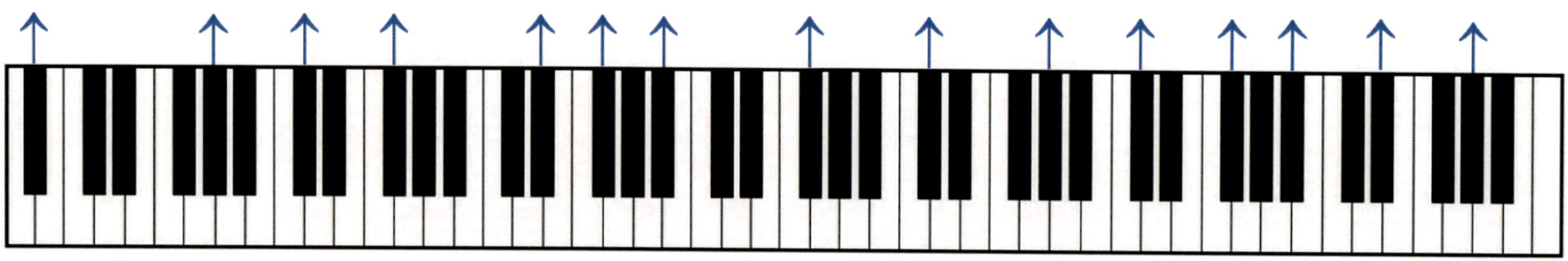

Série 2 - Ritmo unidade

2.1 Preparação

Lembra-se da PULSAÇÃO? É um tempo regular que bate bem certinho.

Veja as sequências de traços escritos nos quadros a seguir. Cada traço corresponde ao som de uma mesma nota em uma pulsação. Como os traços são do mesmo tamanho, a duração dos sons será a mesma. Mas, quando houver fermata, o som será um pouco mais longo. Note que, acima dos quadros, os números pretos indicam pulsações a serem tocadas.

Toque no piano as sequências de traços com o dedo indicador da mão direita (traços pretos) e com o dedo indicador da mão esquerda (traços vermelhos).

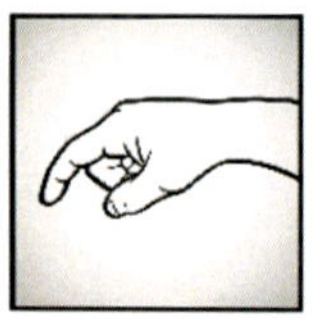

Dedo indicador da mão direita

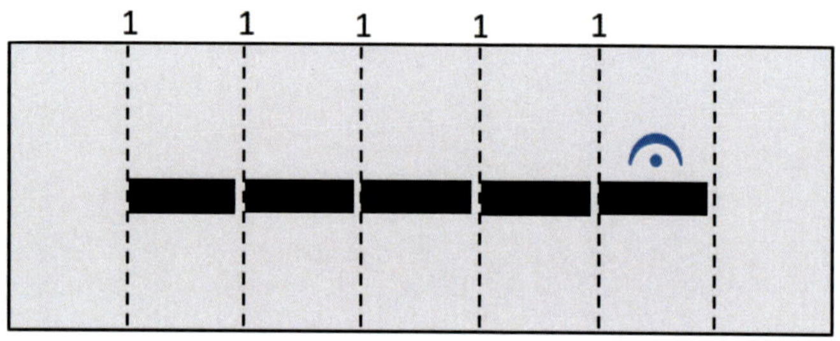

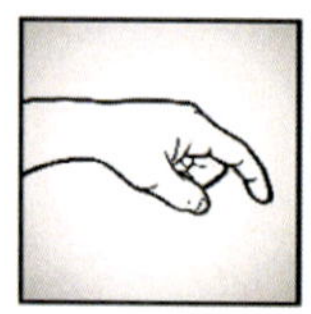

Dedo indicador da mão esquerda

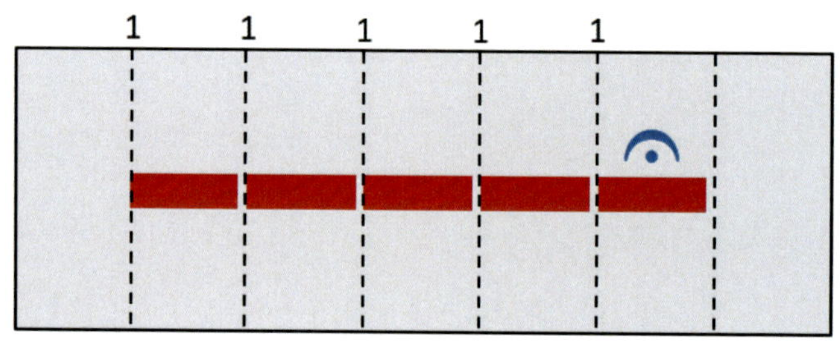

2.2 Canções por traços: ritmo unidade

Cante e toque esta canção no piano, na posição indicada no teclado, usando os dedos indicadores. Observe as fermatas e as respirações, realizando as dinâmicas como quiser. Depois, você pode tocar a canção em outras posições no piano, à sua escolha.

ESQUILINHO

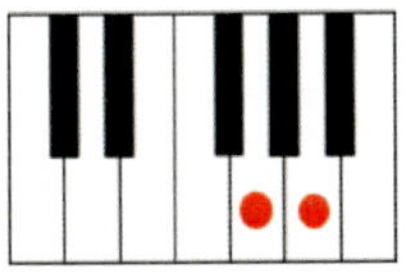

Vamos cantar e tocar mais uma canção?

BARQUINHO

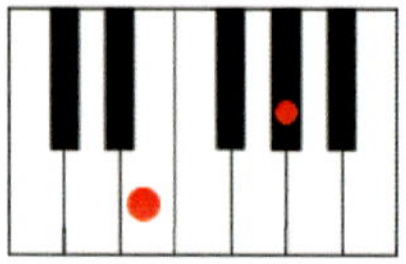

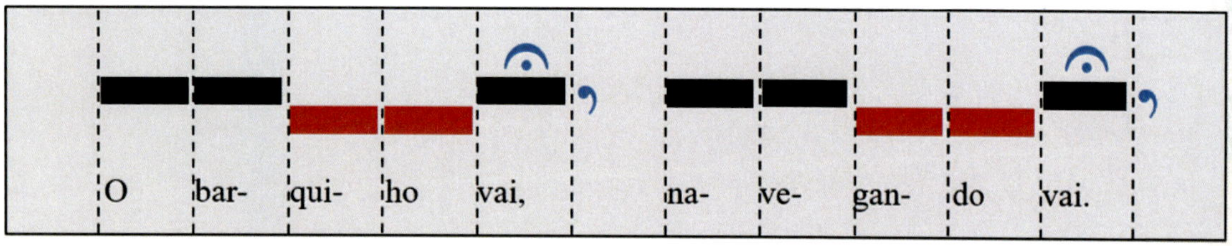

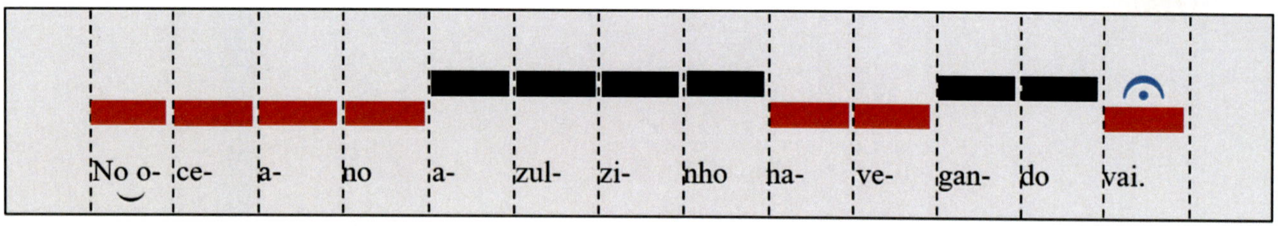

2.3 Leituras por traços: ritmo unidade

Com o dedo indicador da mão direita (traços pretos) e o indicador da esquerda (traços vermelhos), toque no piano cada uma das sequências sem olhar para as mãos e sem parar. Observe as dinâmicas, as fermatas, as respirações e o pedal.

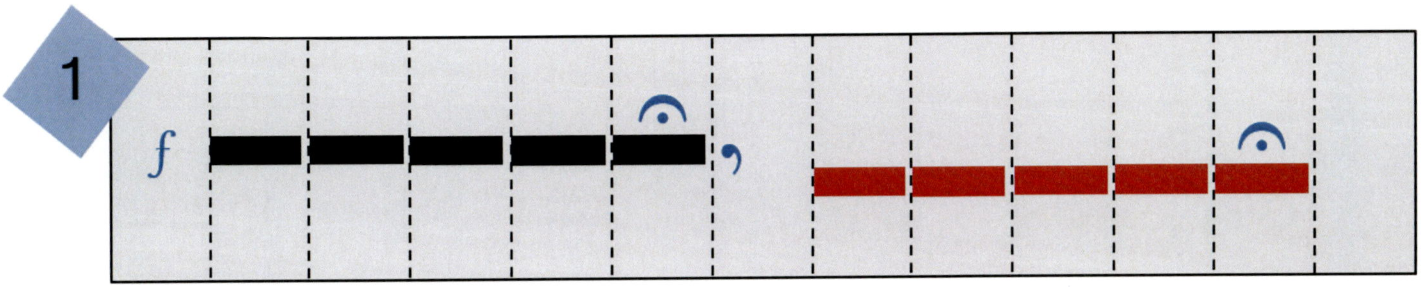

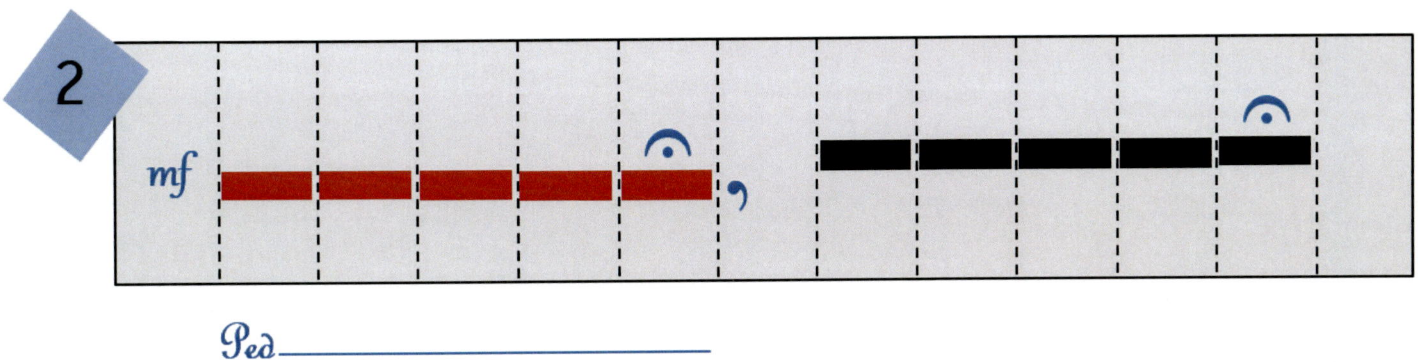

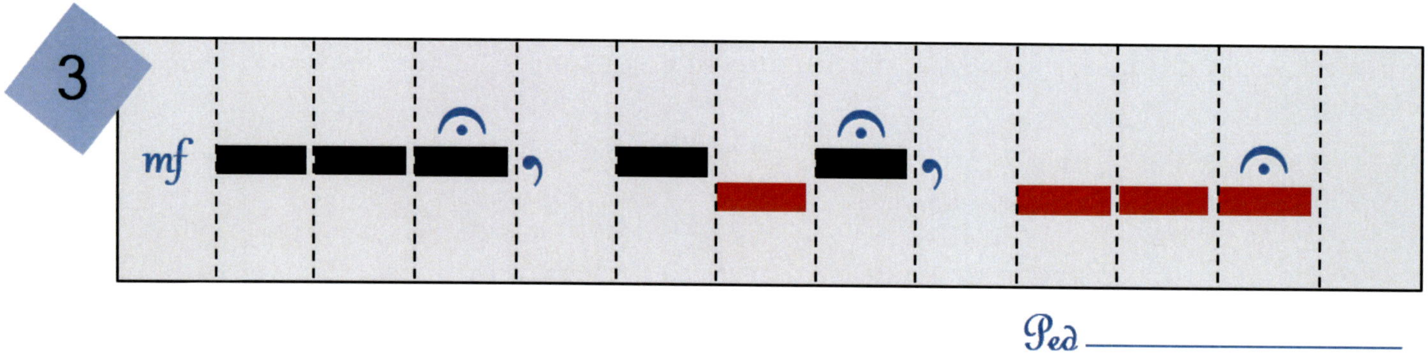
3
mf
Ped

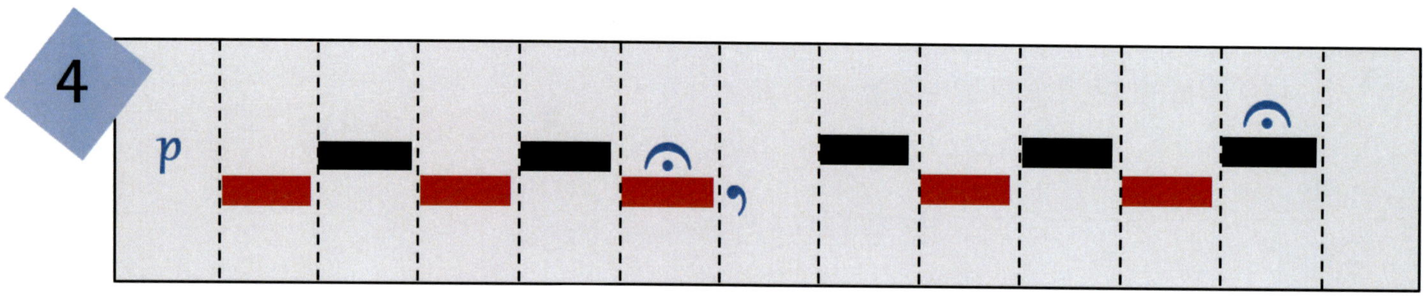
4
p

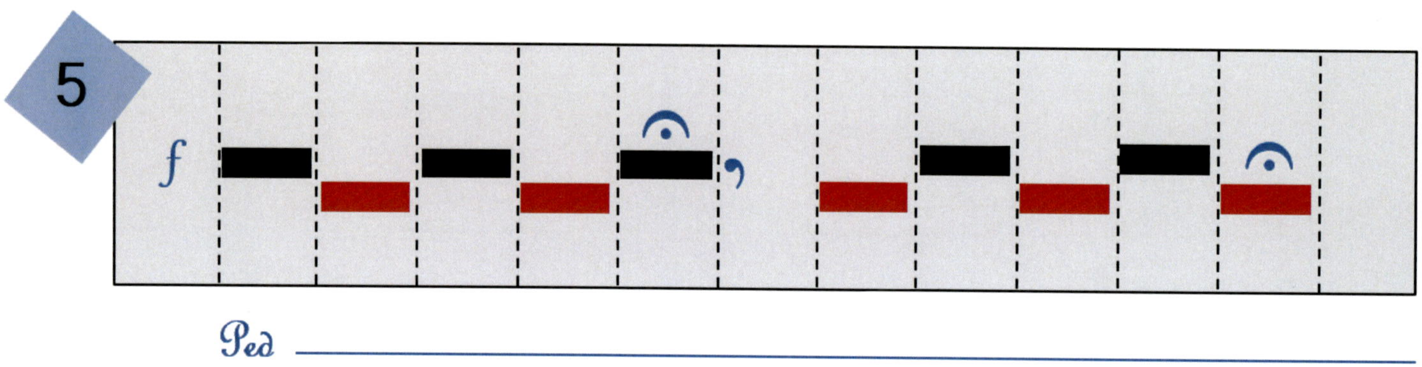
5
f
Ped

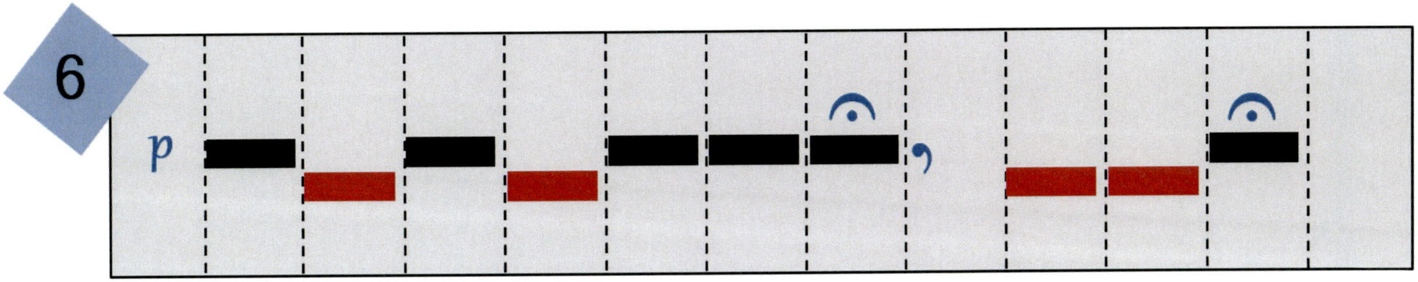
6
p

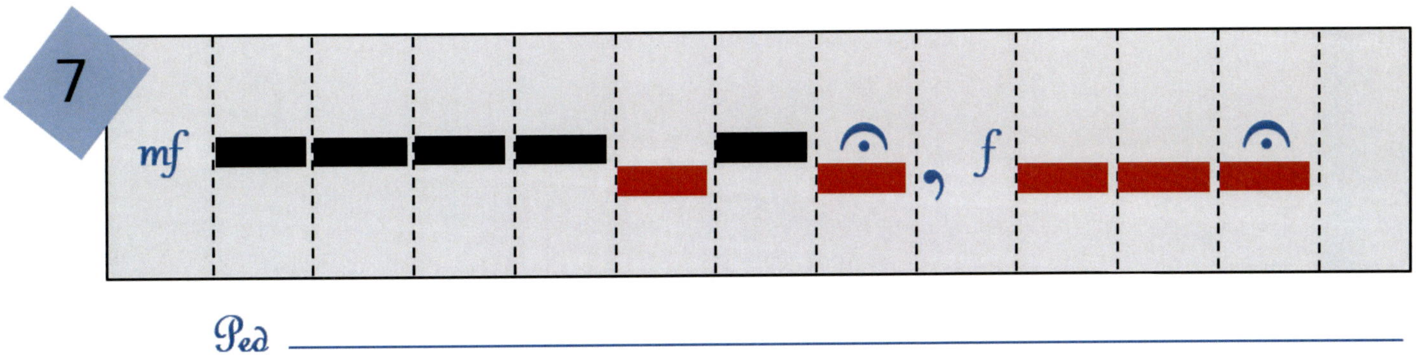
7
mf
f
Ped

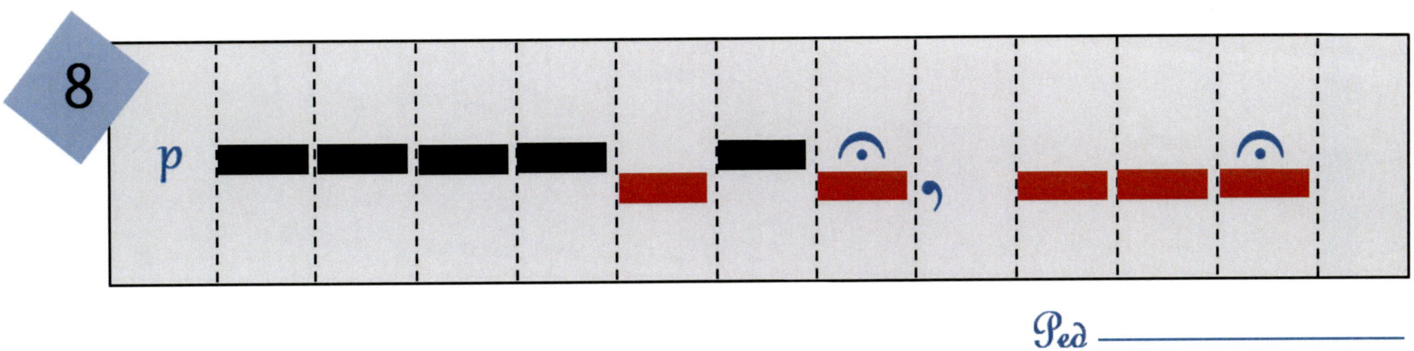
8
p
Ped

Série 3 - Ritmo unidade e silêncio

3.1 Preparação

Veja as sequências de traços escritos nos quadros a seguir. Cada traço corresponde ao som de uma mesma nota em uma pulsação. Os SILÊNCIOS, escritos em pontilhados, também correspondem a uma pulsação.

Quando houver fermata, o som será um pouco mais longo. Note que, acima dos quadros, os números pretos indicam pulsações a serem tocadas. Os números azuis indicam os silêncios a serem realizados.

Toque no piano as sequências de traços com o dedo indicador da mão direita (traços pretos) e com o dedo indicador da mão esquerda (traços vermelhos), lembrando-se de realizar os silêncios.

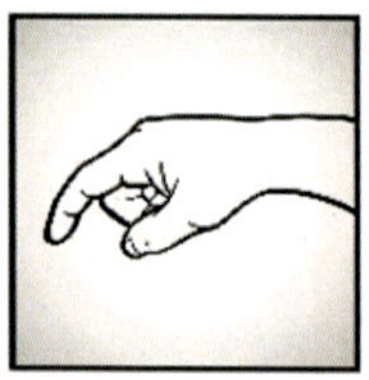

Dedo indicador da mão direita

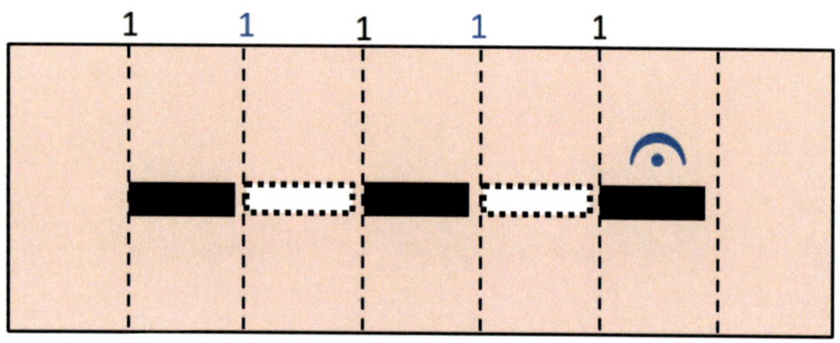

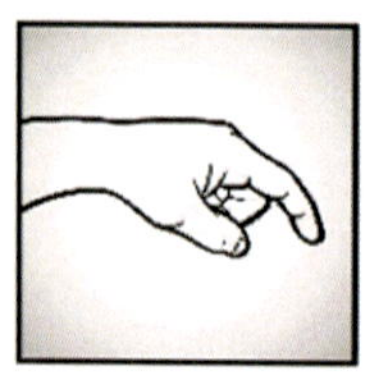

Dedo indicador da mão esquerda

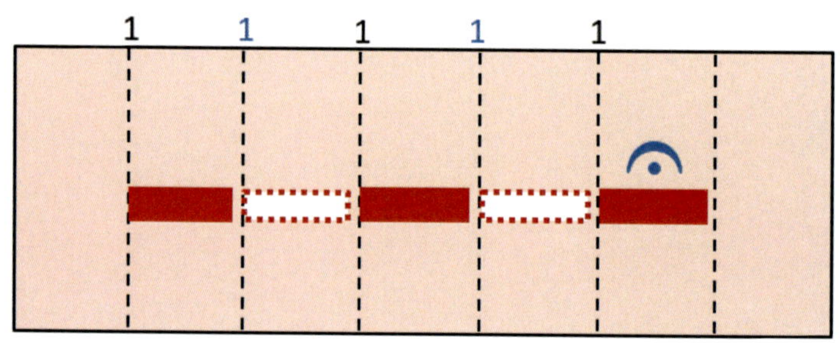

3.2 Canções por traços: ritmo unidade e silêncio

Cante e toque esta canção no piano, na posição indicada no teclado, usando os dedos indicadores. Observe as fermatas e as respirações, realizando as dinâmicas como quiser. Depois, você pode tocar a canção em outras posições no piano, à sua escolha.

BEM-TE-VI

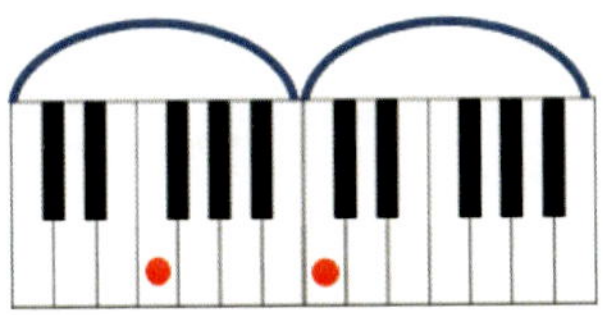

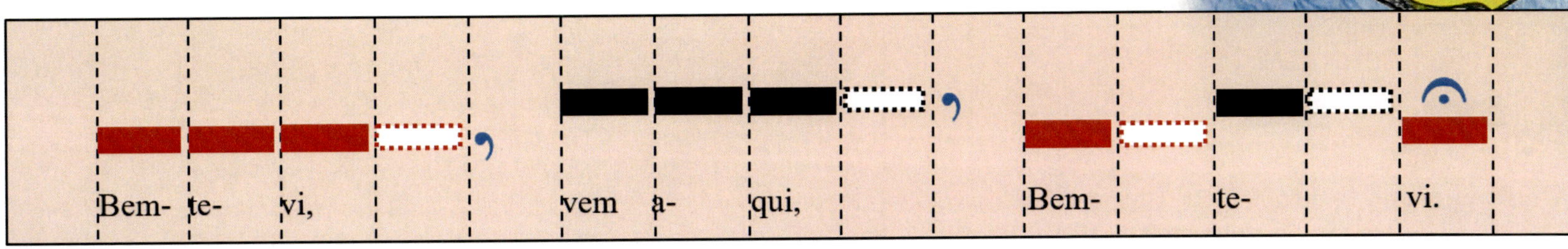

Vamos cantar e tocar mais uma canção?

FLOR, FLOR

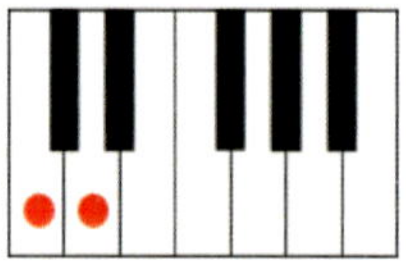

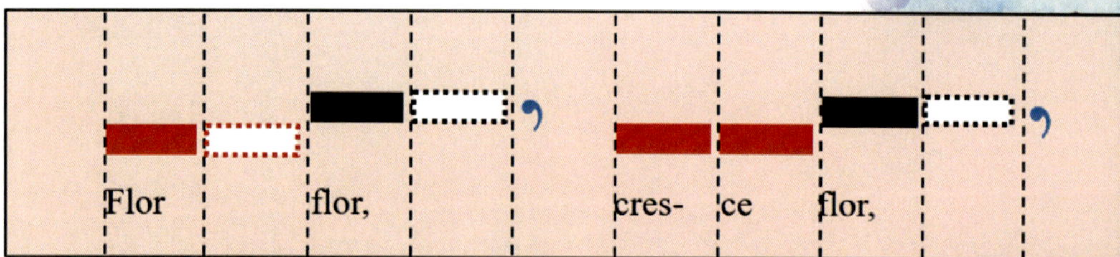

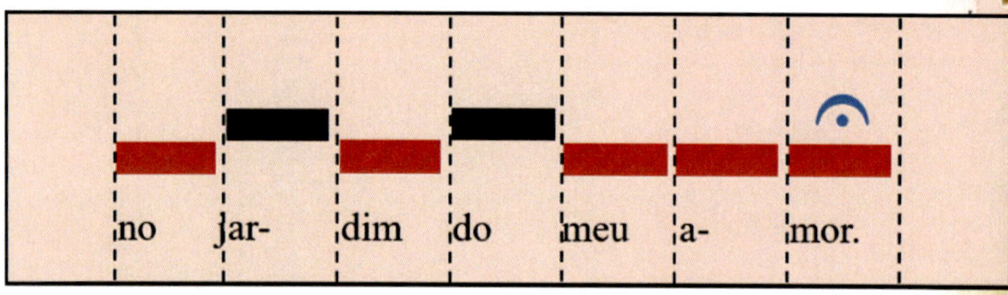

3.3 Leituras por traços: ritmo unidade e silêncio

Com o dedo indicador da mão direita (traços pretos) e o indicador da esquerda (traços vermelhos), toque no piano cada uma das sequências sem olhar para as mãos e sem parar. Observe os silêncios, as dinâmicas, as fermatas, as respirações e o pedal.

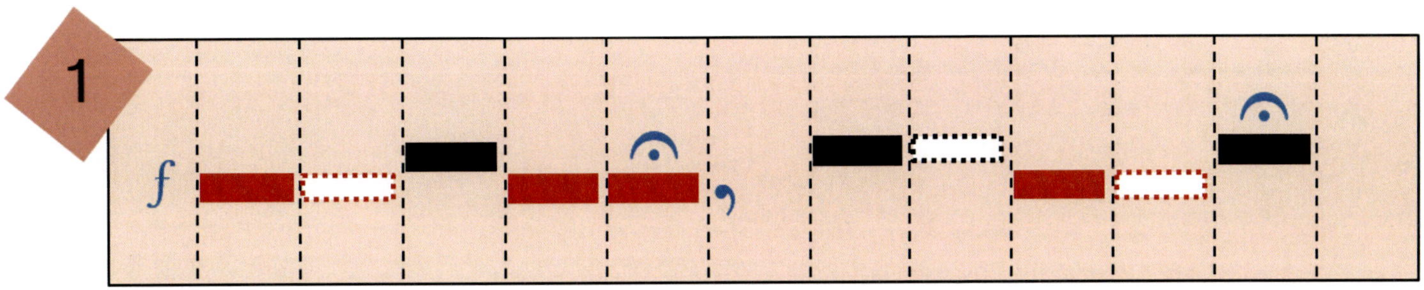

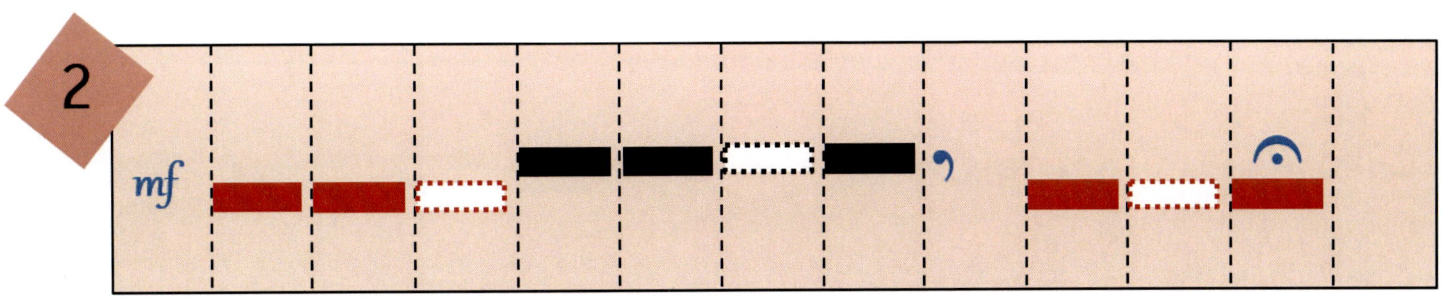

3

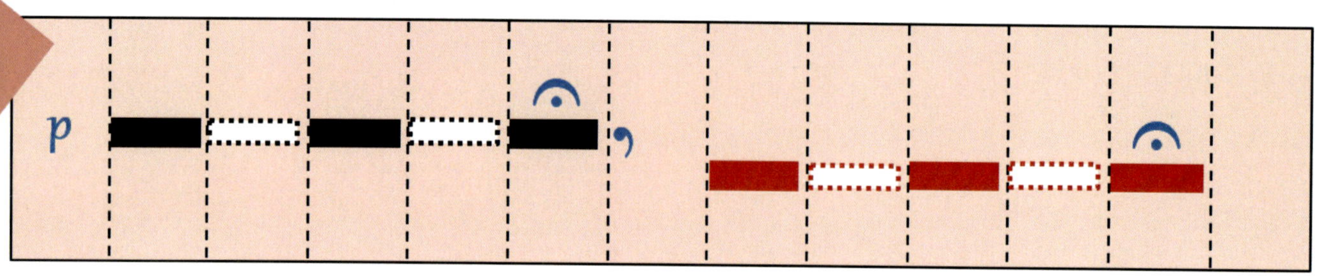

4

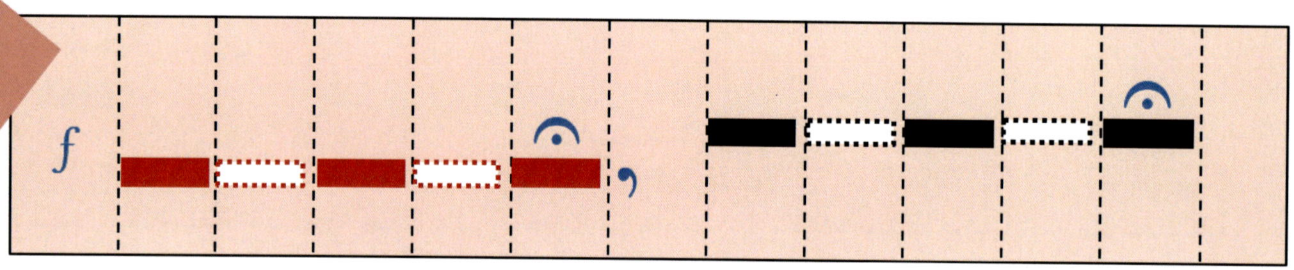

5

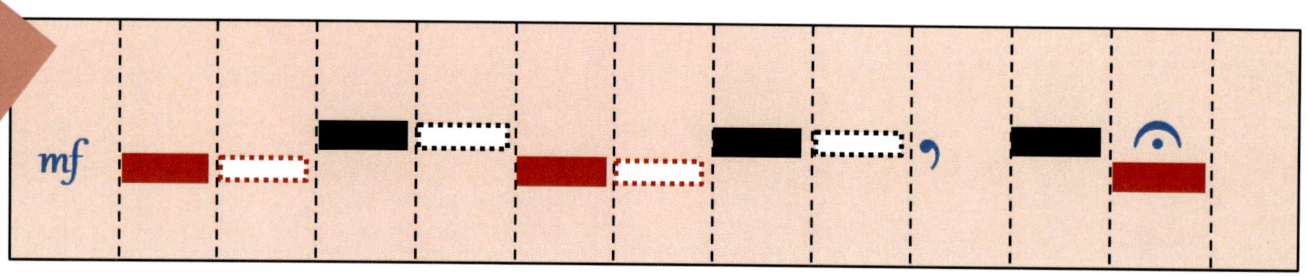

6

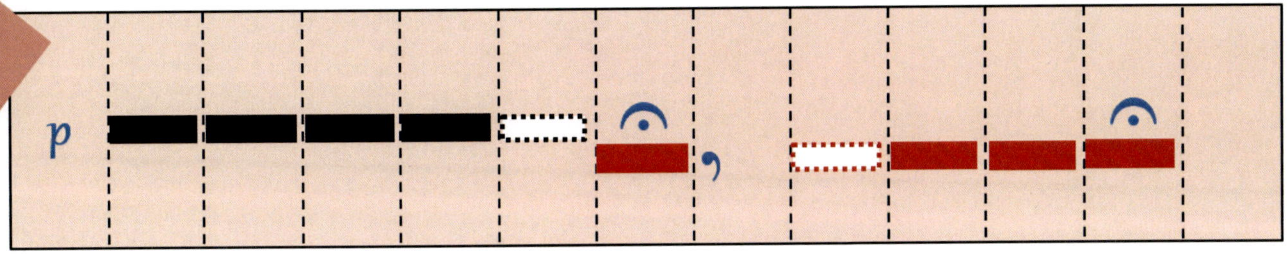

7

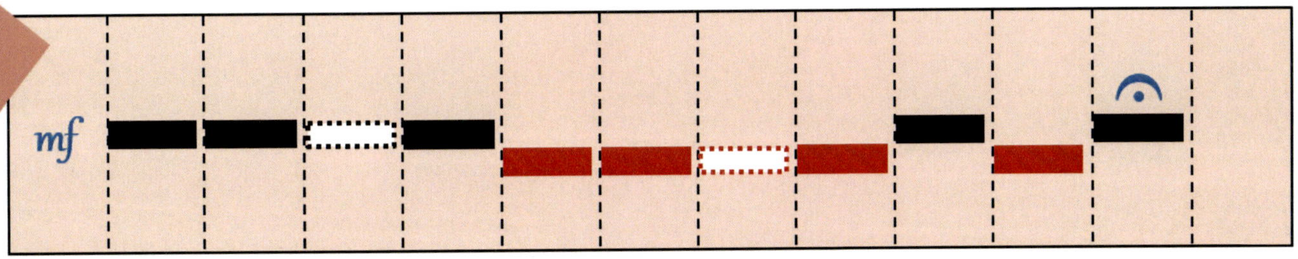

8

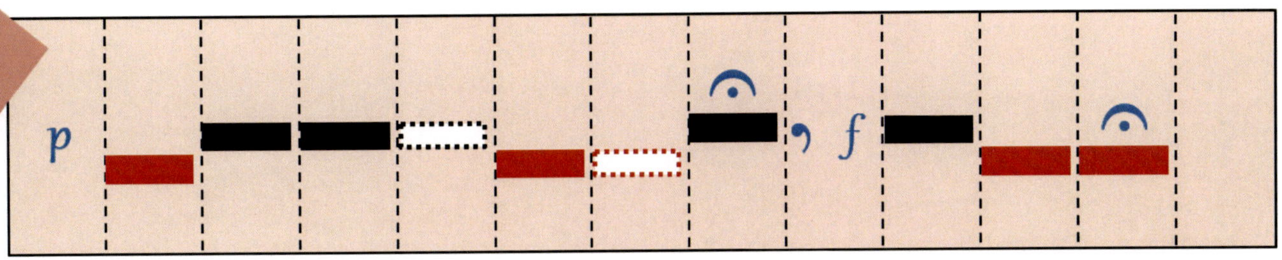

Série 4 – ritmo unidade e dobro

4.1 Preparação

Veja as sequências de traços escritos nos quadros a seguir. Cada traço pequeno corresponde ao som de uma mesma nota em uma pulsação. Cada traço grande corresponde ao dobro, ou seja, a duas pulsações. Note que, acima dos quadros, os números pretos indicam pulsações a serem tocadas, sendo os números 1 e 2 correspondentes a duas pulsações.

Toque no piano as sequências de traços com o dedo indicador da mão direita (traços pretos) e com o dedo indicador da mão esquerda (traços vermelhos).

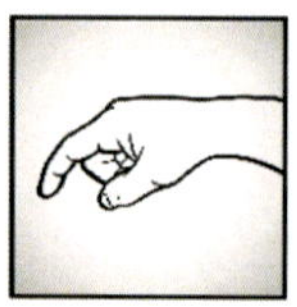

Dedo indicador da mão direita

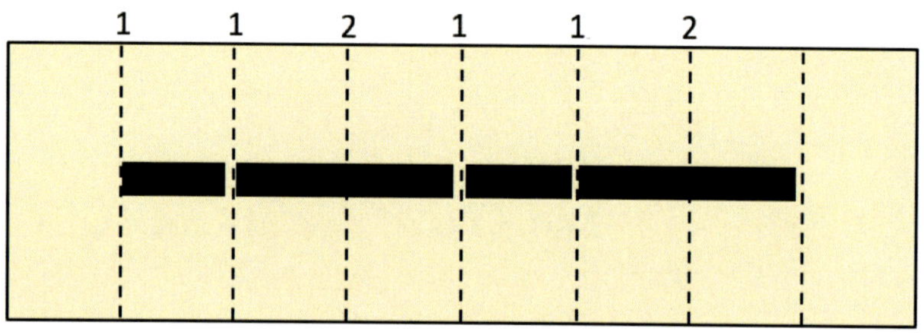

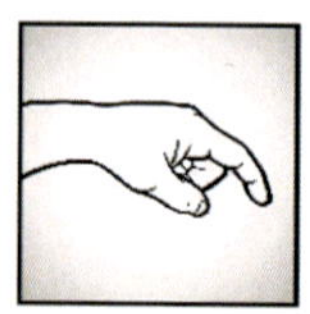

Dedo indicador da mão esquerda

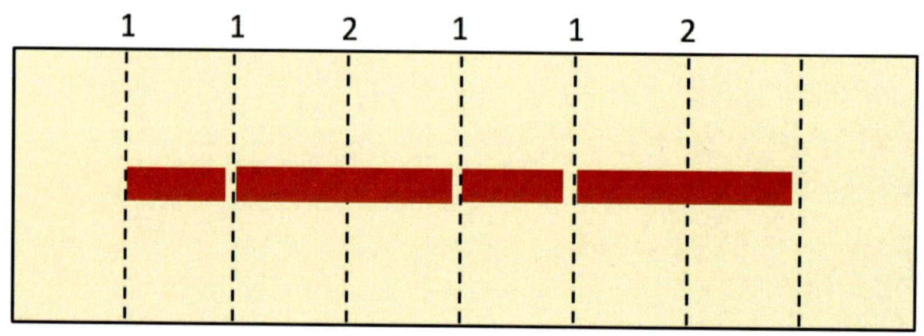

4.2 Canções por traços: ritmo unidade e dobro

Cante e toque esta canção no piano, na posição indicada no teclado, usando os dedos indicadores. Observe as fermatas e as respirações, realizando as dinâmicas como quiser. Depois, você pode tocar a canção em outras posições no piano, à sua escolha.

CAI, CAI, BALÃO

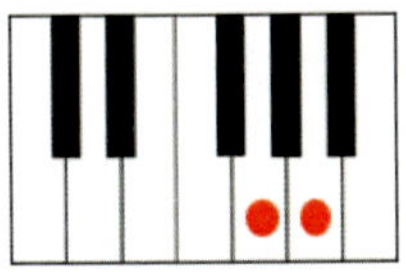

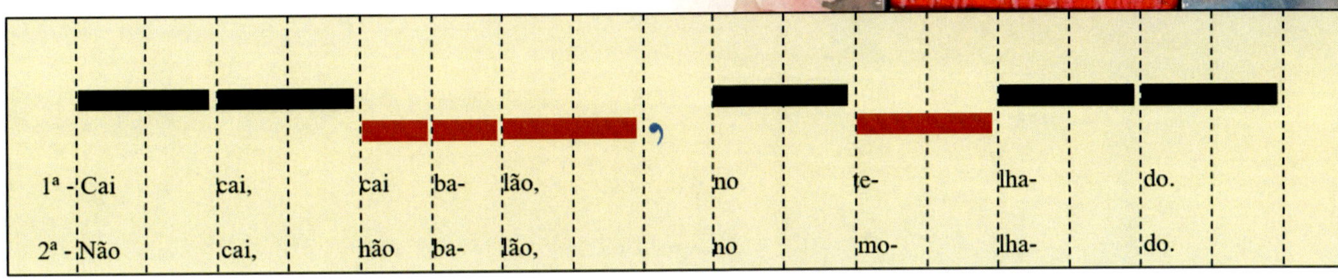

Vamos cantar e tocar mais uma canção?

MACAQUINHOS AMIGOS

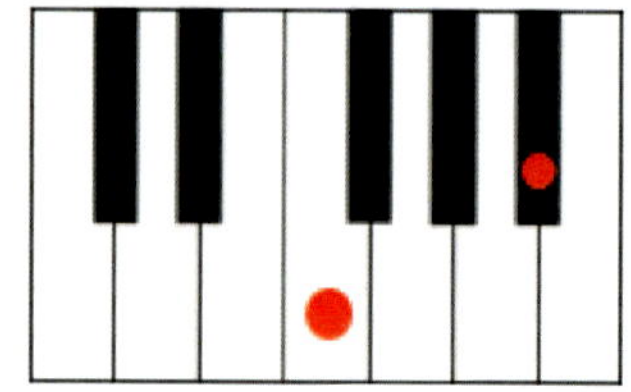

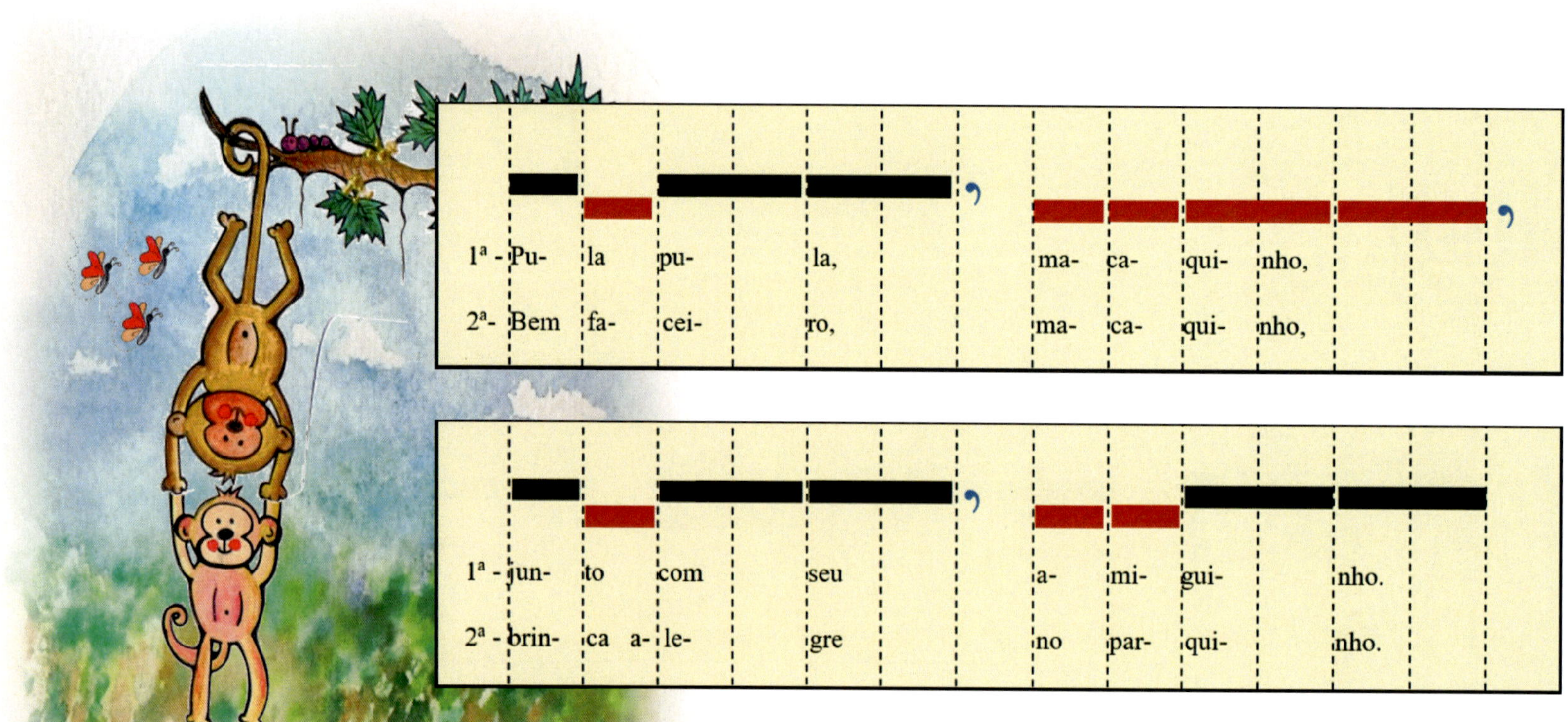

4.3 Leituras por traços: ritmo unidade e dobro

Com o dedo indicador da mão direita (traços pretos) e o indicador da esquerda (traços vermelhos), toque no piano cada uma das sequências sem olhar para as mãos e sem parar. Observe as dinâmicas, as fermatas, as respirações e o pedal.

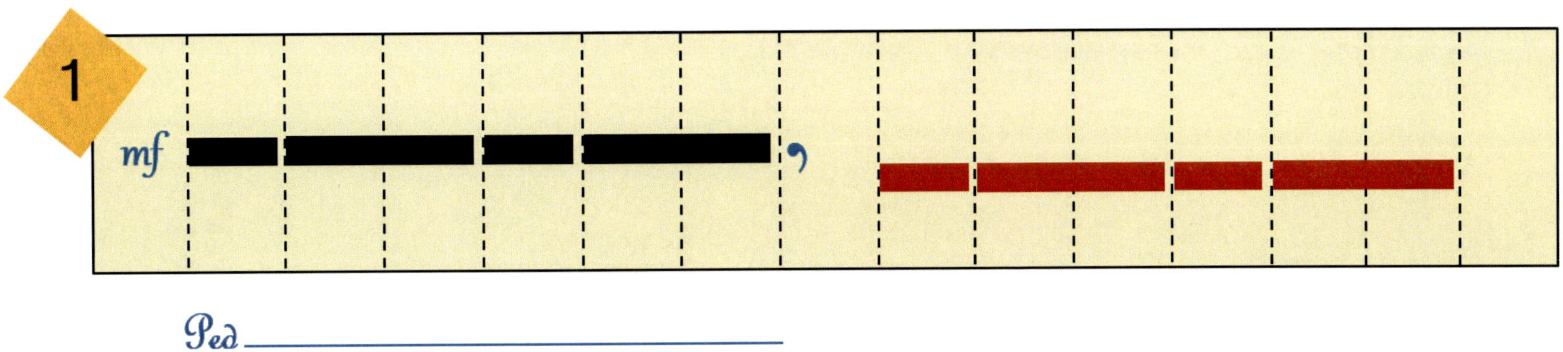

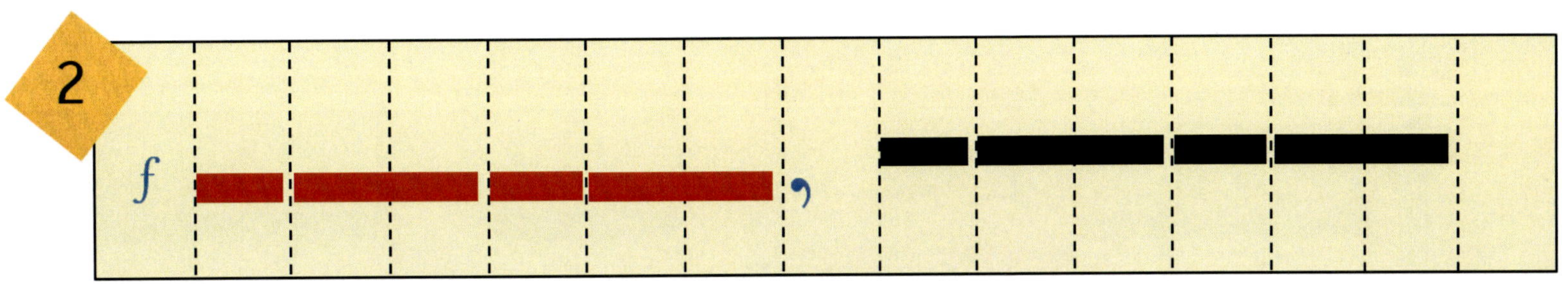

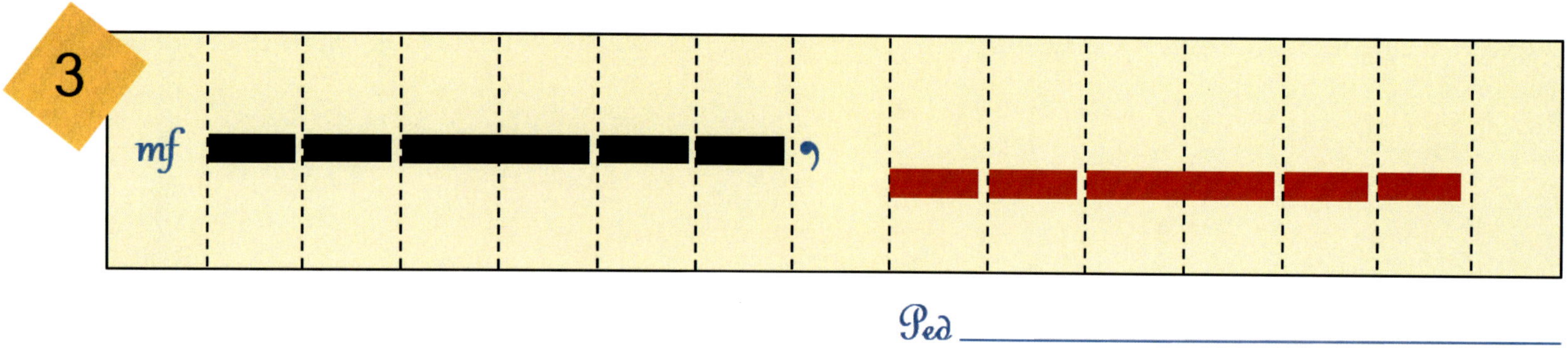
3
mf
Ped

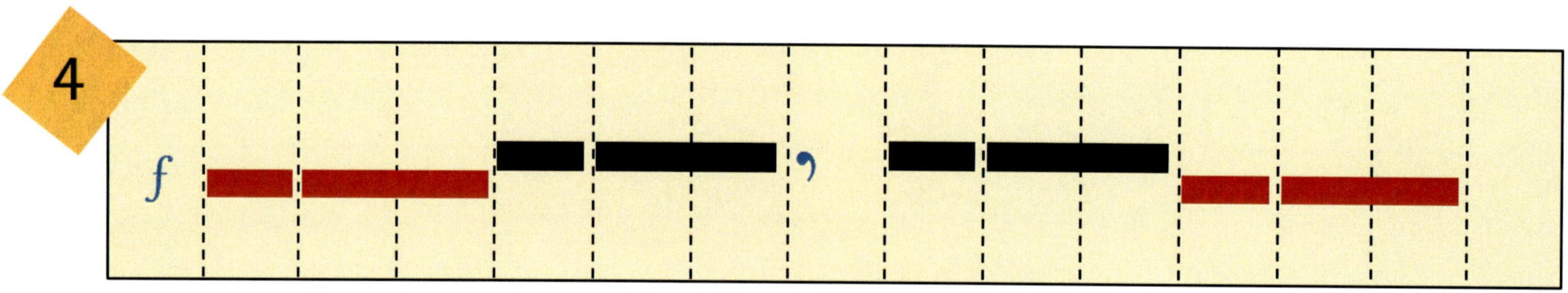
4
f

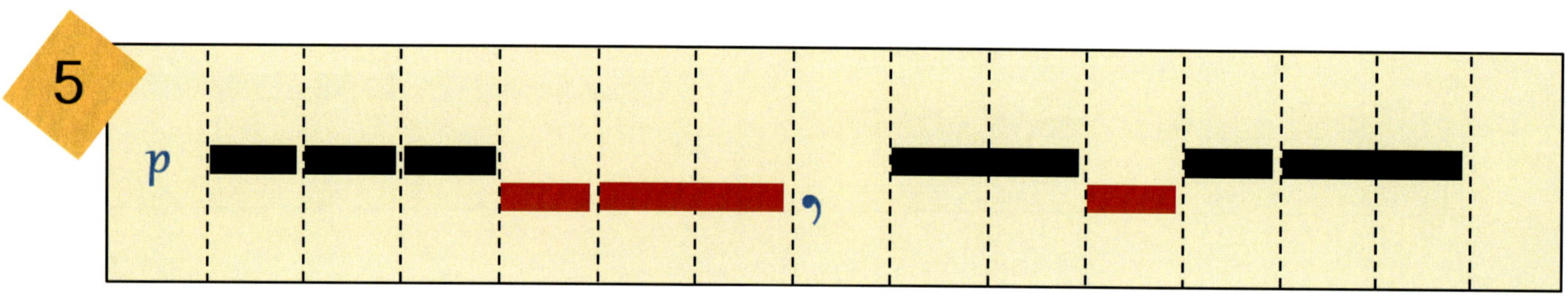
5
p

6

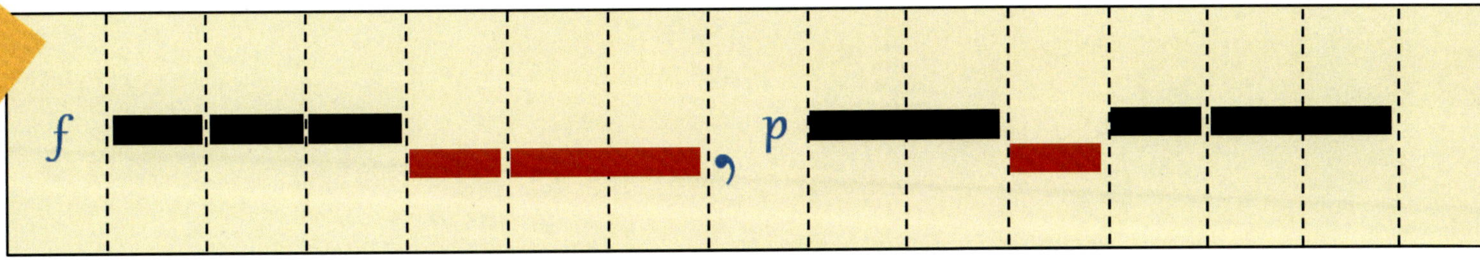

7

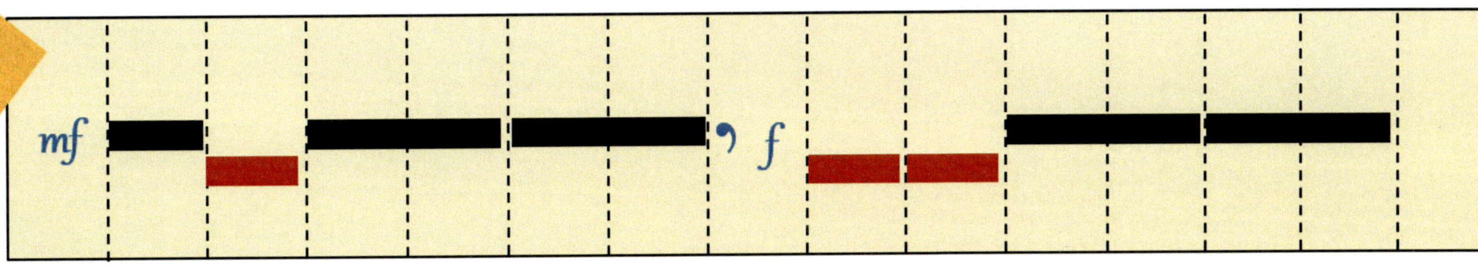

8

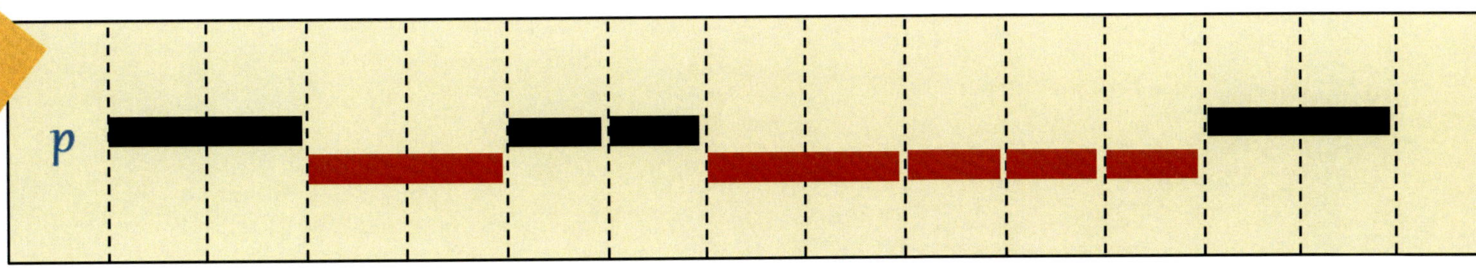

Série 5 - Ritmo unidade, dobro e silêncios

5.1 Preparação

Veja as sequências de traços escritos nos quadros a seguir. Cada traço pequeno corresponde ao som de uma mesma nota em uma pulsação. Cada traço grande corresponde ao dobro, ou seja, a duas pulsações. Os SILÊNCIOS, escritos em traços pontilhados pequenos, correspondem a uma pulsação e os traços pontilhados grandes correspondem a duas pulsações. Note que, acima dos quadros, os números pretos indicam pulsações a serem tocadas, unidade ou dobro. Os números azuis indicam os silêncios correspondentes a serem realizados.

Toque no piano as sequências de traços com o dedo indicador da mão direita (traços pretos) e com o dedo indicador da mão esquerda (traços vermelhos), lembrando-se de realizar os silêncios.

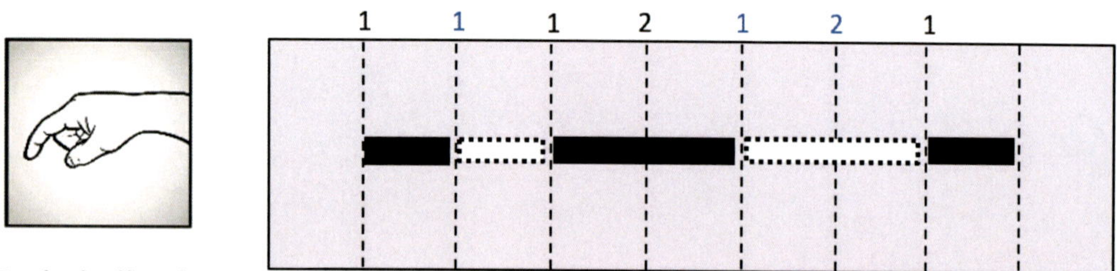

Dedo indicador
da mão direita

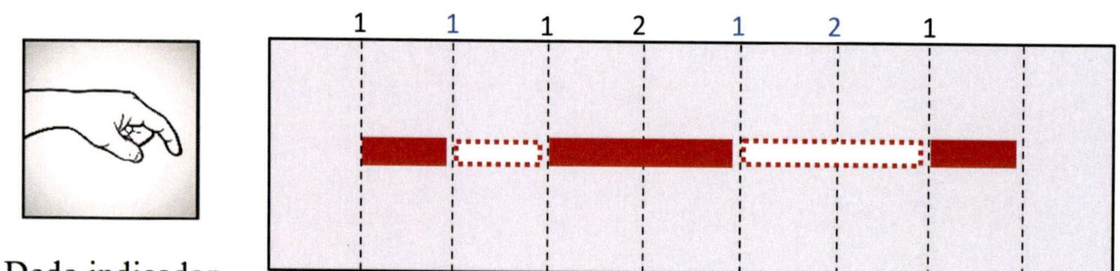

Dedo indicador
da mão esquerda

5.2 Canções por traços: ritmo unidade, dobro e silêncios

Cante e toque esta canção no piano, na posição indicada no teclado, usando os dedos indicadores. Observe as fermatas e as respirações, realizando as dinâmicas como quiser. Depois, você pode tocar a canção em outras posições no piano, à sua escolha.

NASCE O SOL

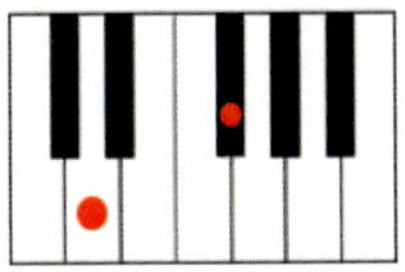

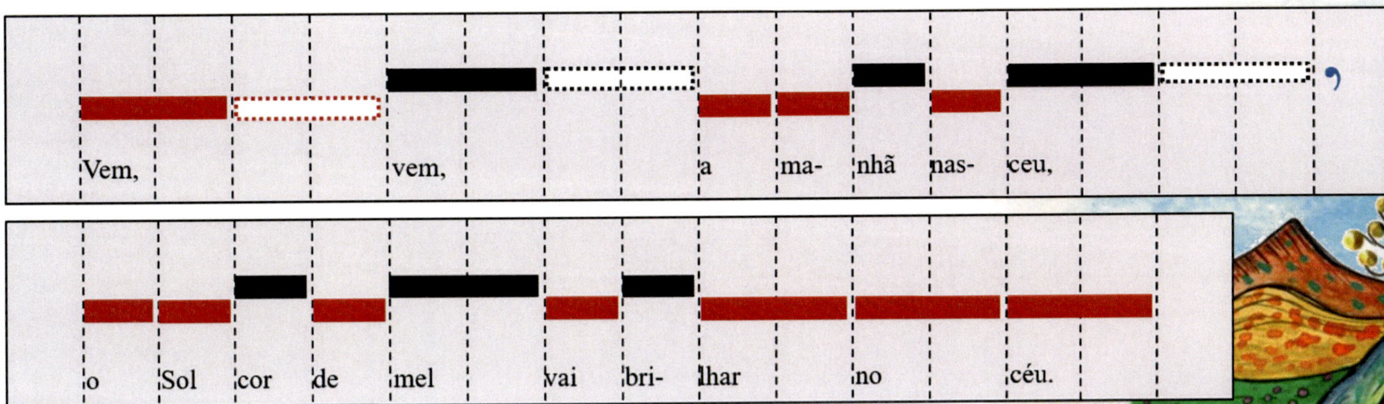

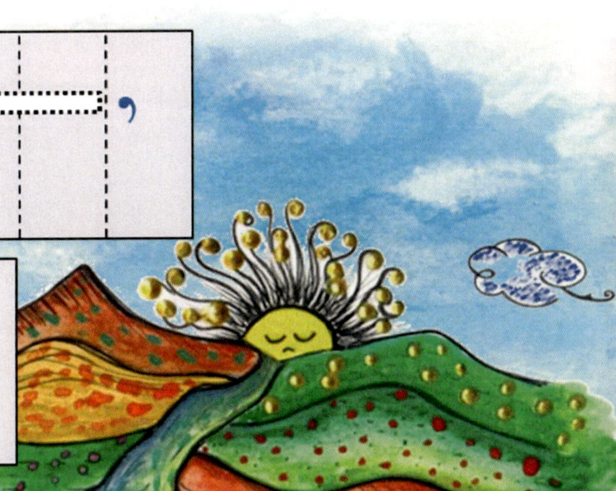

Vamos cantar e tocar mais uma canção?

DORME, GATINHO

DORME, GATINHO

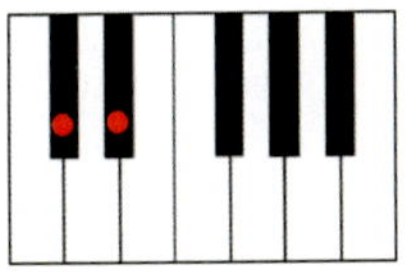

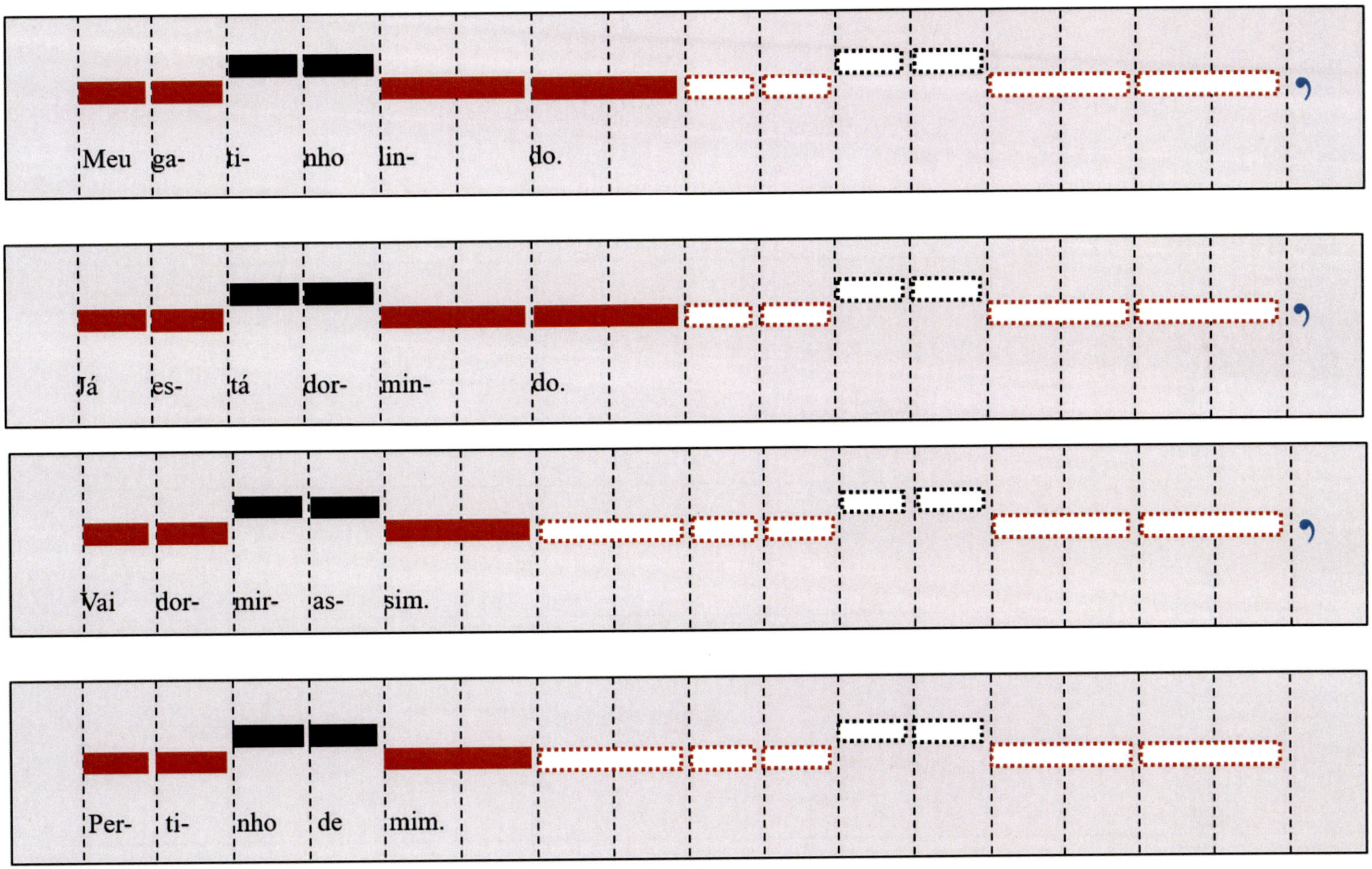

5.3 Leituras por traços: ritmo unidade, dobro e silêncios

Com o dedo indicador da mão direita (traços pretos) e o indicador da esquerda (traços vermelhos), toque no piano cada uma das sequências sem olhar para as mãos e sem parar. Observe os silêncios, as dinâmicas, as fermatas, as respirações e o pedal.

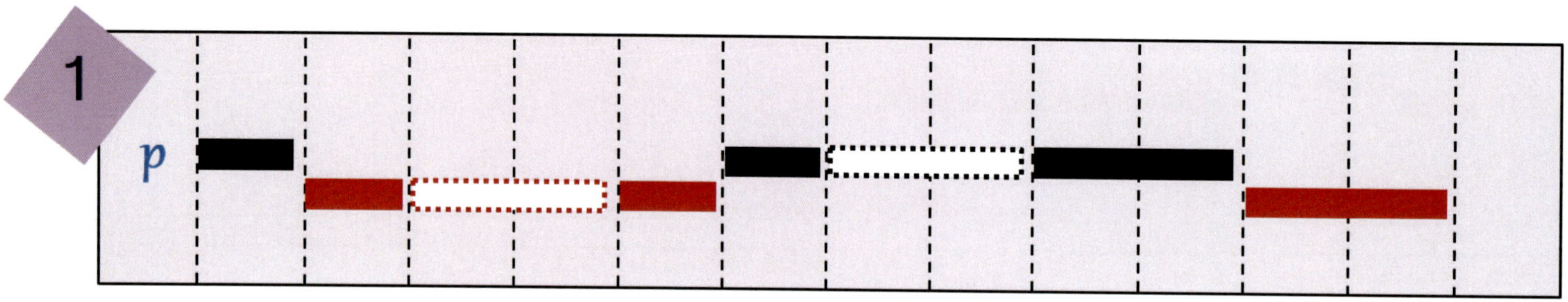

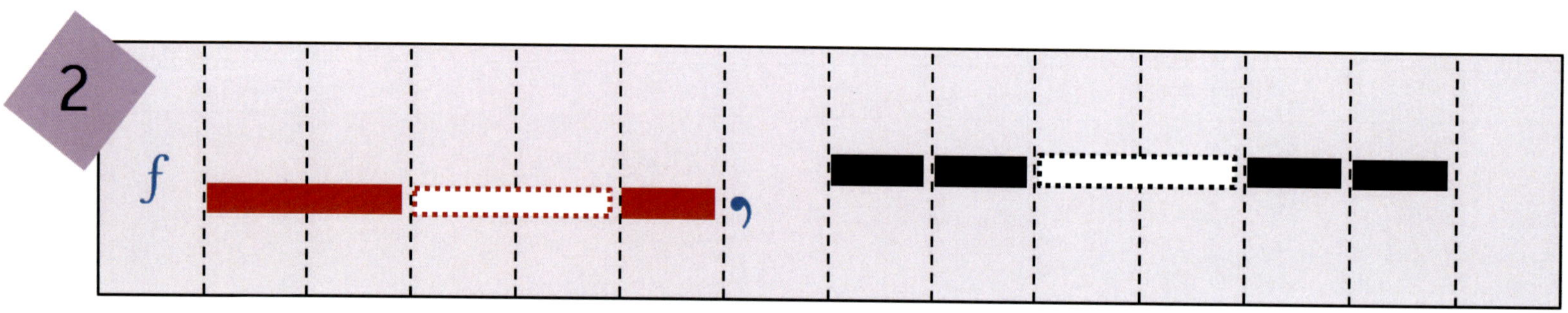

3

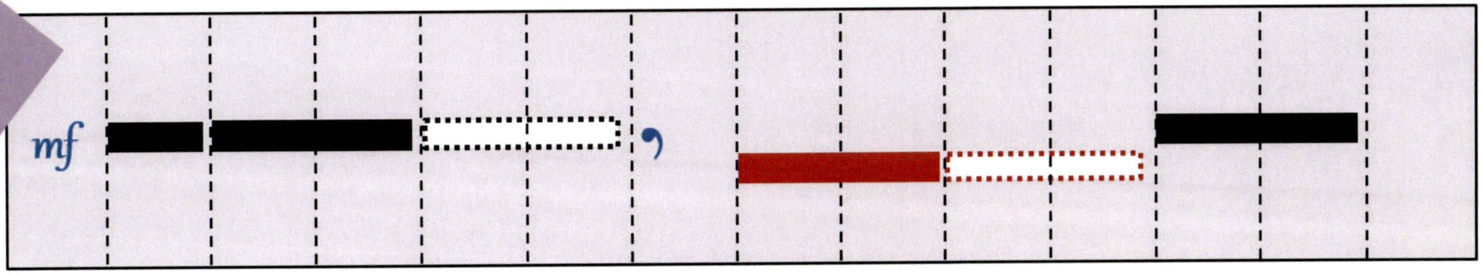

4

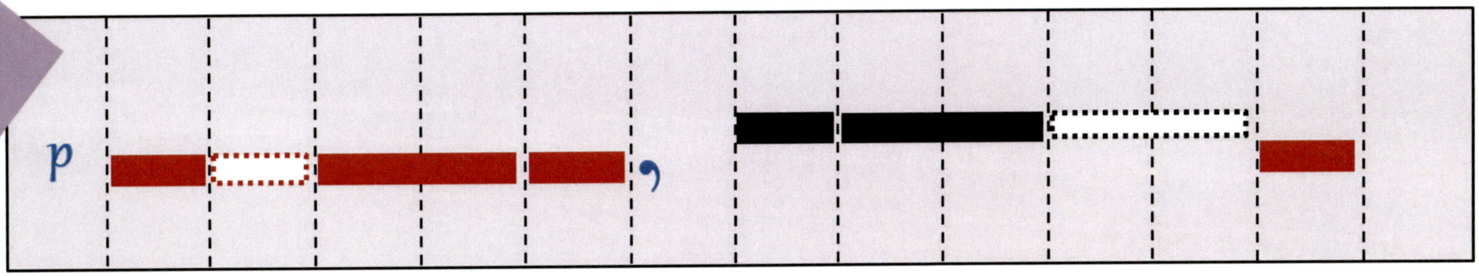

5

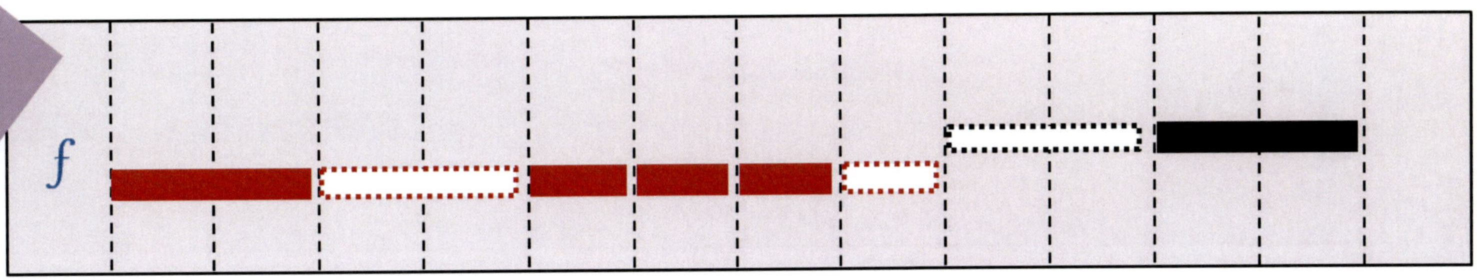

6

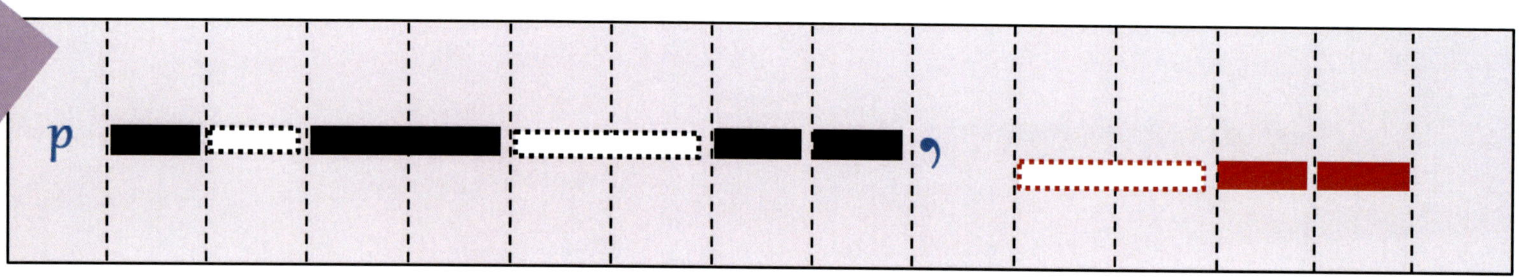

7

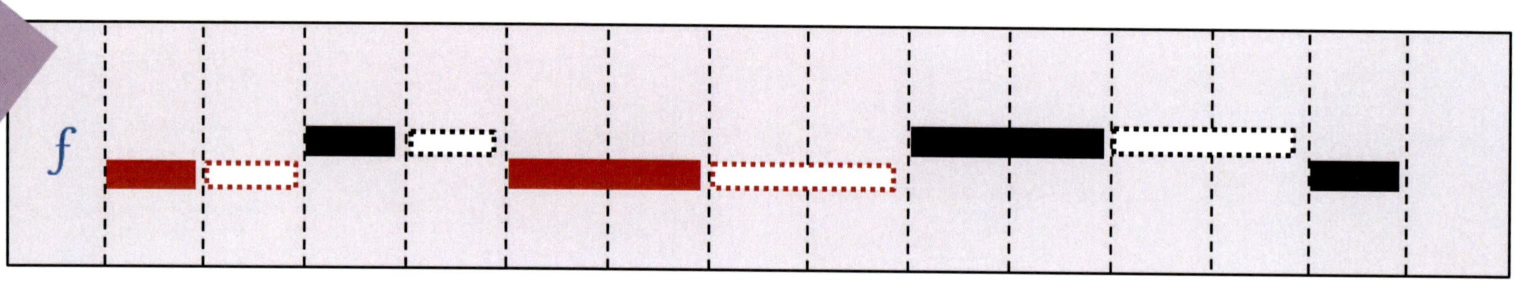

8

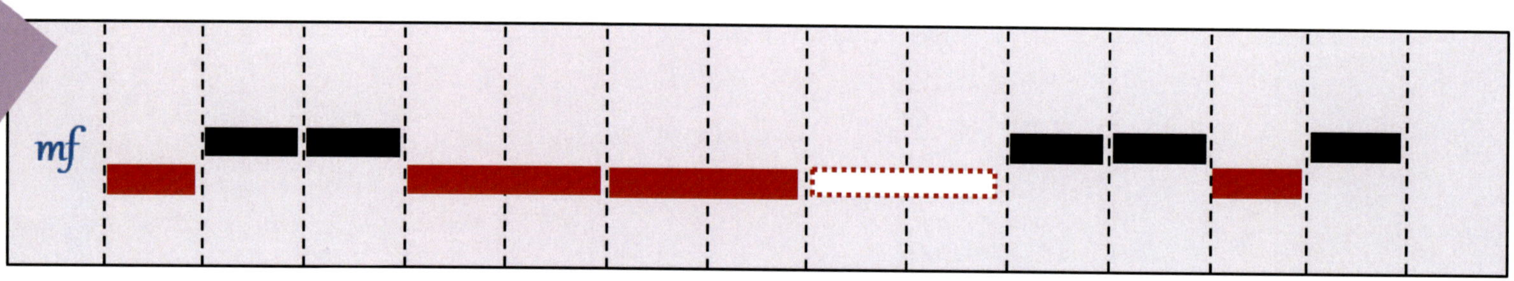

Série 6 - Ritmo unidade e triplo

6.1 Preparação

Veja as sequências de traços escritos nos quadros a seguir. Cada traço pequeno corresponde ao som de uma mesma nota em uma pulsação. Cada traço grande corresponde ao triplo, ou seja, a três pulsações. Note que, acima dos quadros, os números pretos indicam pulsações a serem tocadas, sendo os números 1, 2 e 3 correspondentes a três pulsações.

Toque no piano as sequências de traços com o dedo indicador da mão direita (traços pretos) e com o dedo indicador da mão esquerda (traços vermelhos).

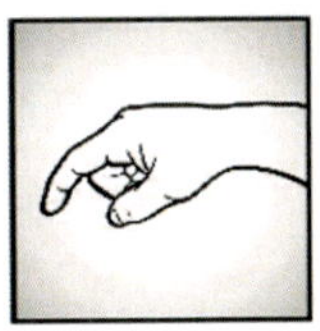

Dedo indicador
da mão direita

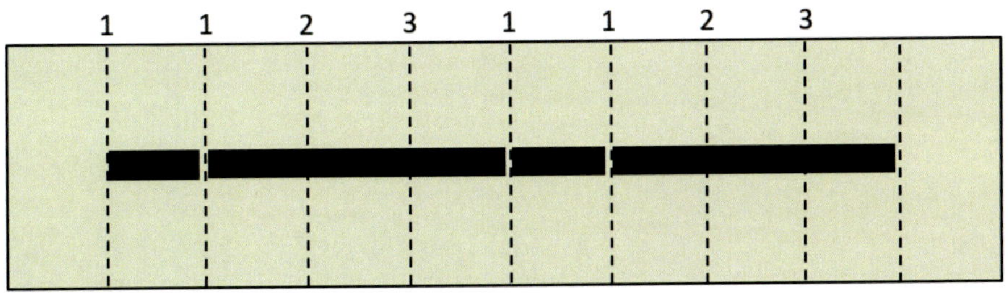

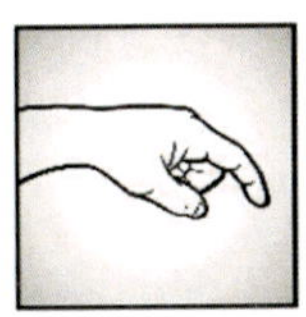

Dedo indicador
da mão esquerda

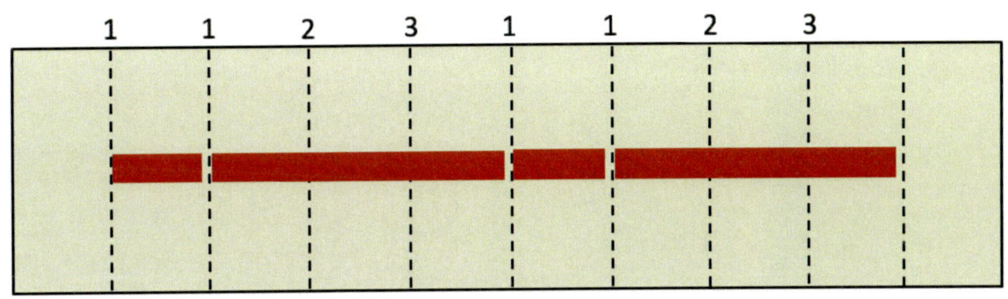

6.2 Canções por traços: ritmo unidade e triplo

Cante e toque esta canção no piano, na posição indicada no teclado, usando os dedos indicadores. Observe as fermatas e as respirações, realizando as dinâmicas como quiser. Depois, você pode tocar a canção em outras posições no piano, à sua escolha.

PÁSSARO VEM E VAI

PÁSSARO VEM E VAI

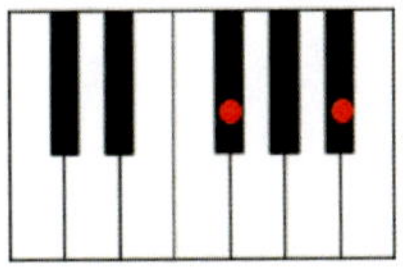

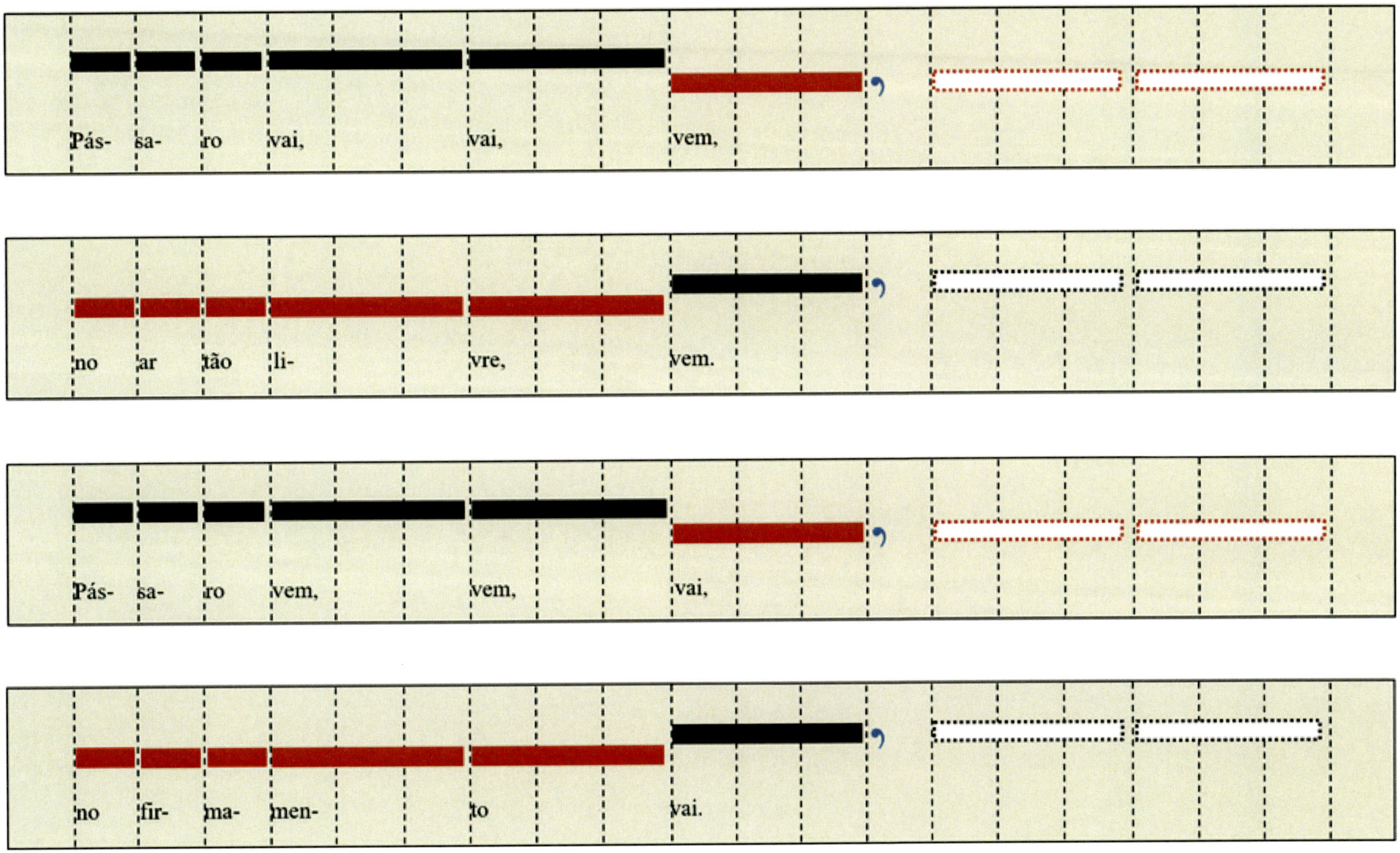

Vamos cantar e tocar mais uma canção?

A FLOR QUE EU AMO

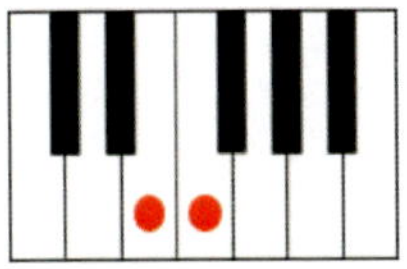

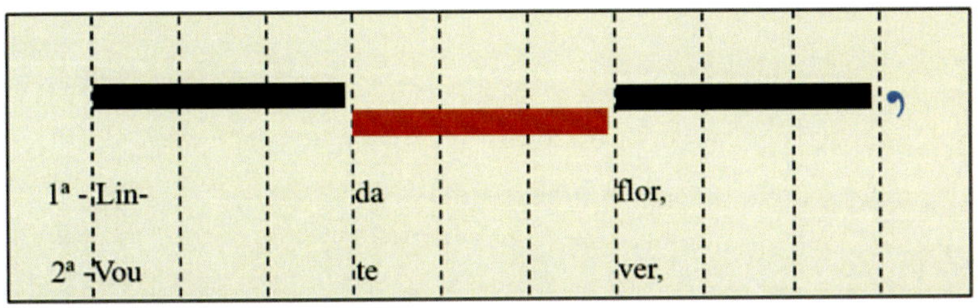

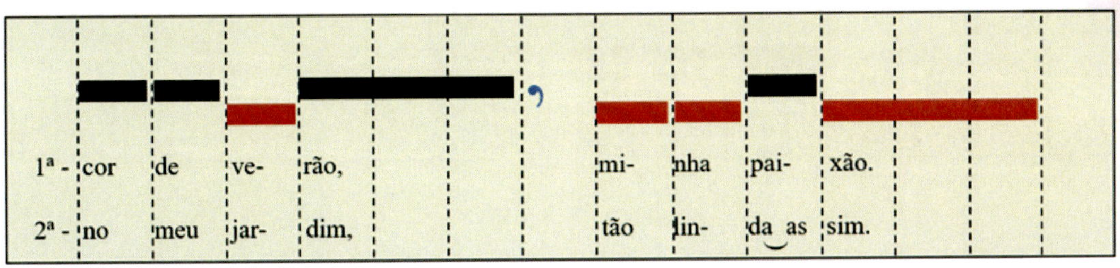

6.3 Leituras por traços: ritmo unidade e triplo

Com o dedo indicador da mão direita (traços pretos) e o indicador da esquerda (traços vermelhos), toque no piano cada uma das sequências sem olhar para as mãos e sem parar. Observe as dinâmicas, as fermatas, as respirações e o pedal.

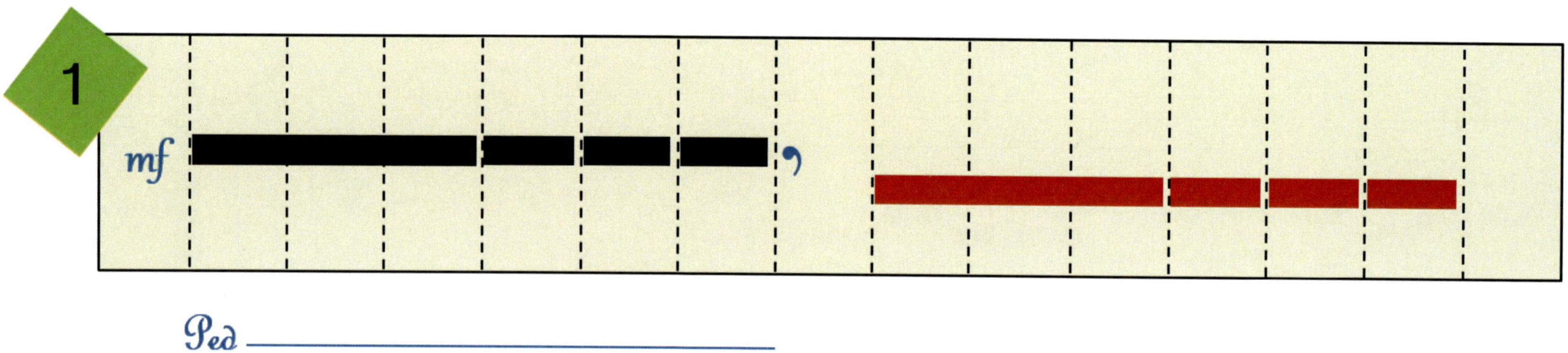

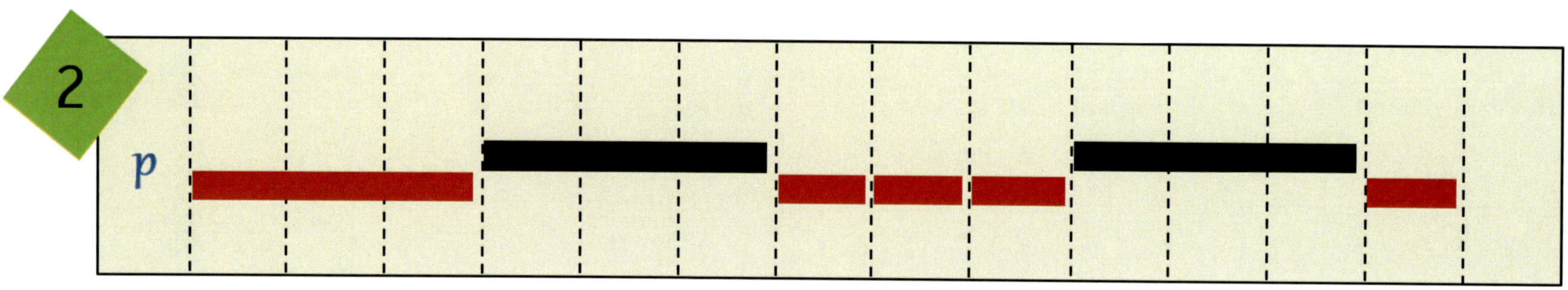

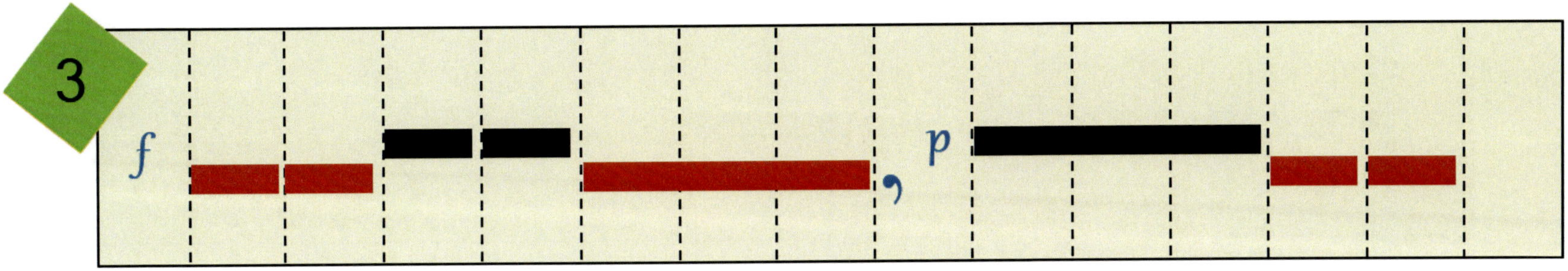
3
f
p

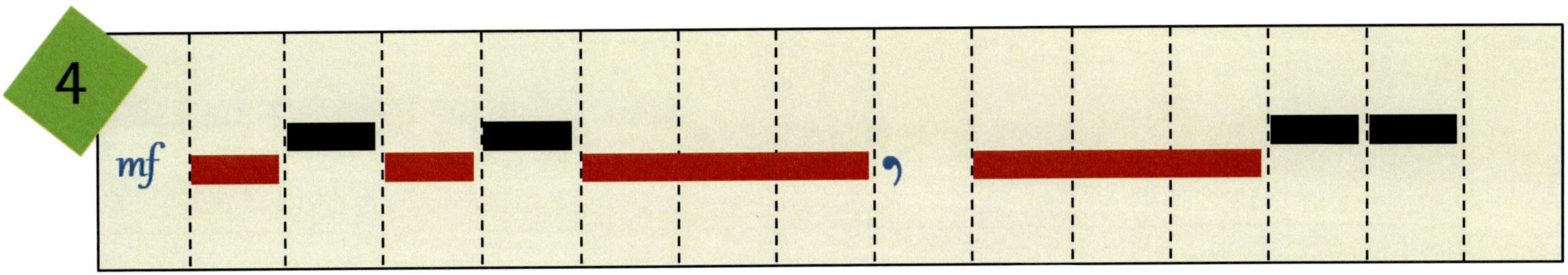
4
mf

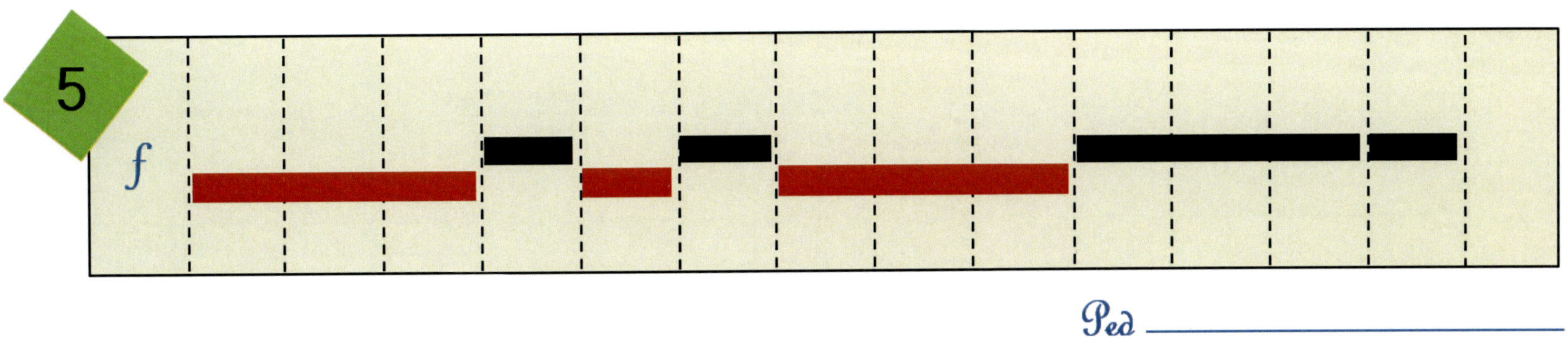
5
f
Ped

6

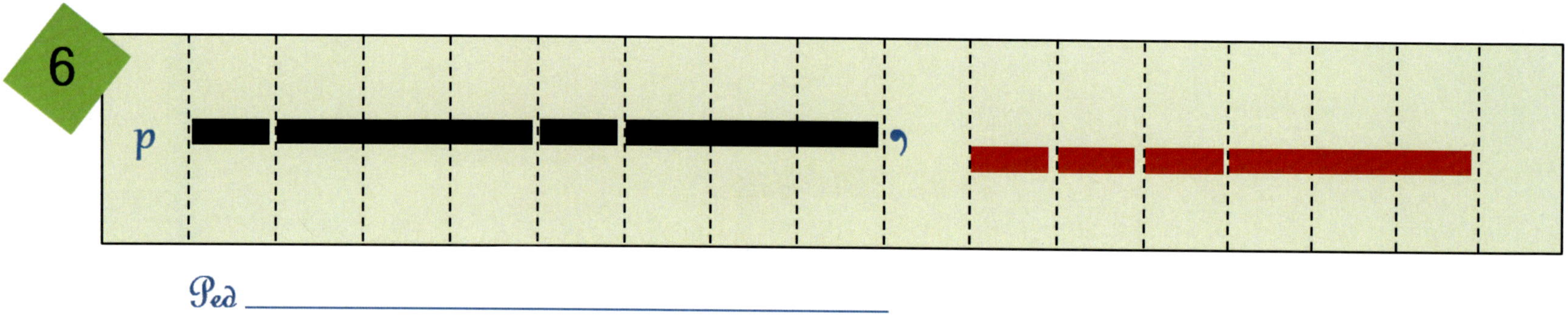

7

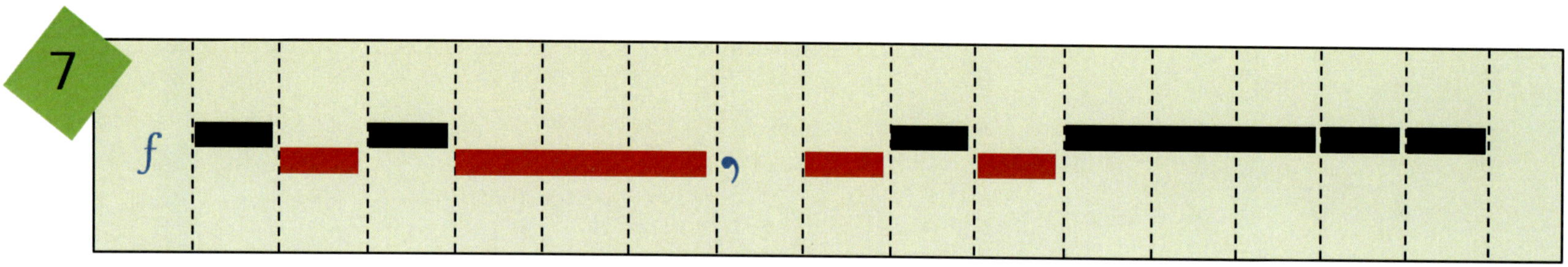

8

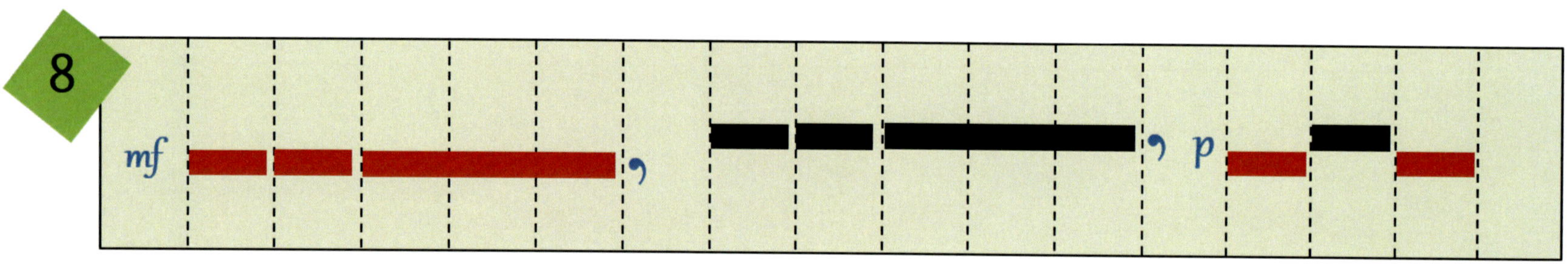

Série 7 - Ritmo unidade, triplo e silêncios

7.1 Preparação

Veja as sequências de traços escritos nos quadros a seguir. Cada traço pequeno corresponde ao som de uma mesma nota em uma pulsação. Cada traço grande corresponde ao triplo, ou seja, a três pulsações. Os SILÊNCIOS, escritos em traços pontilhados pequenos, correspondem a uma pulsação e os traços pontilhados grandes correspondem a três pulsações. Note que, acima dos quadros, os números pretos indicam pulsações a serem tocadas, unidade ou triplo. Os números azuis indicam os silêncios correspondentes a serem realizados.

Toque no piano as sequências de traços com o dedo indicador da mão direita (traços pretos) e com o dedo indicador da mão esquerda (traços vermelhos), lembrando-se de realizar os silêncios.

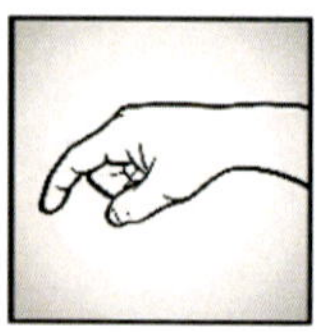

Dedo indicador da mão direita

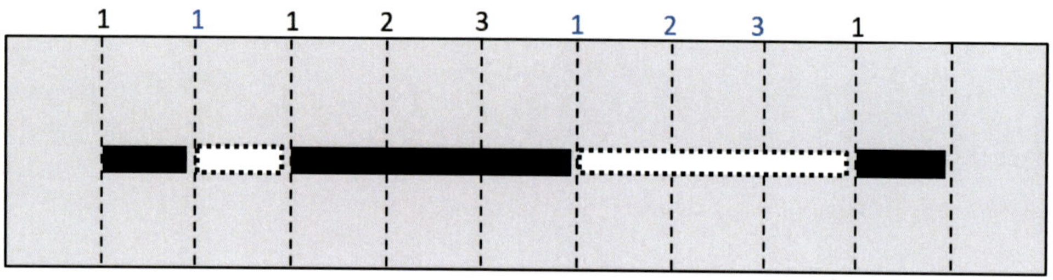

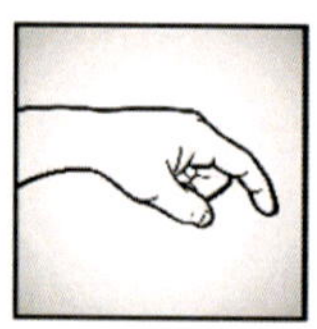

Dedo indicador da mão esquerda

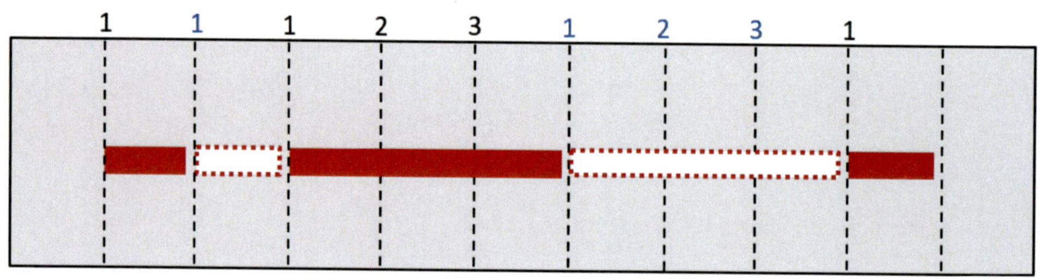

7.2 Canções por traços: ritmo unidade, triplo e silêncios

Cante e toque esta canção no piano, na posição indicada no teclado, usando os dedos indicadores. Observe as fermatas e as respirações, realizando as dinâmicas como quiser. Depois, você pode tocar a canção em outras posições no piano, à sua escolha.

ME AQUEÇA, DRAGÃO

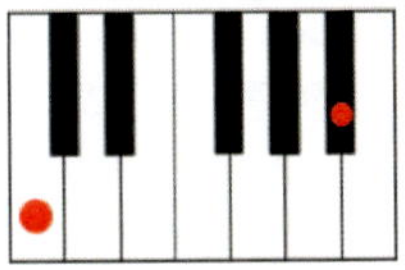

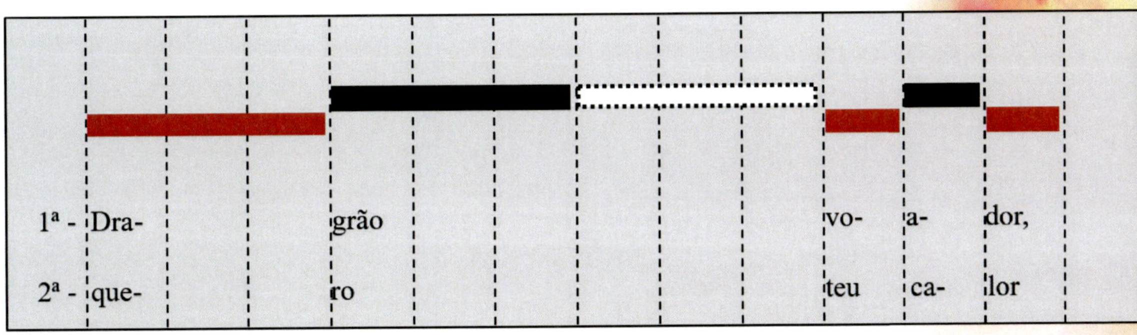

Vamos cantar e tocar mais uma canção?

BRILHA, ESTRELINHA

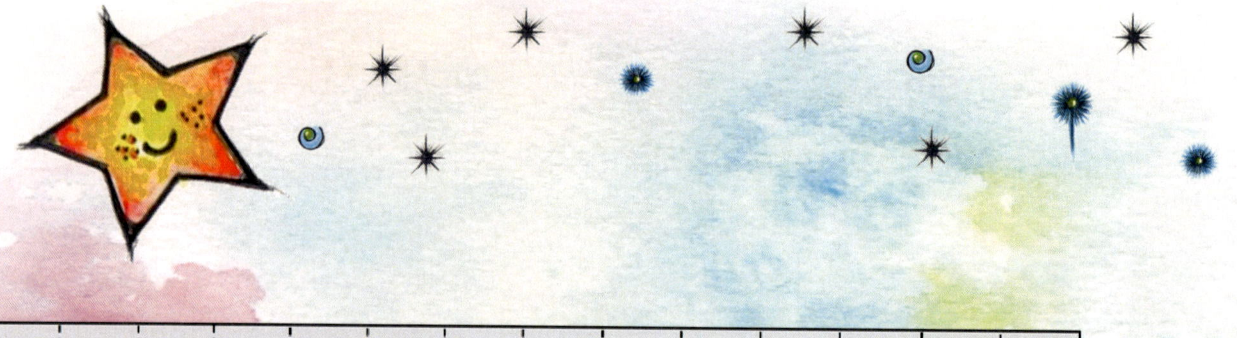

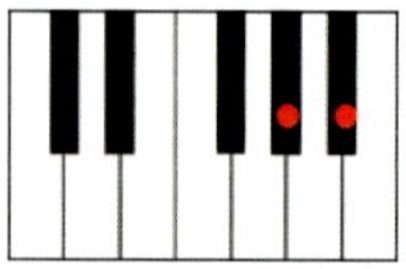

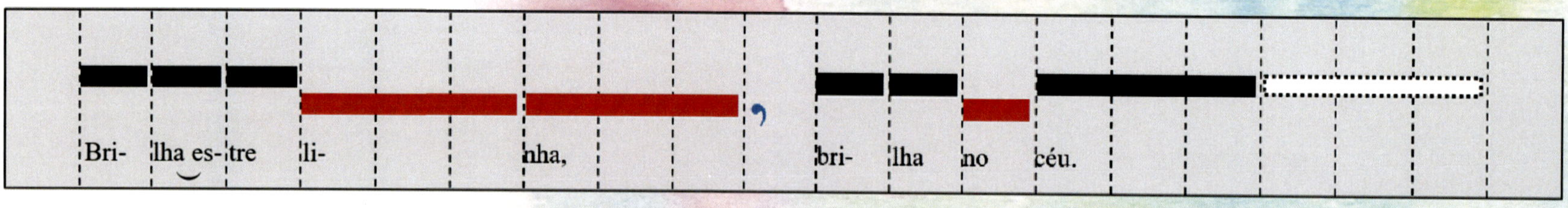

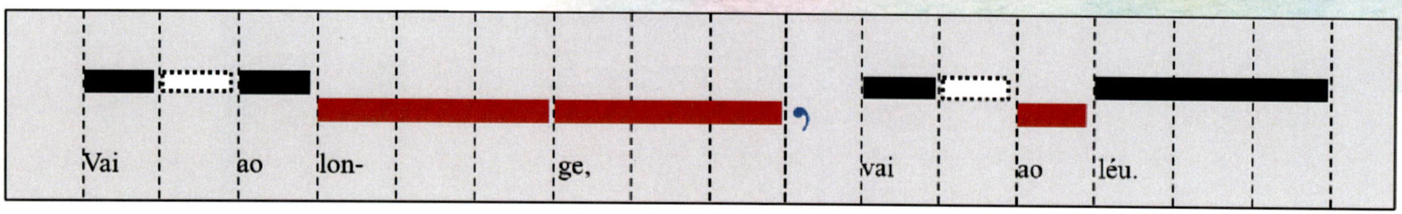

7.3 Leituras por traços: ritmo unidade, triplo e silêncios

Com o dedo indicador da mão direita (traços pretos) e o indicador da esquerda (traços vermelhos), toque no piano cada uma das sequências sem olhar para as mãos e sem parar. Observe os silêncios, as dinâmicas, as fermatas, as respirações e o pedal.

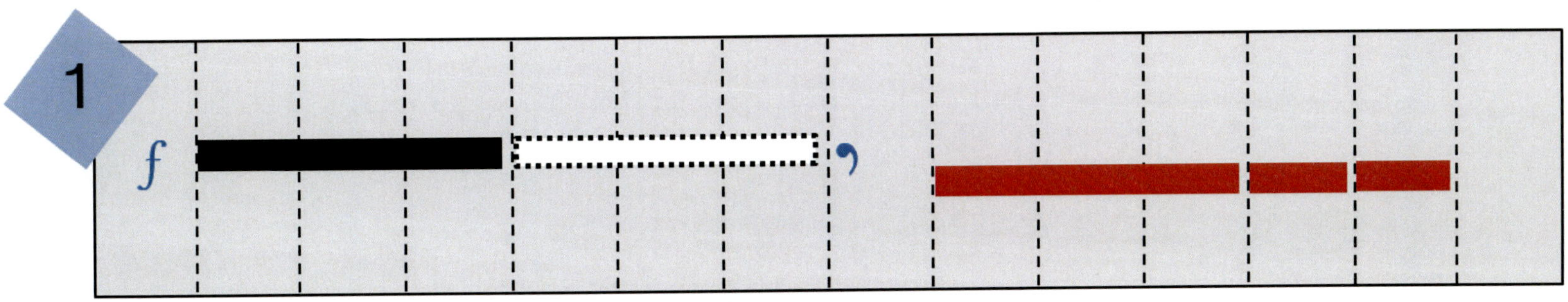

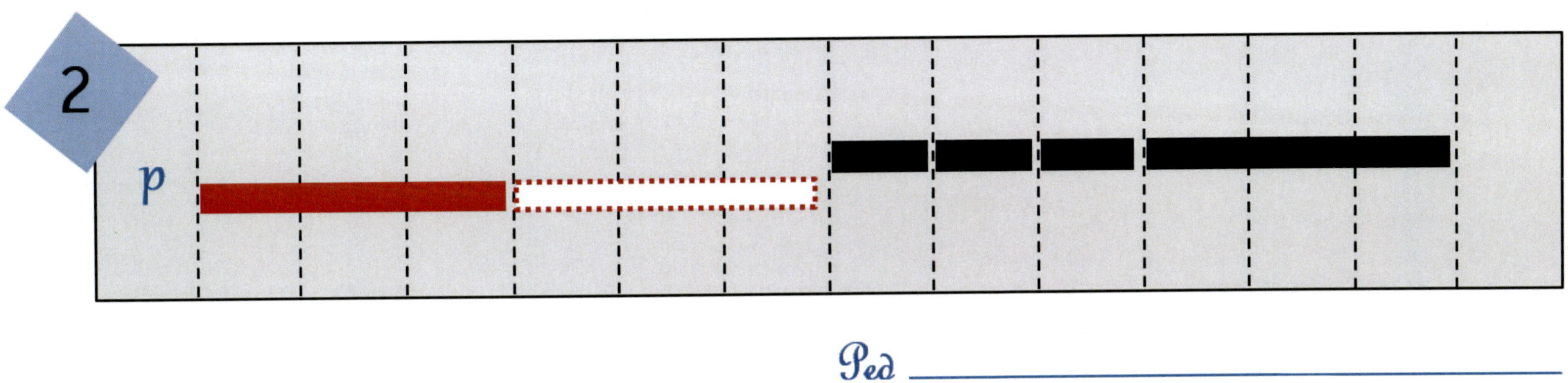

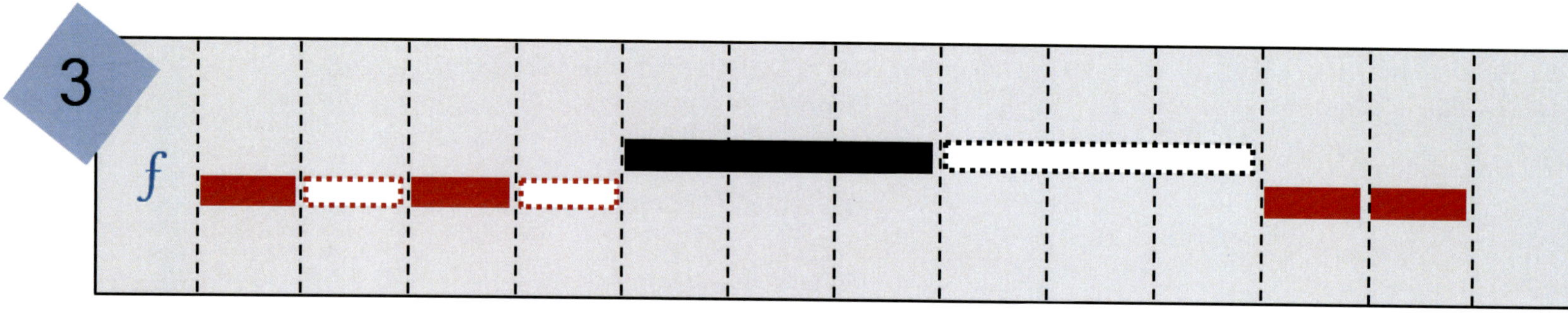
3
f

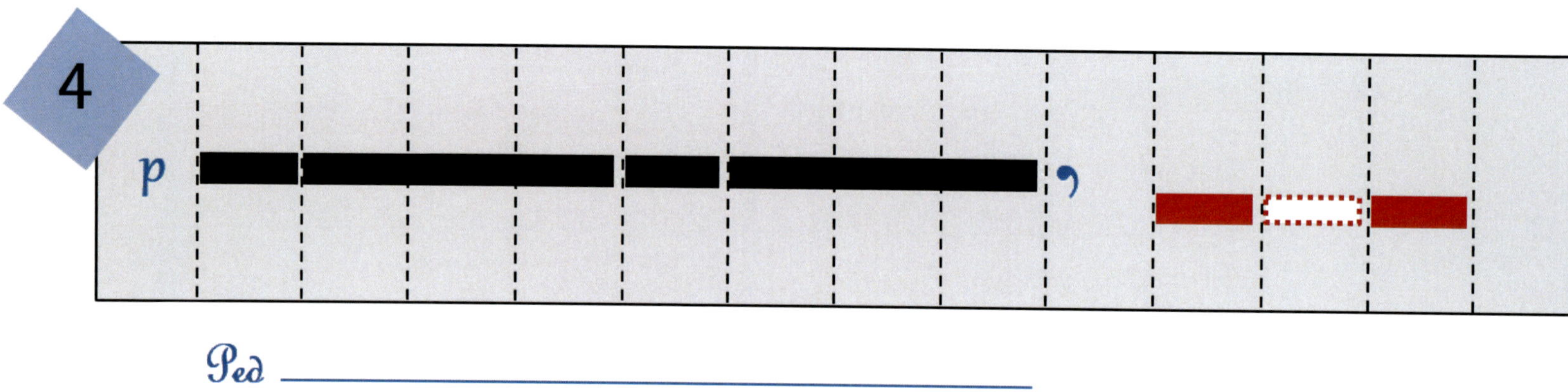
4
p
Ped

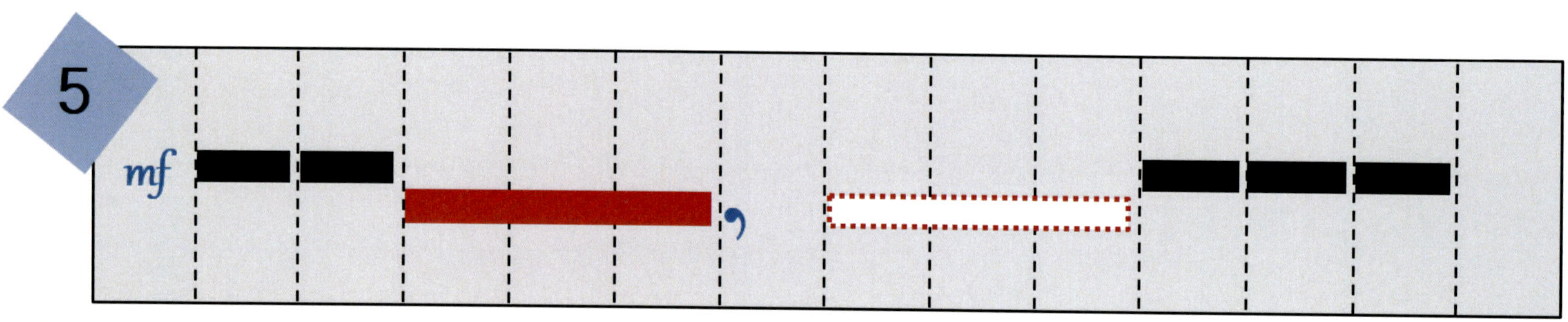
5
mf

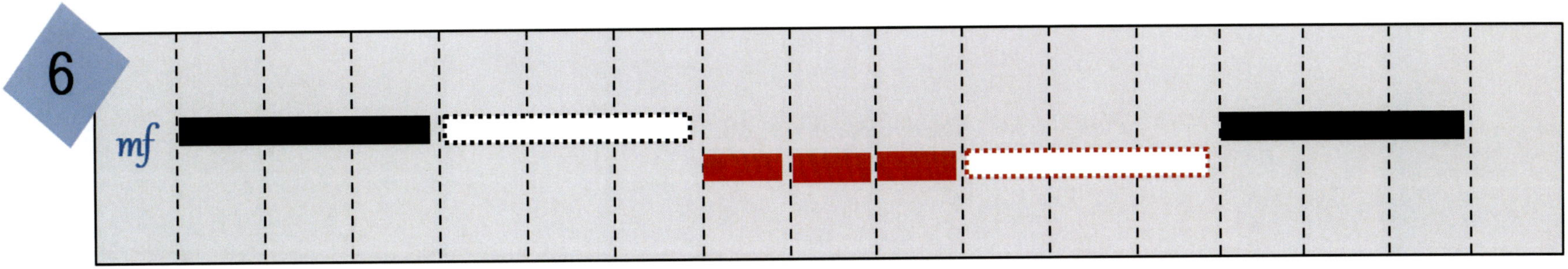
6
mf

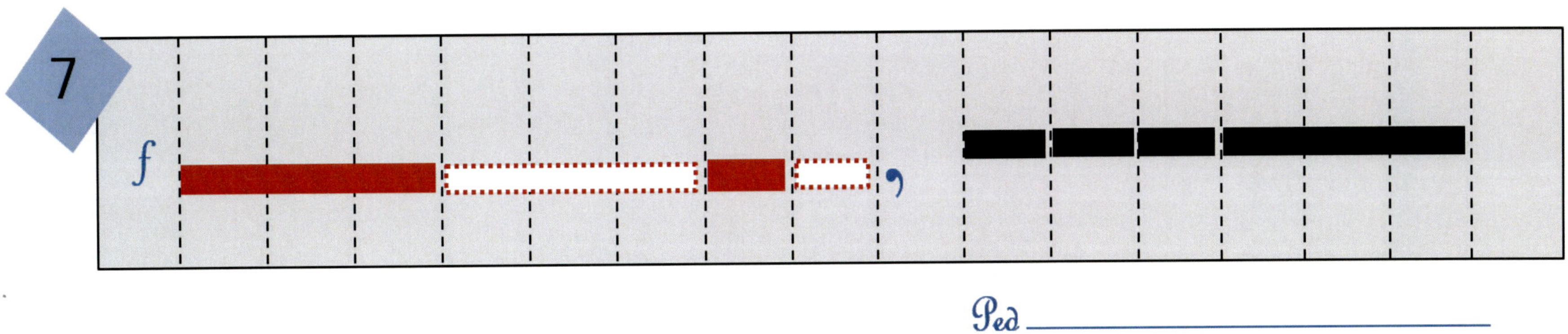
7
f
Ped

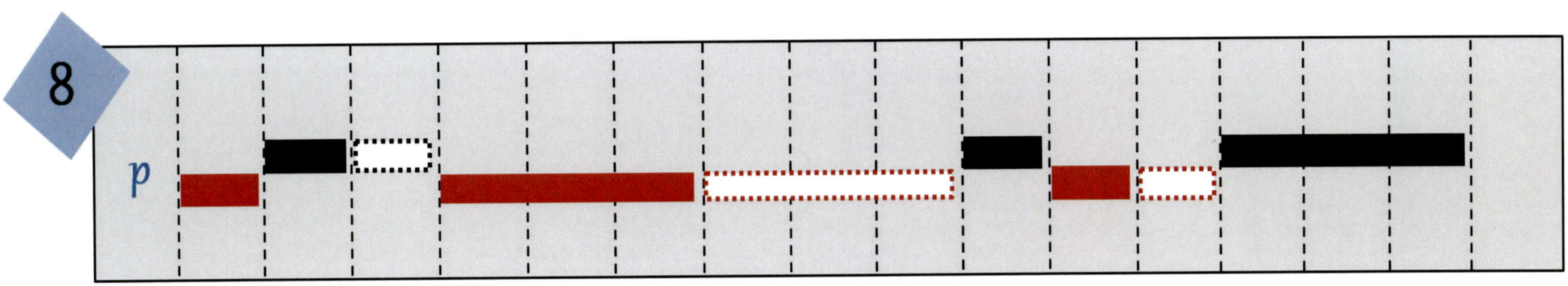
8
p

Série 8 - Ritmo unidade e quádruplo

8.1 Preparação

Veja as sequências de traços escritos nos quadros a seguir. Cada traço pequeno corresponde ao som de uma mesma nota em uma pulsação. Cada traço grande corresponde ao quádruplo, ou seja, a quatro pulsações. Note que, acima dos quadros, os números pretos indicam pulsações a serem tocadas, sendo os números 1, 2, 3 e 4 correspondentes a quatro pulsações.

Toque no piano as sequências de traços com o dedo indicador da mão direita (traços pretos) e com o dedo indicador da mão esquerda (traços vermelhos).

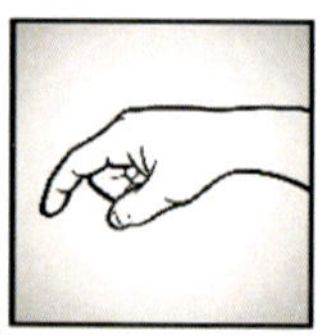

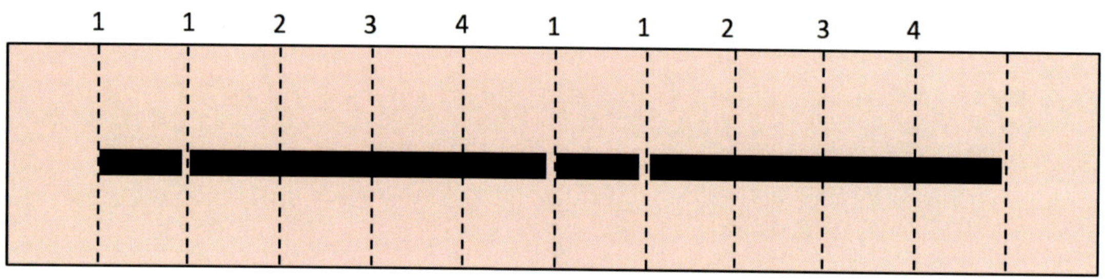

Dedo indicador da mão direita

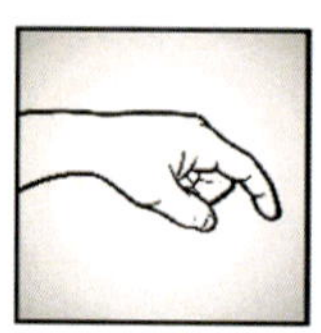

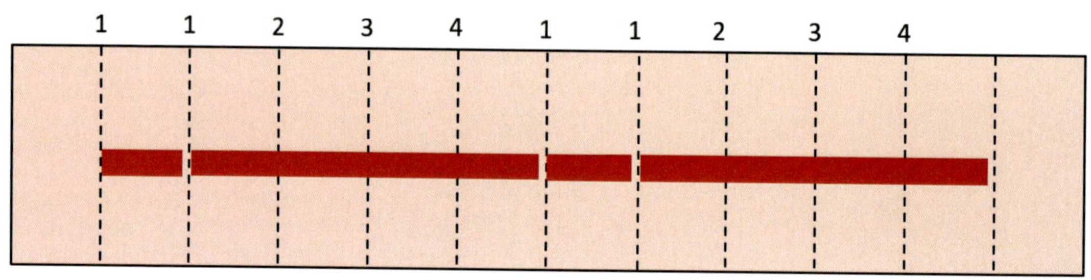

Dedo indicador da mão esquerda

8.2 Canções por traços: ritmo unidade e quádruplo

Cante e toque esta canção no piano, na posição indicada no teclado, usando os dedos indicadores. Observe as fermatas e as respirações, realizando as dinâmicas como quiser. Depois, você pode tocar a canção em outras posições no piano, à sua escolha.

NADA, PEIXINHO

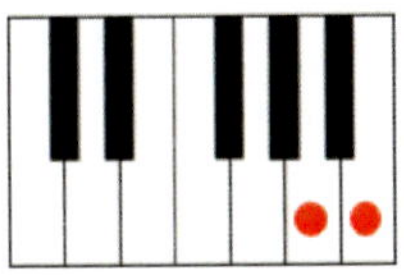

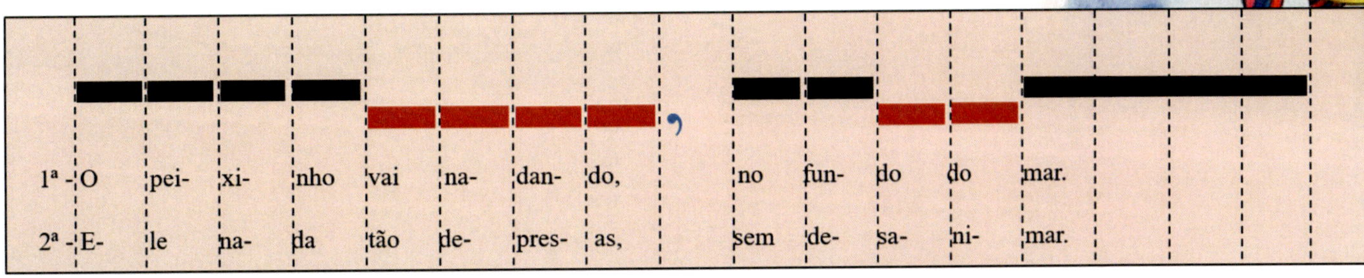

Vamos cantar e tocar mais uma canção?

NESTA RUA TEM

NESTA RUA TEM

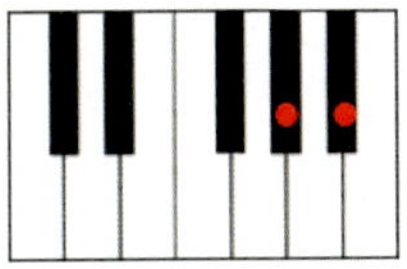

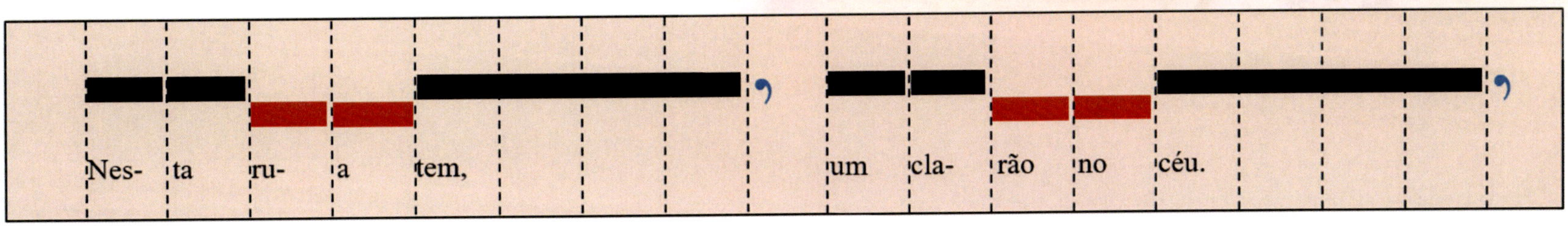

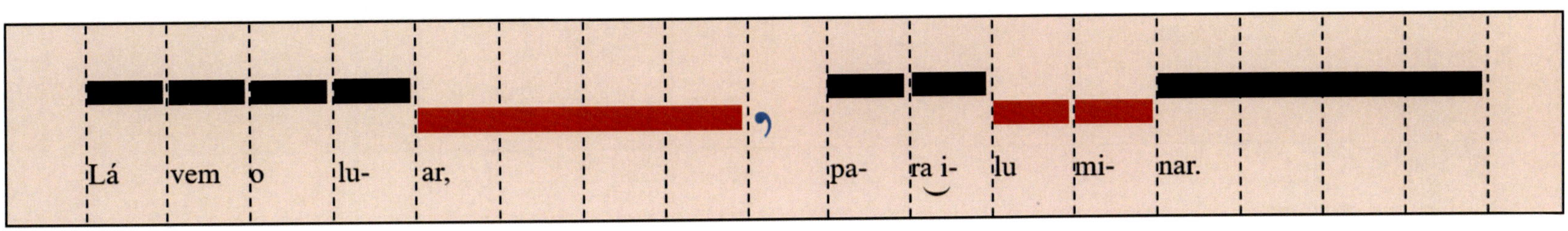

8.3 Leituras por traços: ritmo unidade e quádruplo

Com o dedo indicador da mão direita (traços pretos) e o indicador da esquerda (traços vermelhos), toque no piano cada uma das sequências sem olhar para as mãos e sem parar. Observe as dinâmicas, as fermatas, as respirações e o pedal.

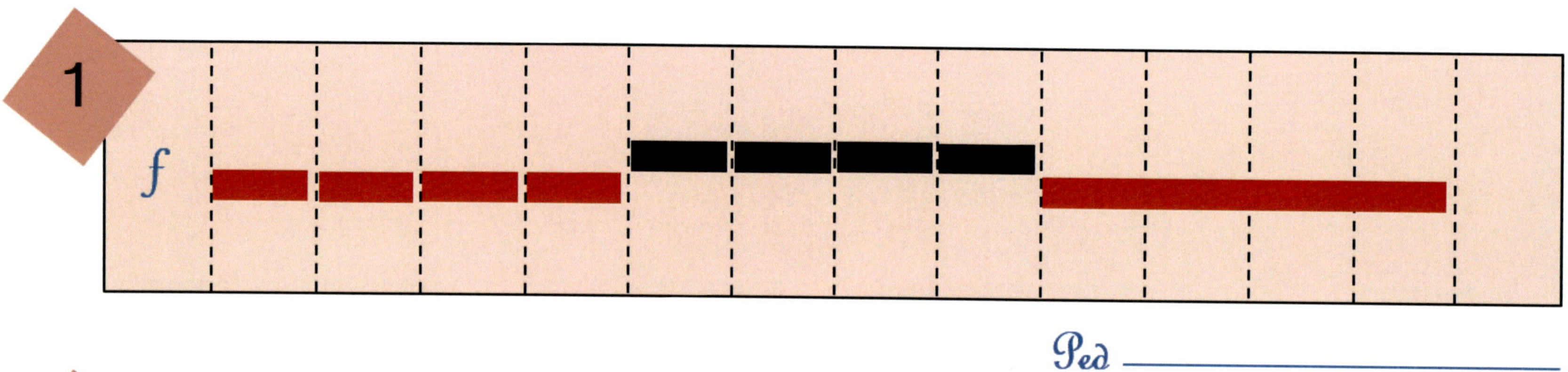

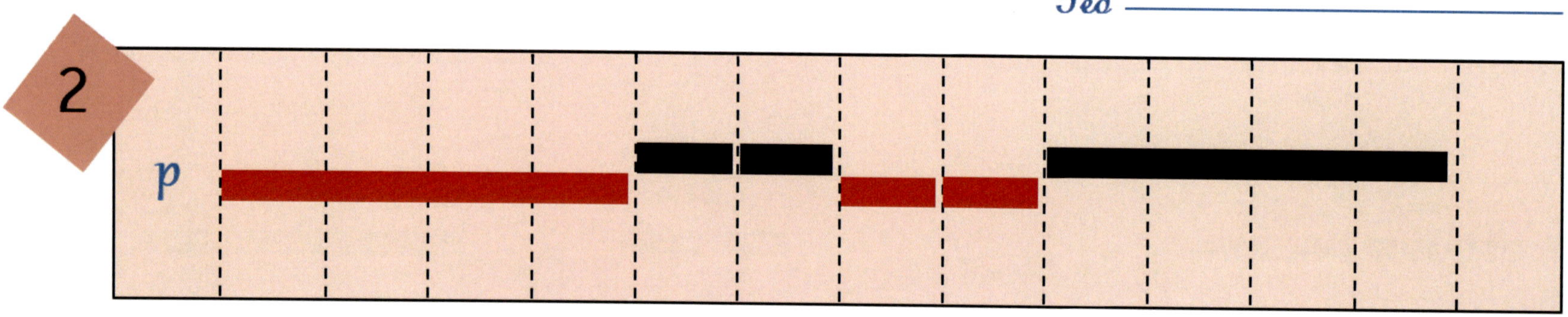

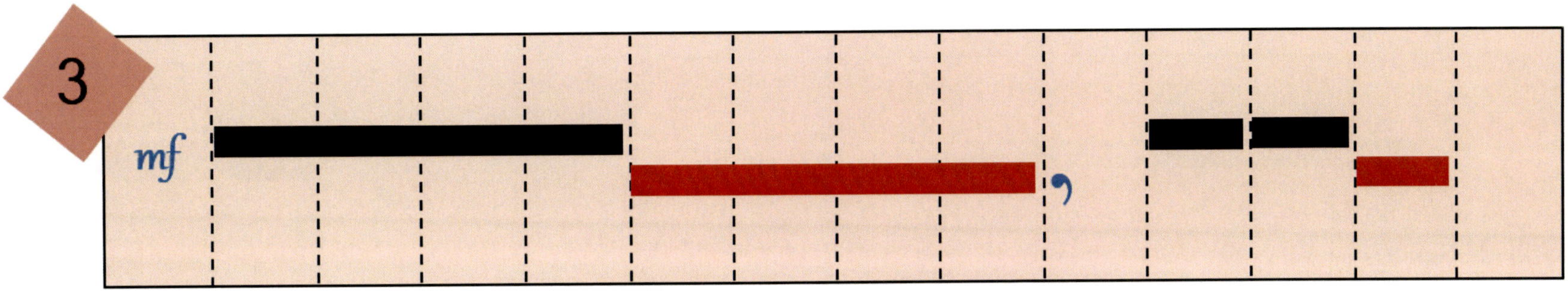
3
mf

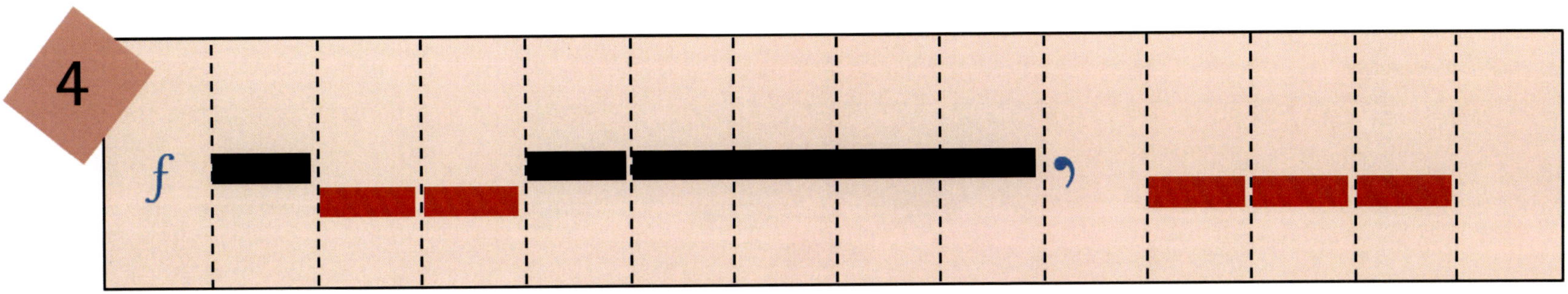
4
f

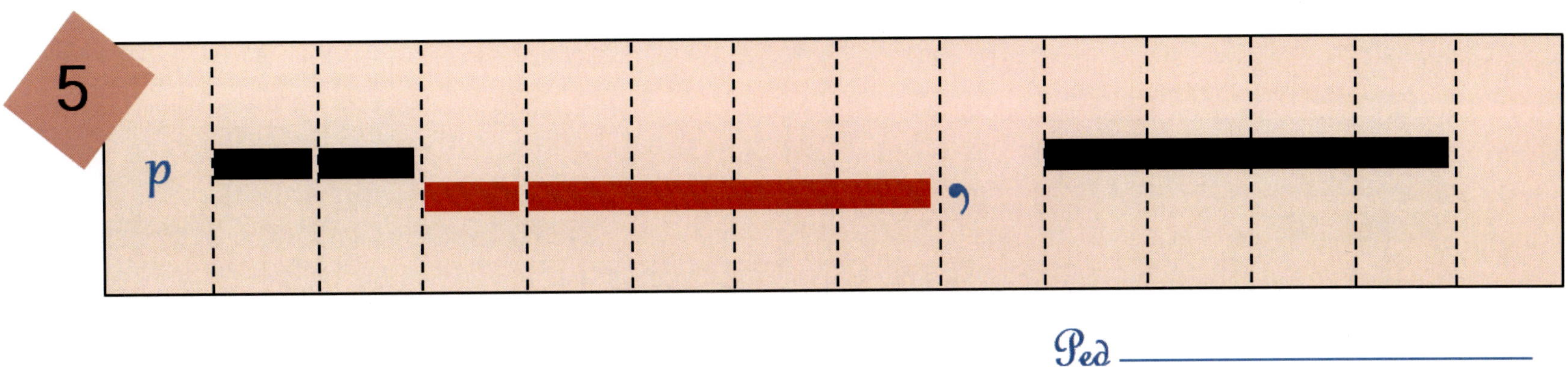
5
p
Ped

6

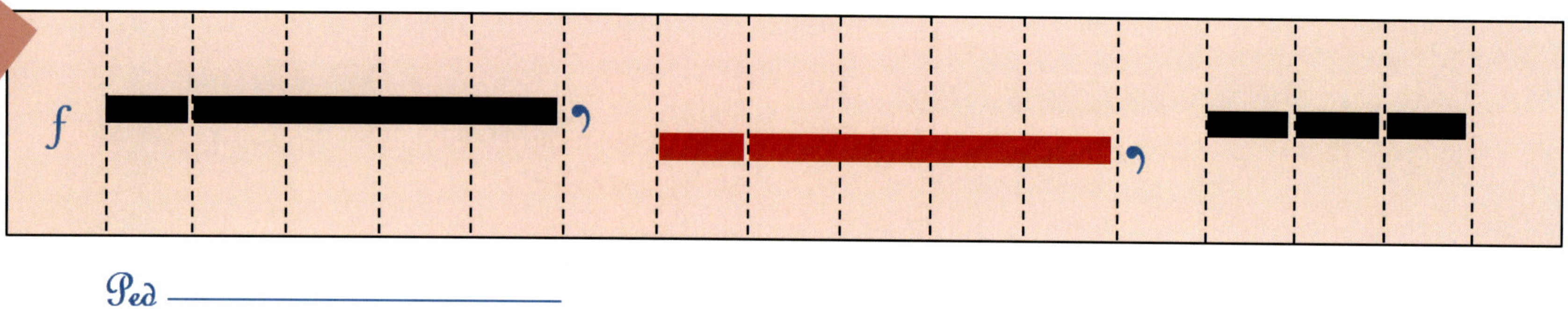

7

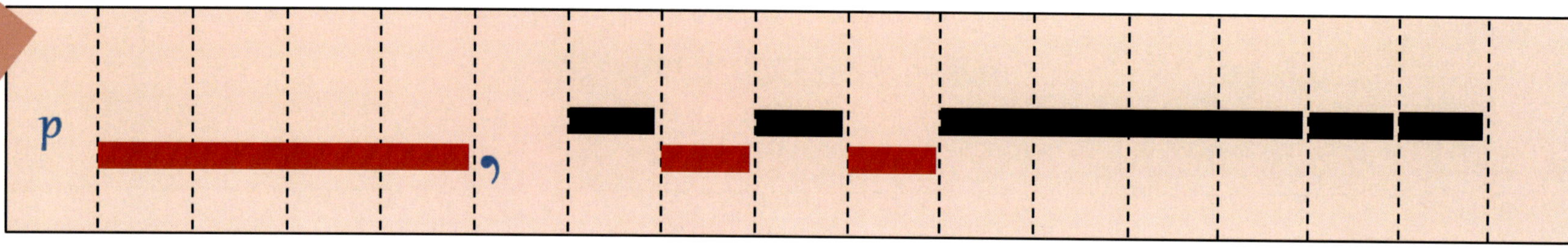

8

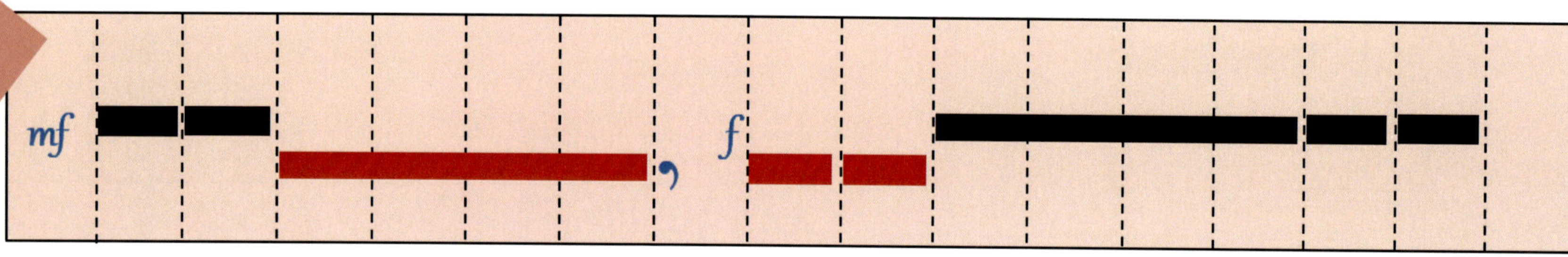

Série 9 – Ritmo unidade, quádruplo e silêncios

9.1 Preparação

Veja as sequências de traços escritos nos quadros a seguir. Cada traço pequeno corresponde ao som de uma mesma nota em uma pulsação. Cada traço grande corresponde ao quádruplo, ou seja, a quatro pulsações. Os SILÊNCIOS, escritos em traços pontilhados pequenos, correspondem a uma pulsação e os traços pontilhados grandes correspondem a quatro pulsações. Note que, acima dos quadros, os números pretos indicam pulsações a serem tocadas, unidade ou quádruplo. Os números azuis indicam os silêncios correspondentes a serem realizados.

Toque no piano as sequências de traços com o dedo indicador da mão direita (traços pretos) e com o dedo indicador da mão esquerda (traços vermelhos), lembrando-se de realizar os silêncios.

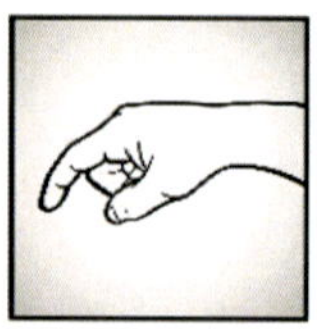

Dedo indicador da mão direita

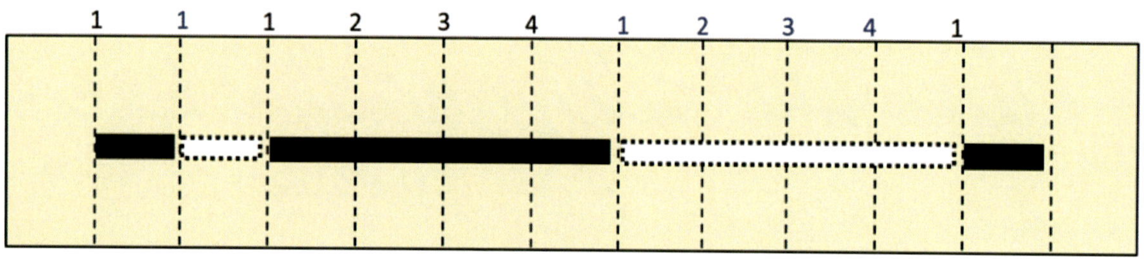

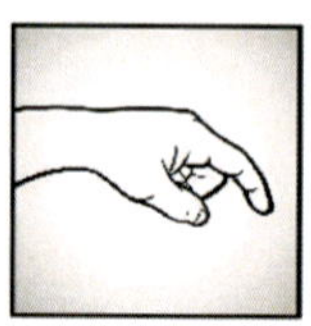

Dedo indicador da mão esquerda

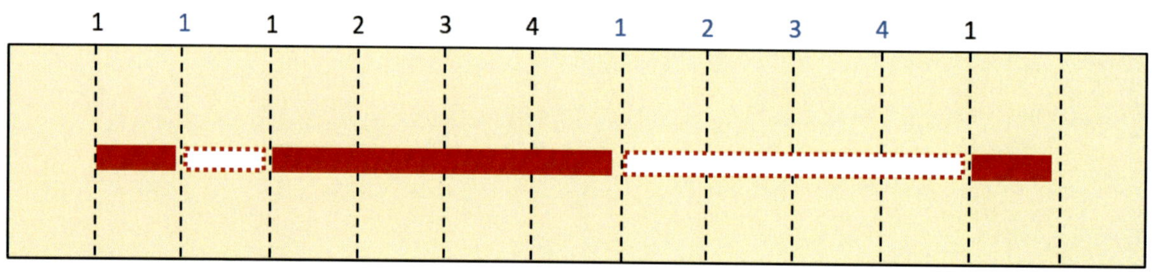

9.2 Canções por traços: ritmo unidade, quádruplo e silêncios

Cante e toque esta canção no piano, na posição indicada no teclado, usando os dedos indicadores. Observe as fermatas e as respirações, realizando as dinâmicas como quiser. Depois, você pode tocar a canção em outras posições no piano, à sua escolha.

ABELHINHA

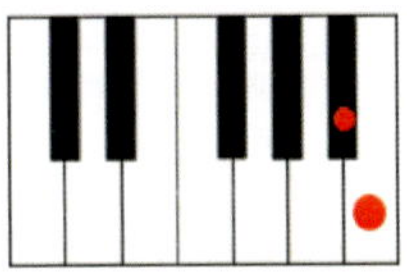

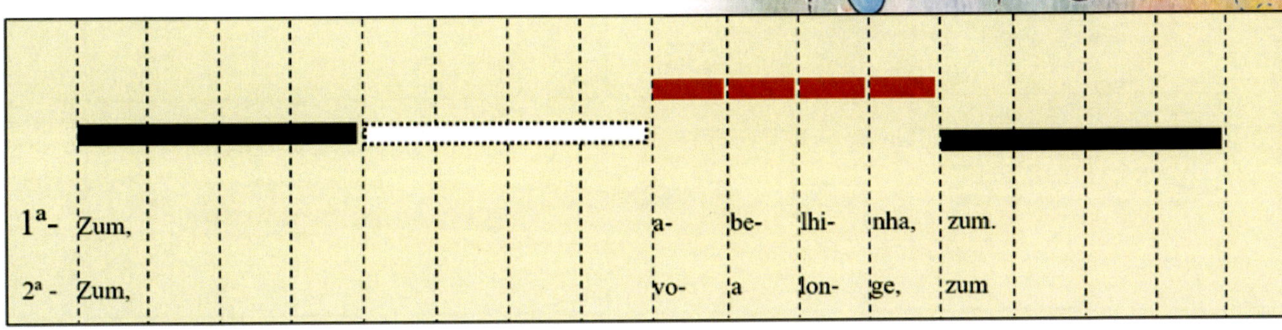

Vamos cantar e tocar mais uma canção?

VOU CANTAR O TRÁ-LÁ-LÁ

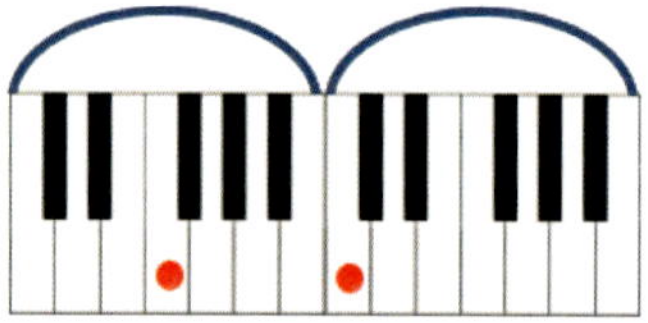

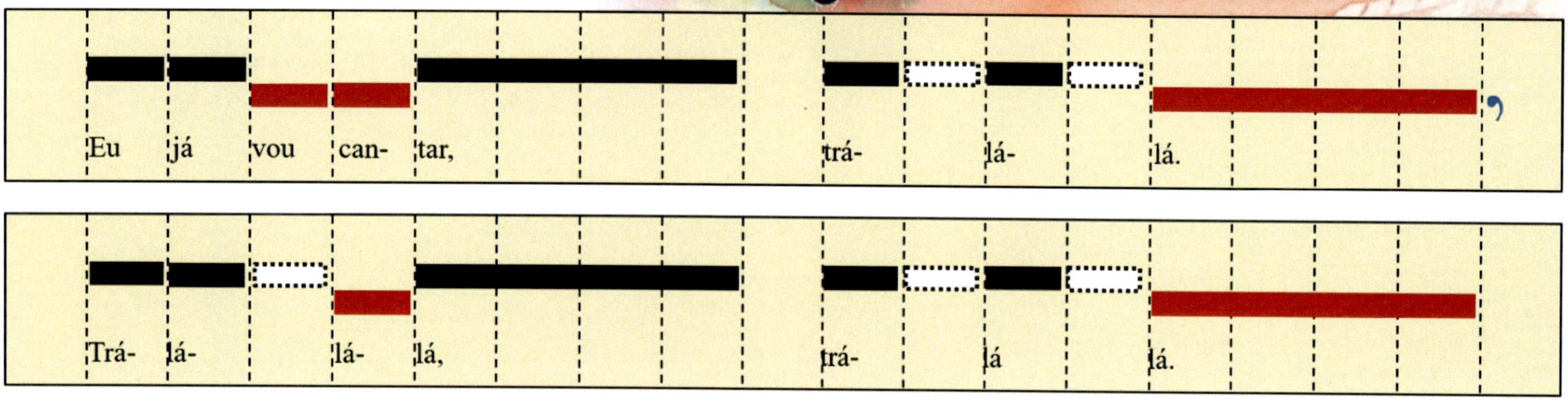

9.3 Leituras por traços: ritmo unidade, quádruplo e silêncios

Com o dedo indicador da mão direita (traços pretos) e o indicador da esquerda (traços vermelhos), toque no piano cada uma das sequências sem olhar para as mãos e sem parar. Observe os silêncios, as dinâmicas, as fermatas, as respirações e o pedal.

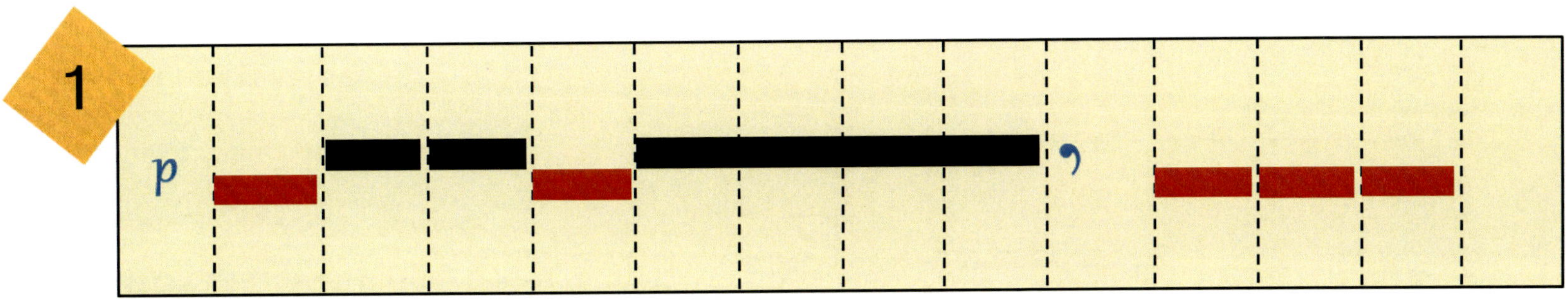

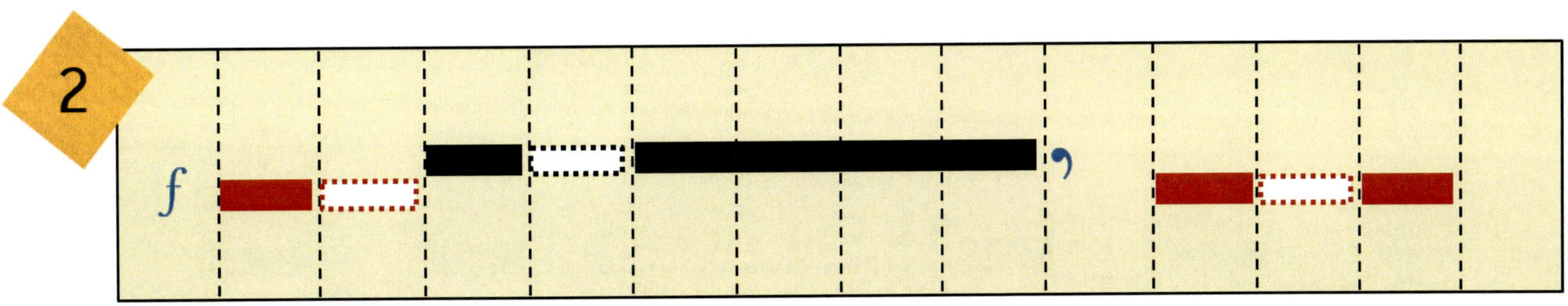

3

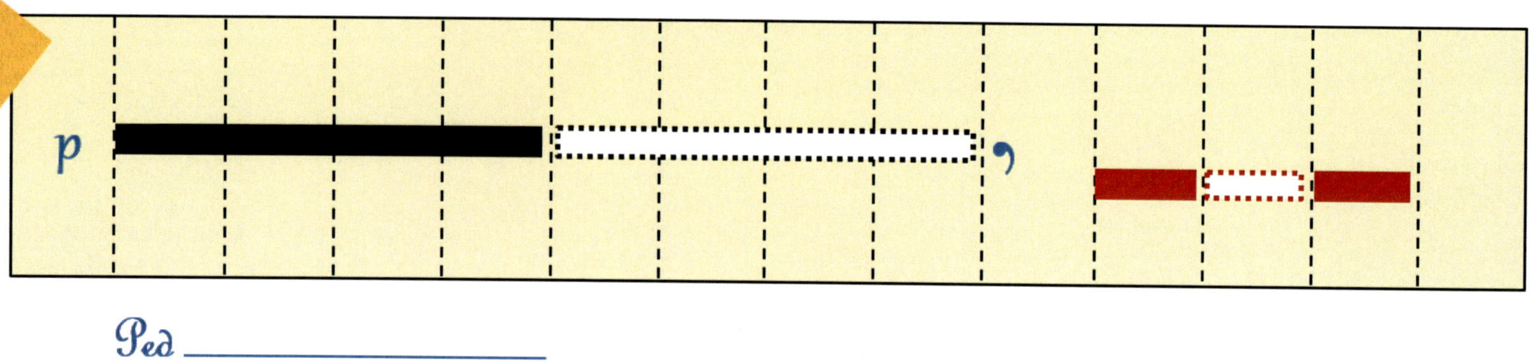

4

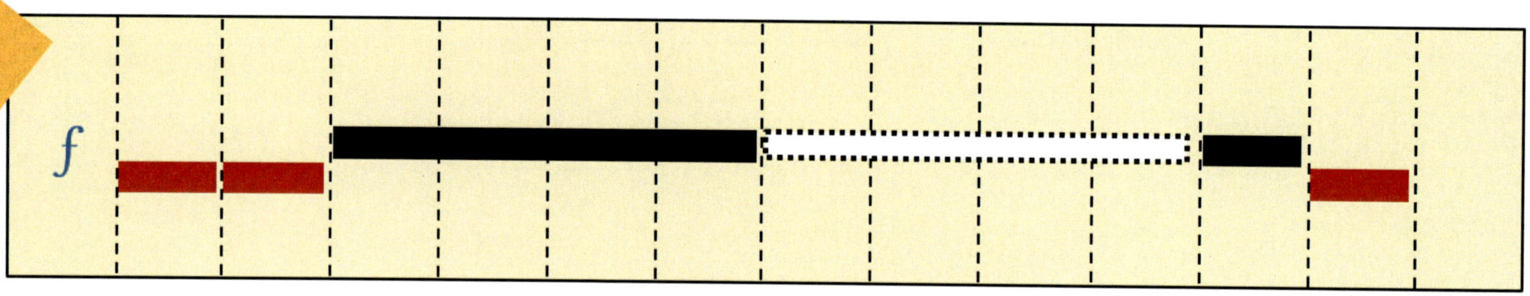

5

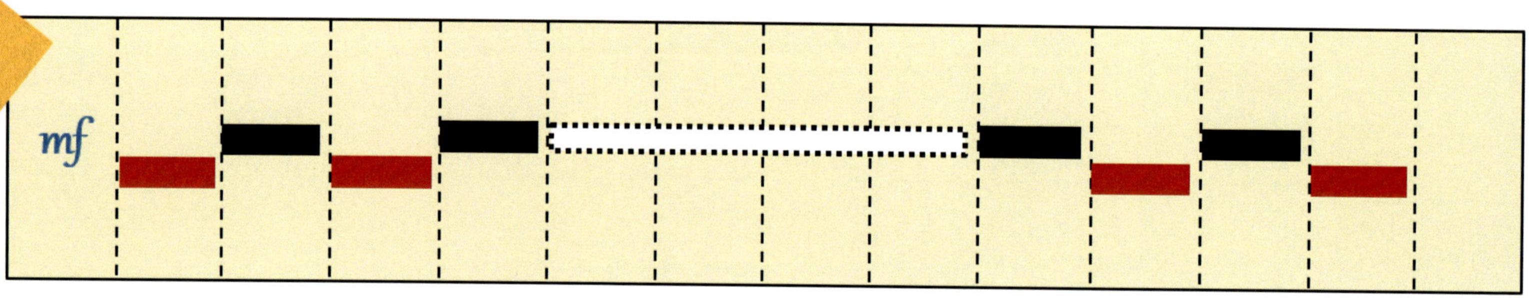

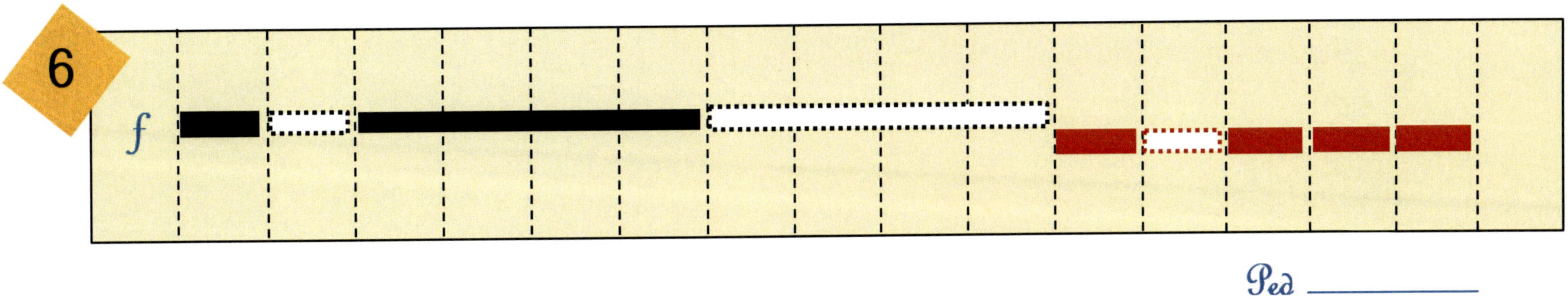
6
f
Ped

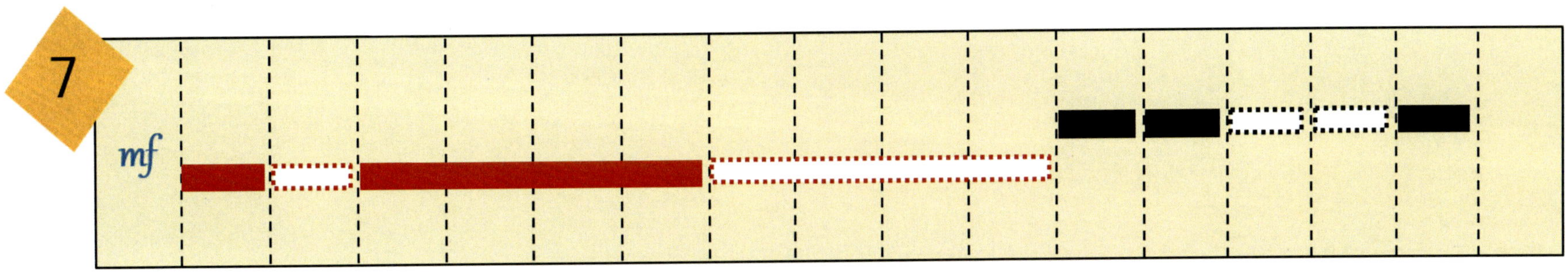
7
mf

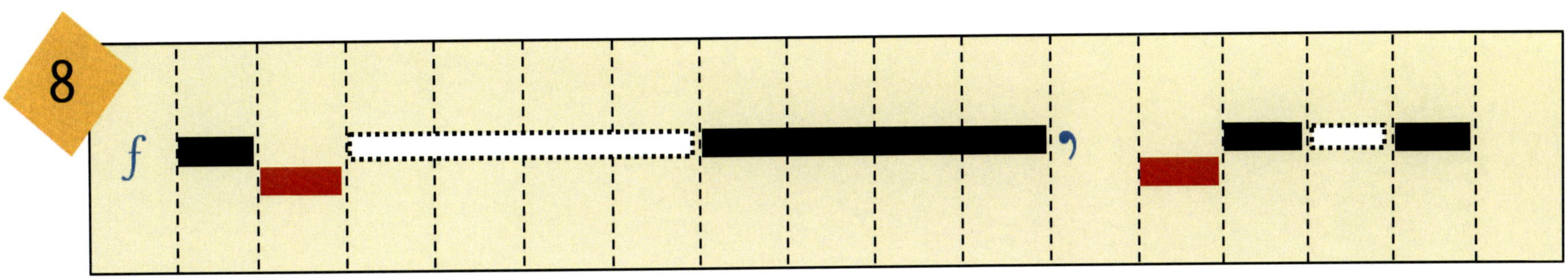
8
f

Série 10 – Todas as durações juntas e misturadas

10.1 Preparação

Agora você vai ler todas as durações juntas e misturadas: unidade, dobro, triplo, quádruplo e os silêncios correspondentes. Toque no piano as sequências de traços com o dedo indicador da MÃO DIREITA.

Unidade, dobro e silêncios →

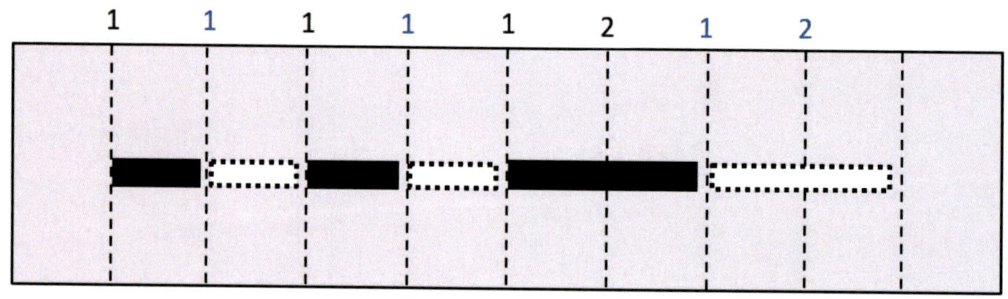

Unidade, triplo e silêncios →

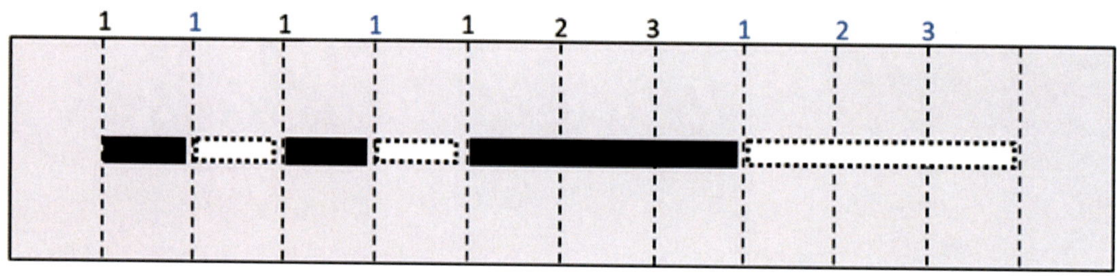

Unidade, quádruplo e silêncios →

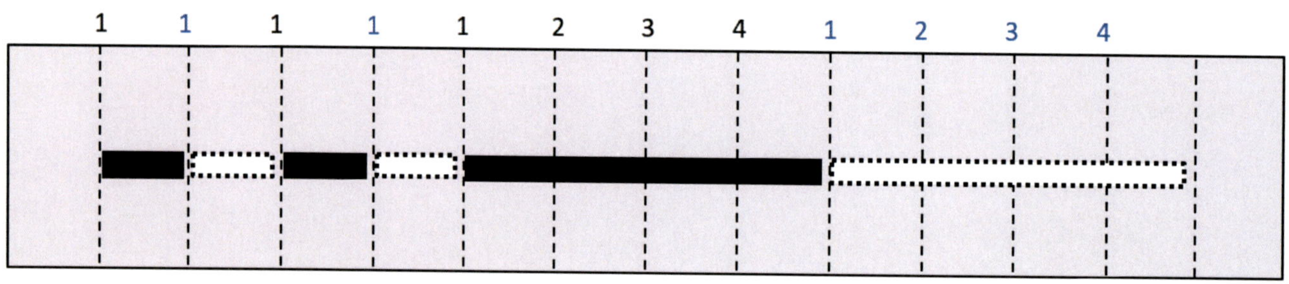

Vamos ler todas as durações juntas e misturadas: unidade, dobro, triplo, quádruplo e os silêncios correspondentes. Toque no piano as sequências de traços com o dedo indicador da MÃO ESQUERDA.

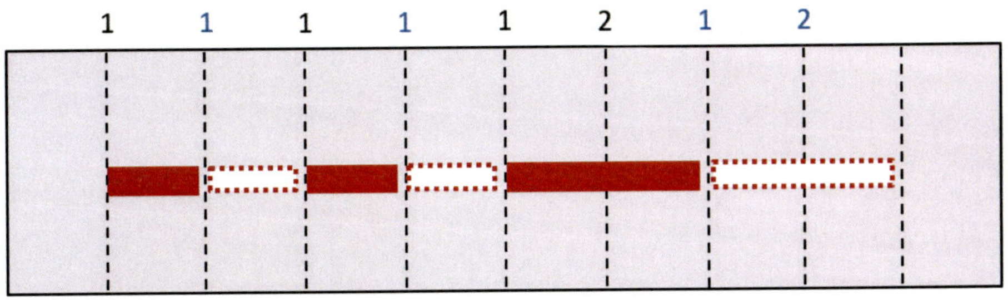

Unidade, dobro e silêncios

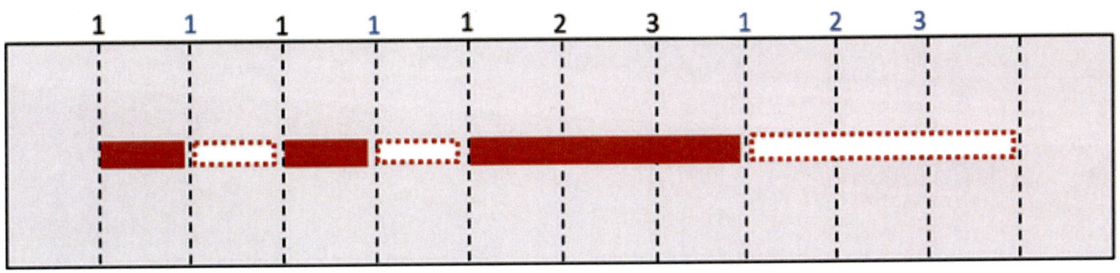

Unidade, triplo e silêncios

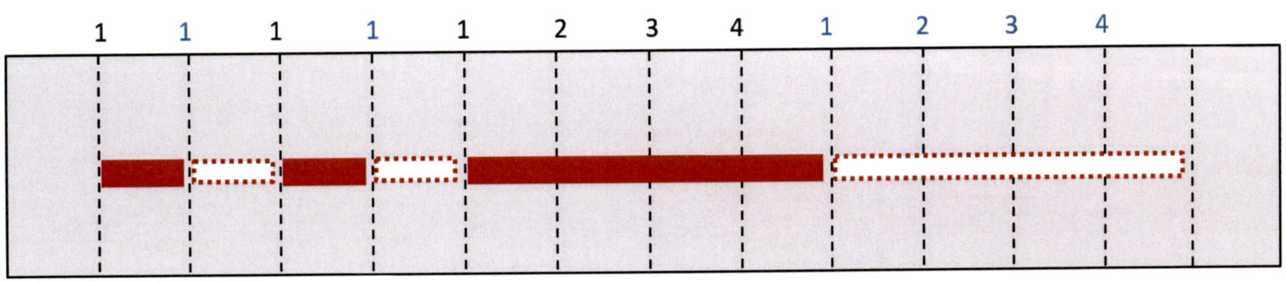

Unidade, quádruplo e silêncios

10.2 Canções por traços: todas as durações juntas e misturadas

Cante e toque esta canção no piano, na posição indicada no teclado, usando os dedos indicadores. Observe as fermatas e as respirações, realizando as dinâmicas como quiser. Depois, você pode tocar a canção em outras posições no piano, à sua escolha.

ARCO-ÍRIS

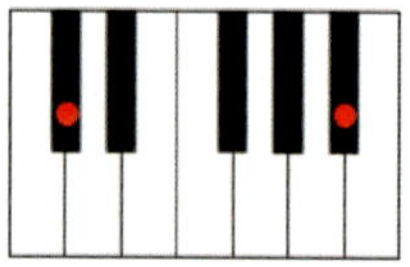

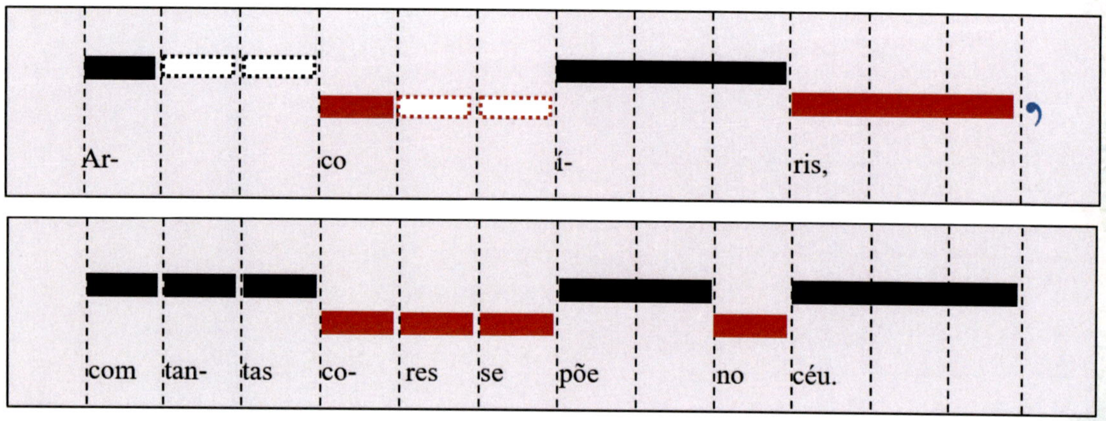

Vamos cantar e tocar mais uma canção?

SOBE, BALÃO

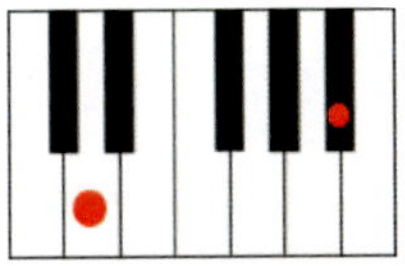

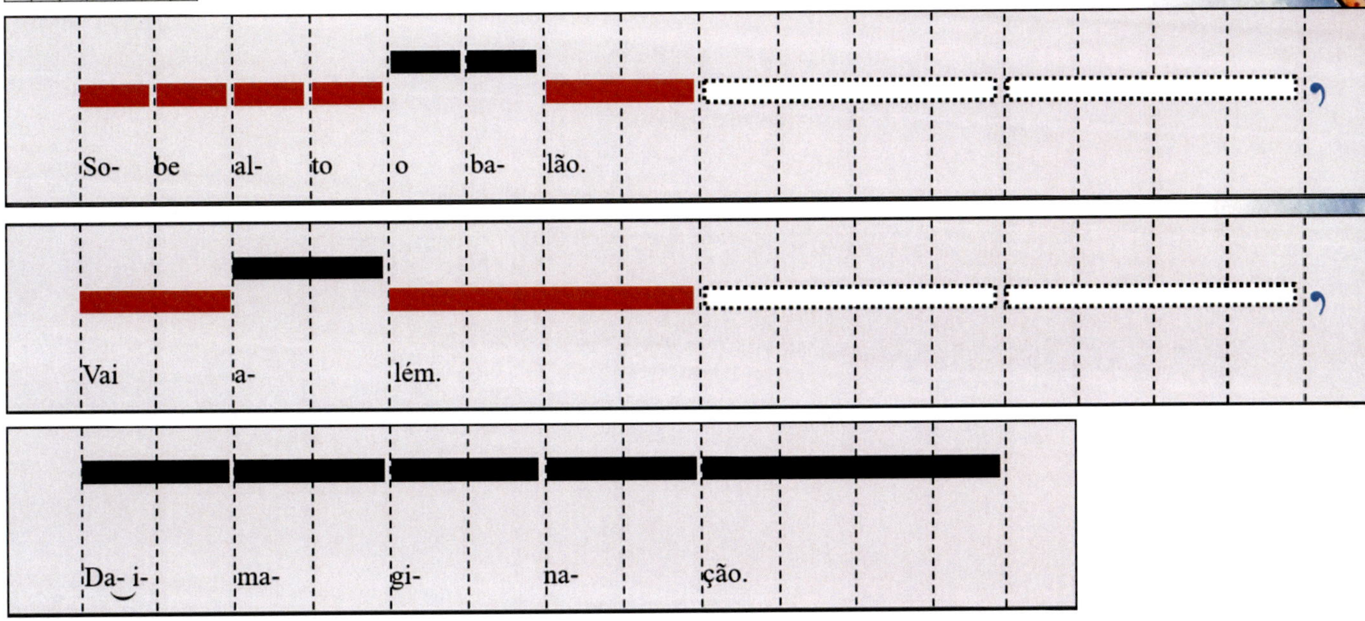

10.3 Leituras por traços: todas as durações juntas e misturadas

Com o dedo indicador da mão direita (traços pretos) e o indicador da esquerda (traços vermelhos), toque no piano cada uma das sequências sem olhar para as mãos e sem parar. Observe os silêncios, as dinâmicas, as fermatas, as respirações e o pedal.

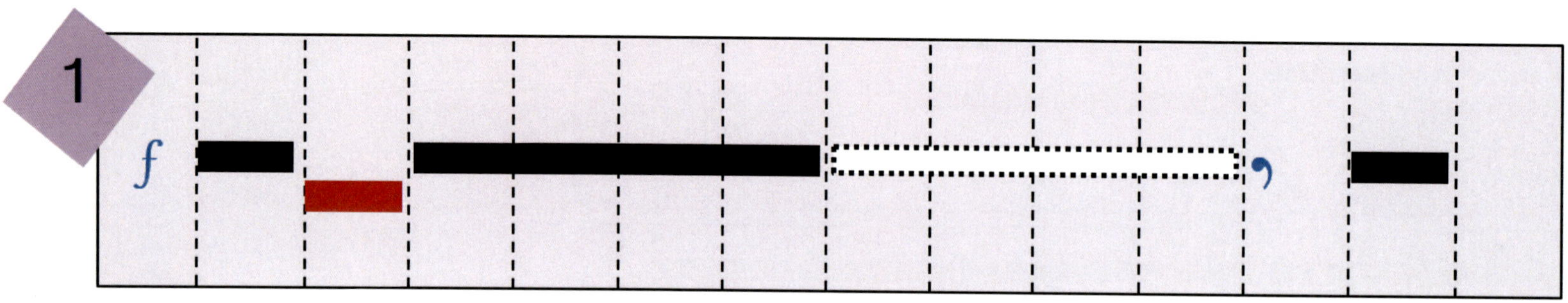

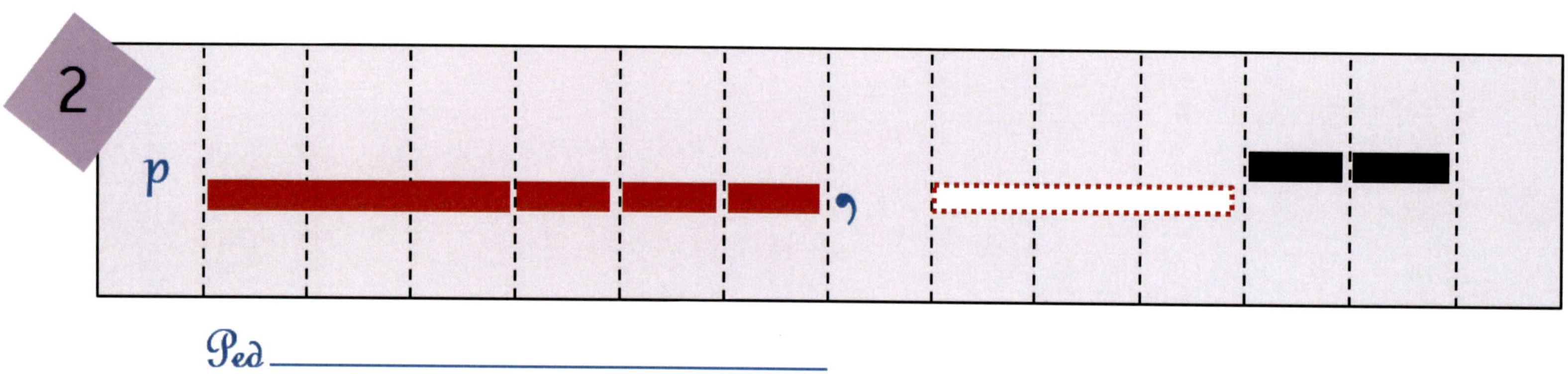

3

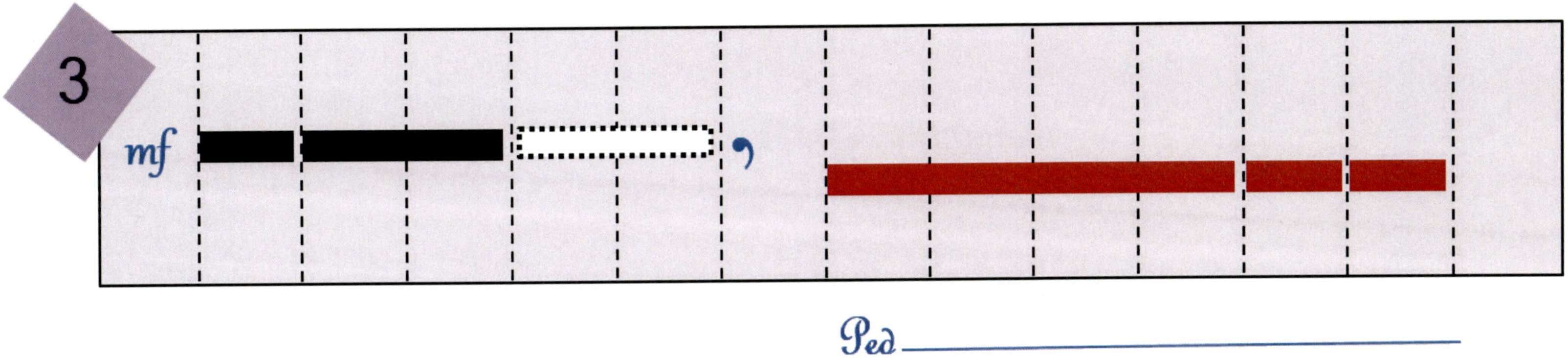

4

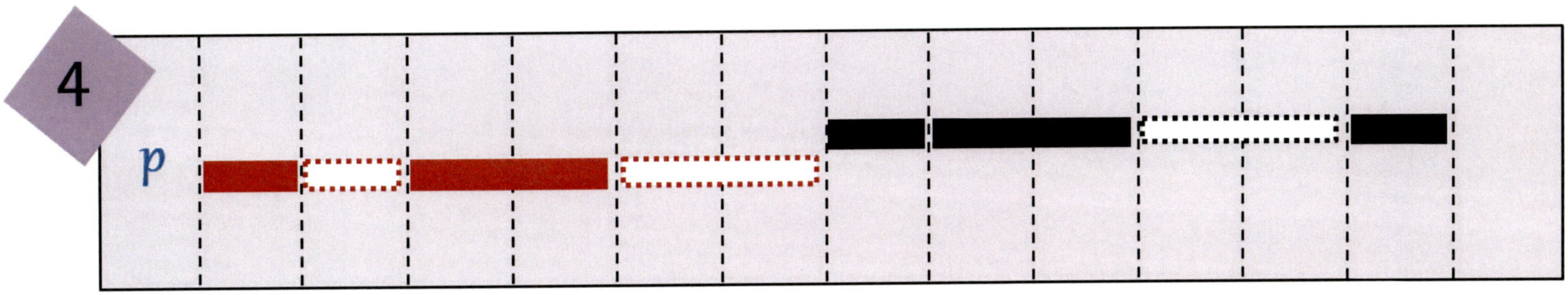

5

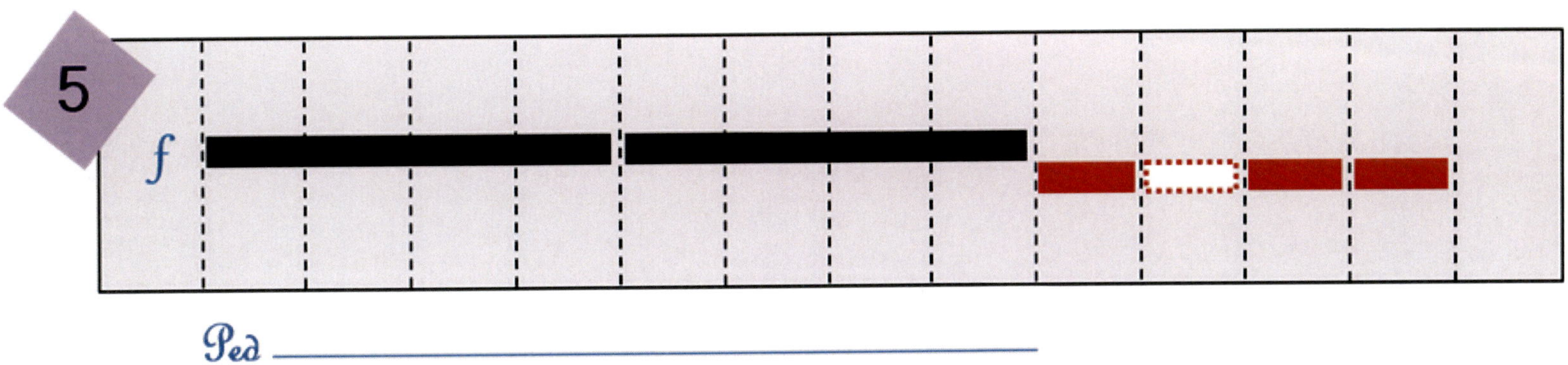

6

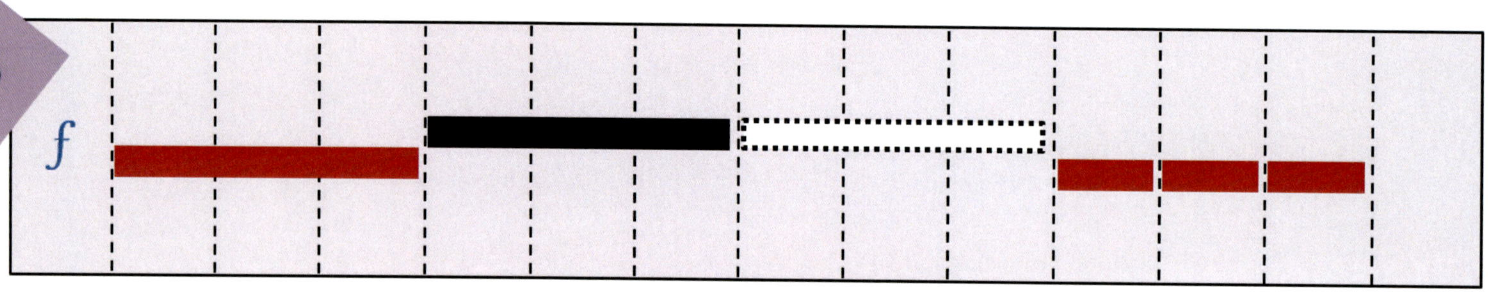

7

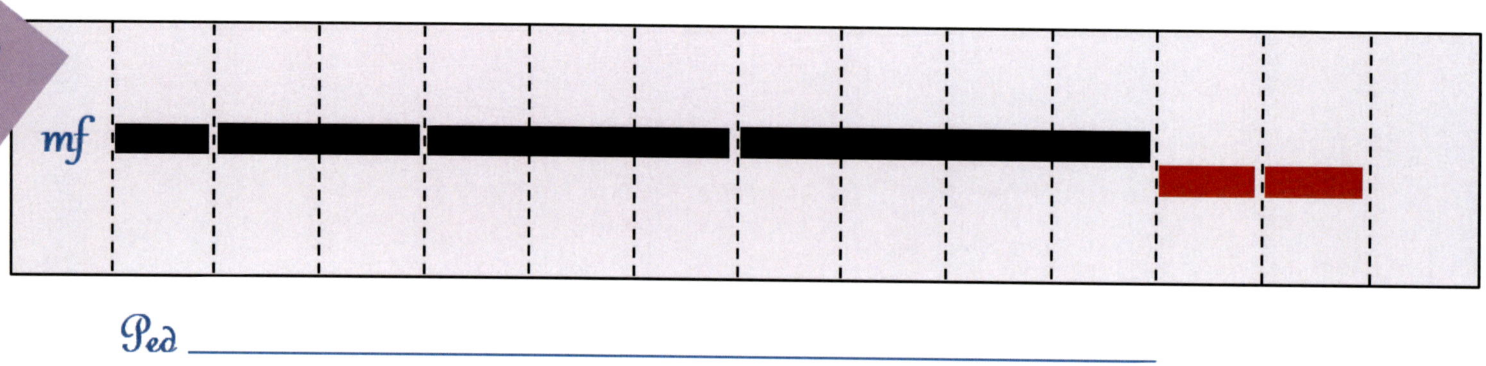

8

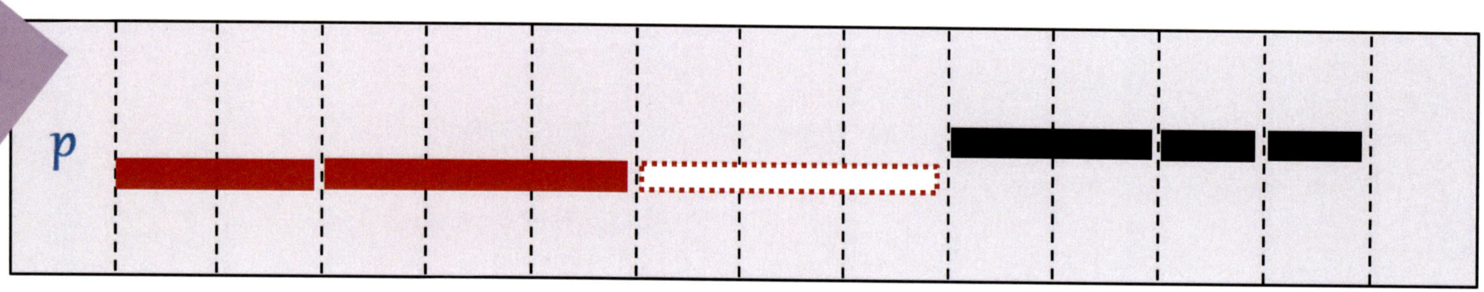

Série 11 - Canções com cinco sons

Cante e toque esta canção no piano, na posição indicada no teclado, usando os CINCO DEDOS DA MÃO DIREITA. Observe as fermatas e as respirações, realizando as dinâmicas como quiser. Depois, você pode tocar a canção em outras posições no piano, à sua escolha.

SUBINDO E DESCENDO: MÃO DIREITA

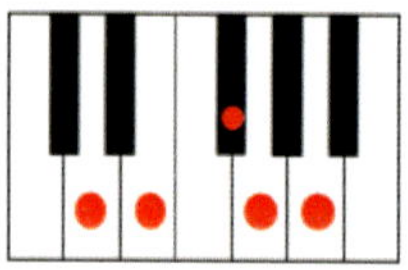

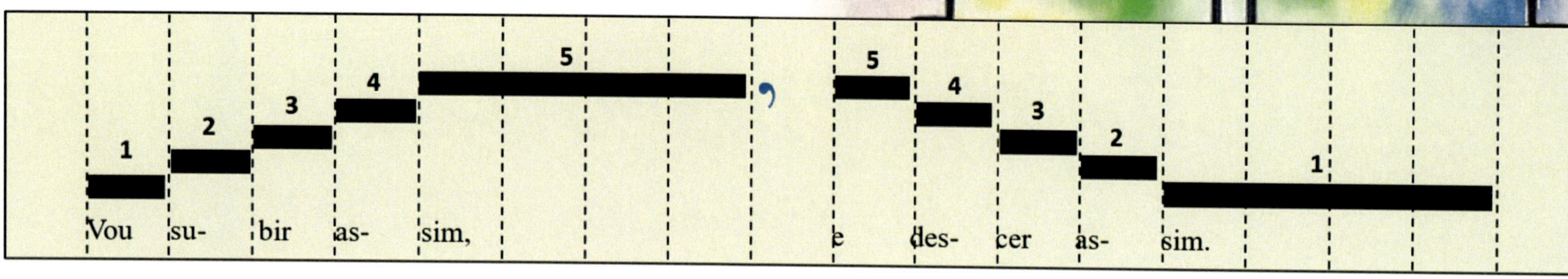

Vamos cantar e tocar mais uma canção com a mão direita?

CÉU AZUL

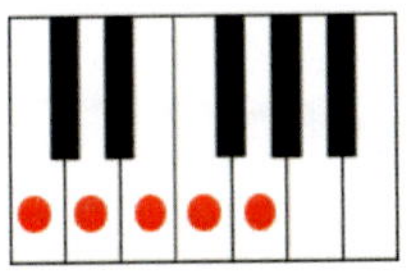

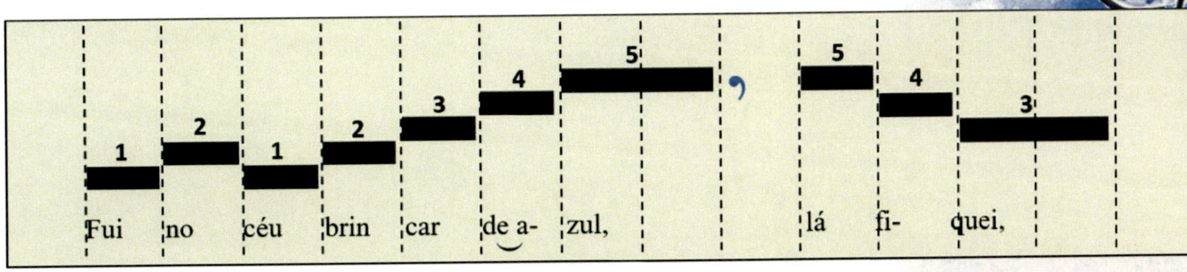

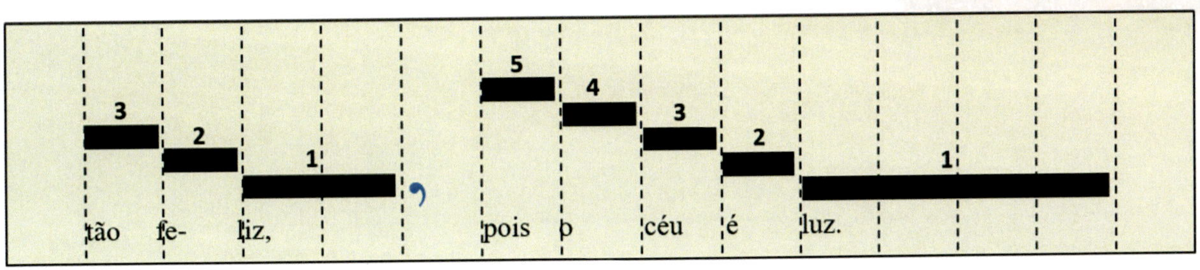

Cante e toque esta canção no piano, na posição indicada no teclado, usando os CINCO DEDOS DA MÃO ESQUERDA. Observe as fermatas e as respirações, realizando as dinâmicas como quiser. Depois, você pode tocar a canção em outras posições no piano, à sua escolha.

SUBINDO E DESCENDO: MÃO ESQUERDA

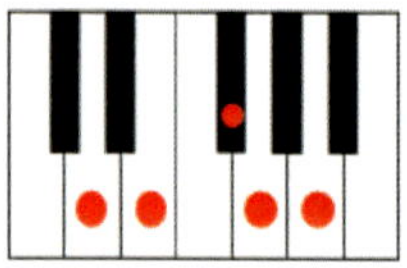

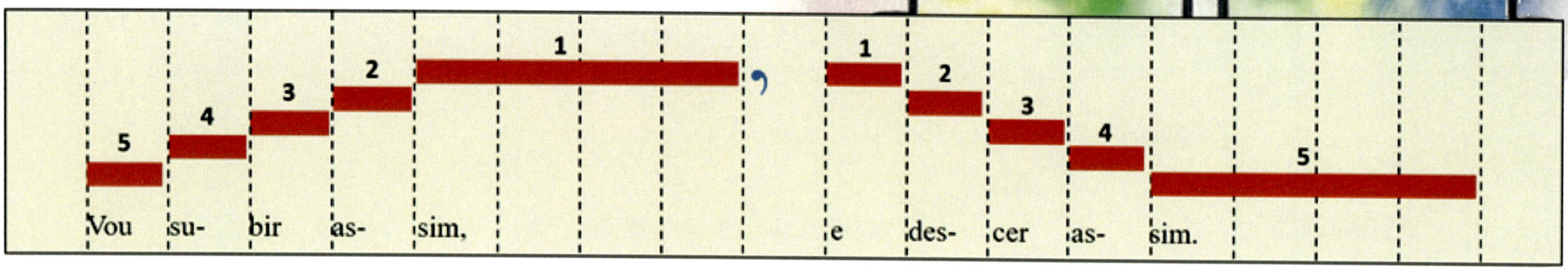

Vamos cantar e tocar mais uma canção com a mão esquerda?

CÉU AZUL

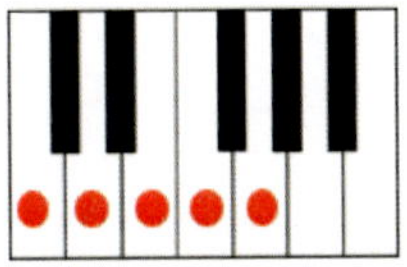

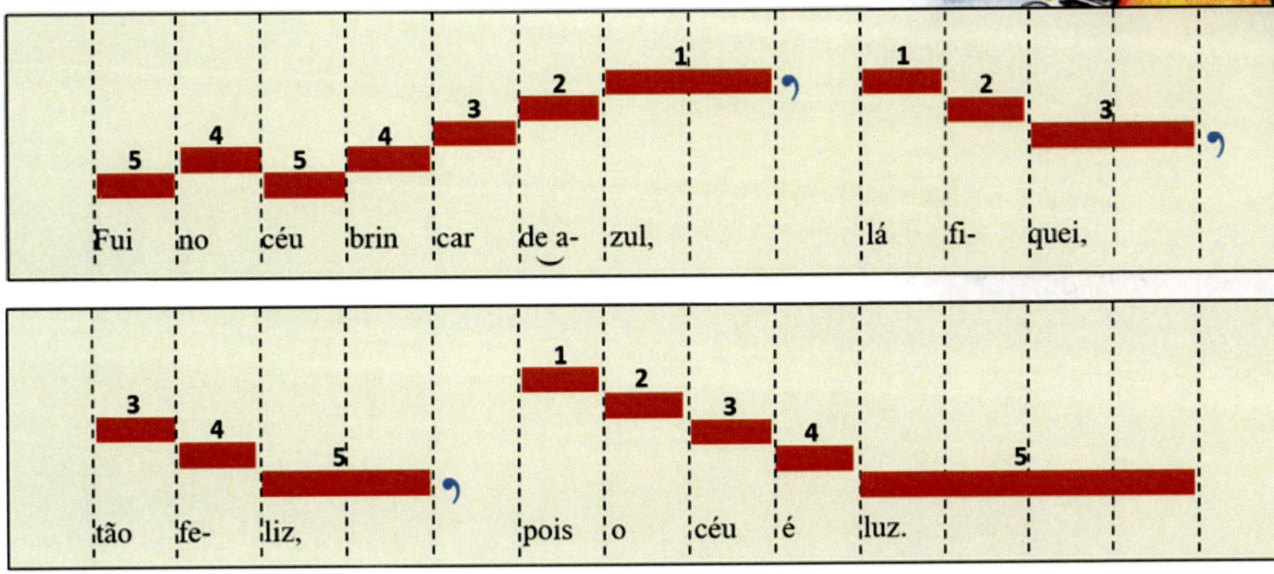

Parabéns!

Você chegou ao final do capítulo de LEITURA MUSICAL POR TRAÇOS. Vamos lembrar tudo o que você aprendeu?

1. DURAÇÕES DE UNIDADE, DOBRO, TRIPLO E QUÁDRUPLO E OS SILÊNCIOS CORRESPONDENTES.
2. FERMATA.
3. LEITURAS COM DEDOS INDICADORES ALTERNADOS.
4. LEITURAS COM OS CINCO DEDOS DE CADA MÃO.

Neste quadro, escreva sobre aquilo que você aprendeu: o que você achou fácil e o que você achou difícil

Leitura por dedilhado
1
2
3
4
5

Queridos alunos

1. ANTES DE TOCAR, OBSERVEM BEM AS LEITURAS E OS DEDILHADOS DE CADA PÁGINA.
2. VOCALIZEM OS SONS QUE PODEM REPRESENTAR AS SEQUÊNCIAS SONORAS.
3. TRABALHEM COM ATENÇÃO AS ABORDAGENS MOTORAS QUE VÃO USAR PARA REALIZAR AS SEQUÊNCIAS SONORAS.
4. CANTEM E TOQUEM AS CANÇÕES.
5. REALIZEM AS LEITURAS POR DEDILHADOS NO PIANO ASSIM: LEIAM UMA PRIMEIRA VEZ EM ANDAMENTO CONFORTÁVEL; LEIAM OUTRAS VEZES EM ANDAMENTOS MAIS RÁPIDOS.
6. NÃO OLHEM PARA AS MÃOS. NÃO FIXEM OS OLHOS NO PONTO EM QUE ESTÃO LENDO, OLHEM ADIANTE. EVITEM PARADAS, MESMO QUE HAJA ERROS.
7. OUÇAM O QUE ESTÃO TOCANDO.

Série 1 - Os dedos das mãos e os movimentos sonoros

1.1 Preparação

Coloque a sua mão esquerda sobre o desenho à esquerda e pressione levemente cada dedo falando o seu número. Depois, faça o mesmo com a mão direita.

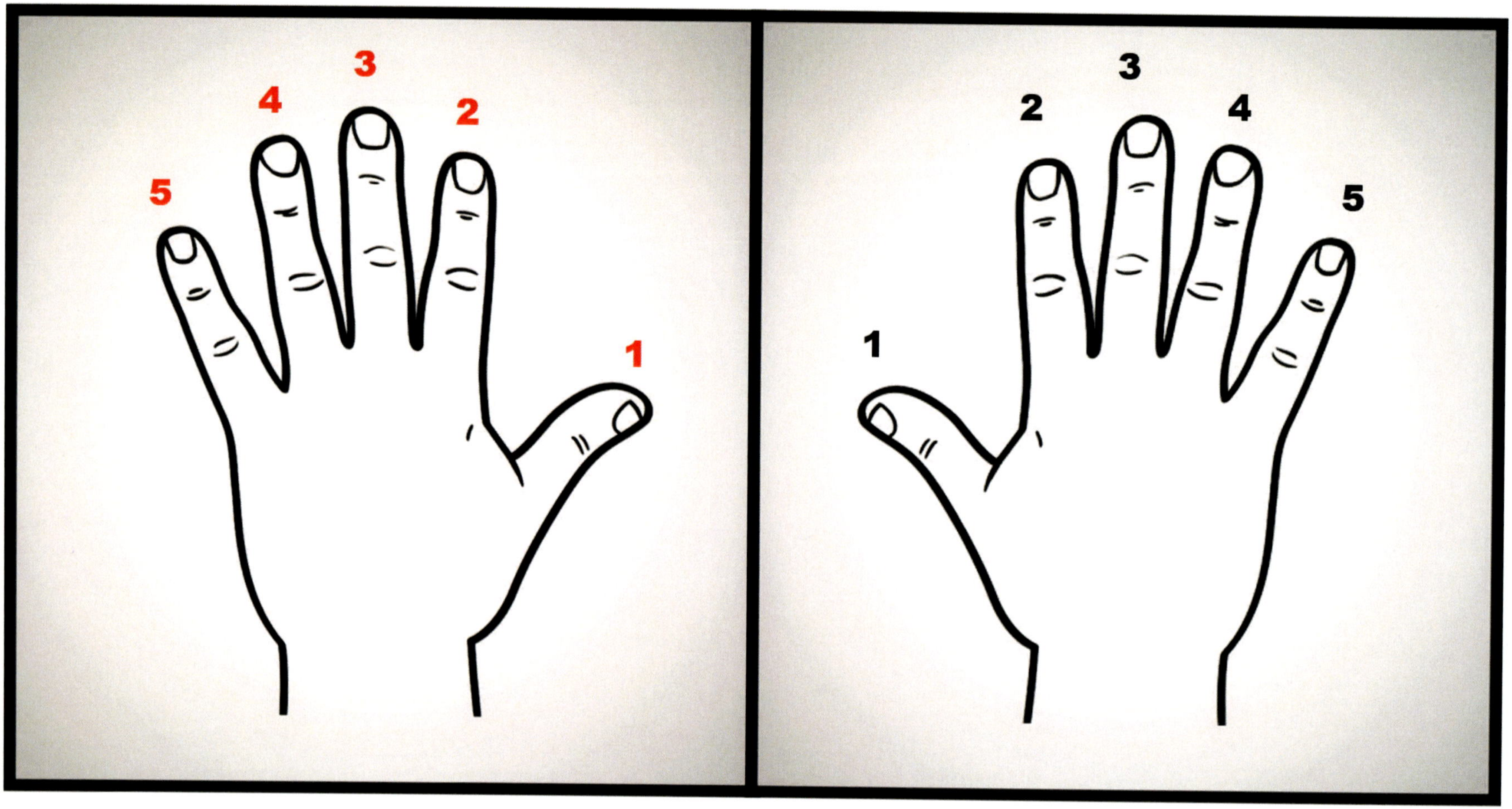

Mão esquerda

Mão direita

1.2 Treinando os números dos dedos das mãos

Siga as instruções para treinar os números dos dedos das mãos esquerda e direita.

- Escreva os números dos dedos nas figuras a seguir.
- Fale o número de um dedo de uma das mãos, mostrando-o na sua mão. Por exemplo: “dedo 1 da mão esquerda”, mostrando o dedo 1.
- Mostre um dedo de uma das mãos, falando o seu número. Por exemplo: dedo 3 da mão direita, falando “dedo 3 da mão direita”.

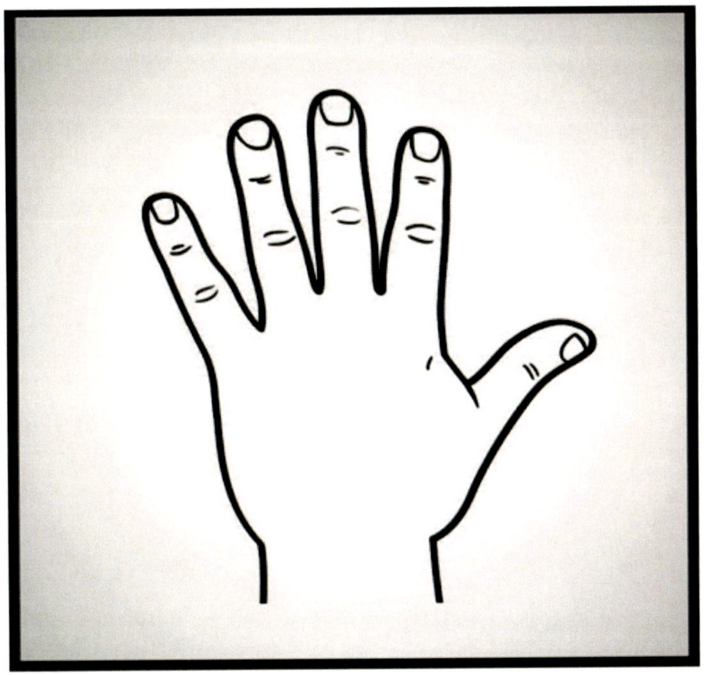

Mão esquerda

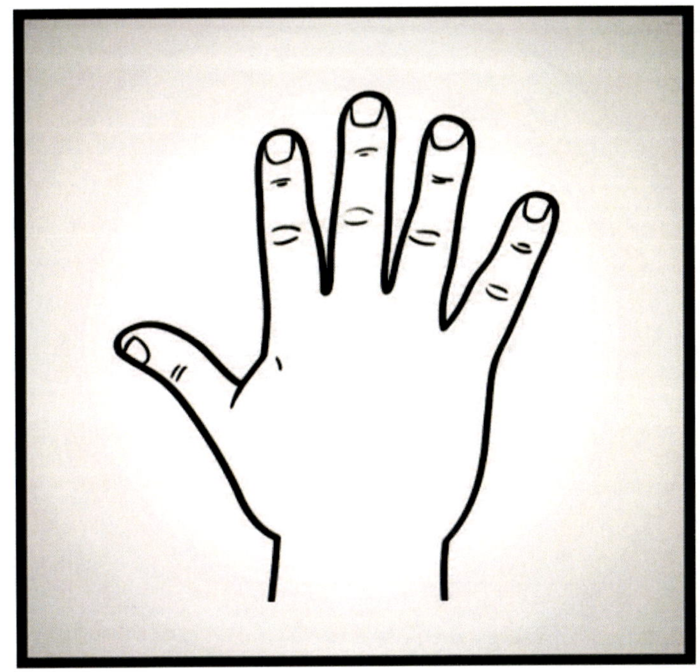

Mão direita

1.3 Movimentos sonoros ascendentes e descendentes

Vamos recordar? Quando tocamos notas do grave para o agudo, parece que os sons estão “subindo”. Esse movimento sonoro é ASCENDENTE. Quando tocamos notas do agudo para o grave, parece que os sons estão “descendo”. Esse movimento sonoro é DESCENDENTE.

Veja como as mãos realizam esses movimentos sonoros no piano. Nas mãos direita e esquerda, os movimentos sonoros ascendentes e descendentes são realizados quando tocamos os dedos na seguinte ordem:

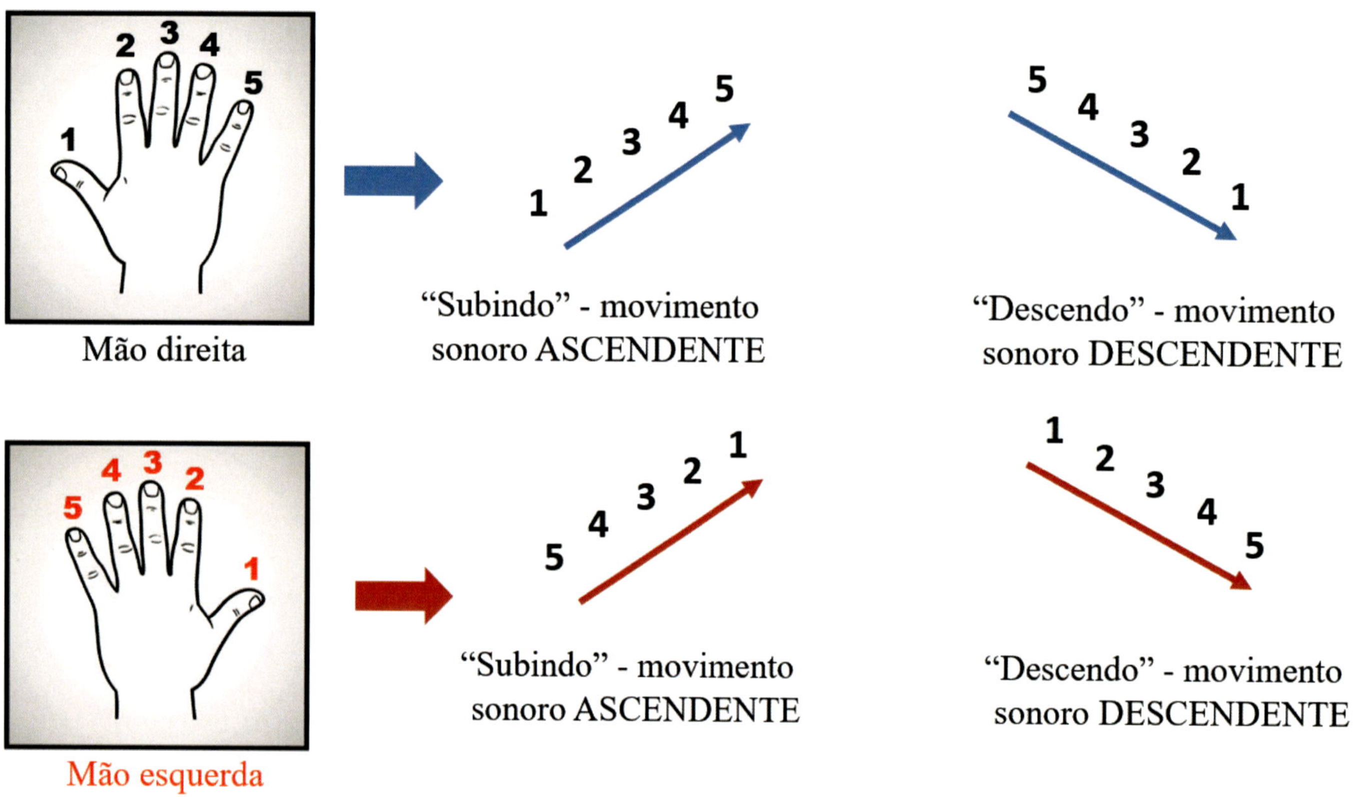

Agora, vamos entender como os movimentos sonoros ascendentes e descendentes acontecem no piano.

As sequências sonoras tocadas da ESQUERDA PARA A DIREITA no teclado resultam em movimentos sonoros ASCENDENTES. Toque esta sequência no piano.

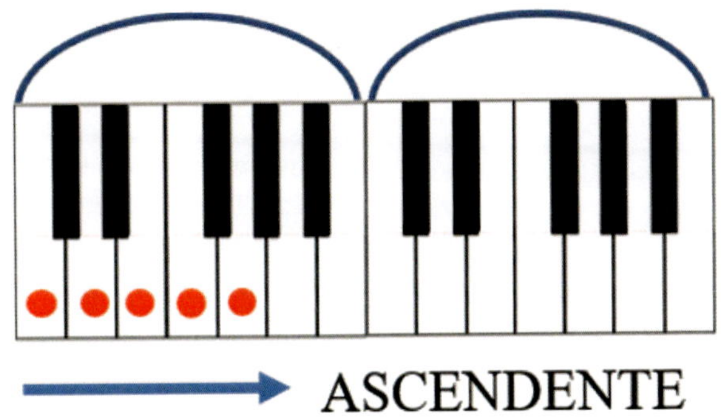

As sequências sonoras tocadas da DIREITA PARA A ESQUERDA no teclado resultam em movimentos sonoros DESCENDENTES. Toque esta sequência no piano.

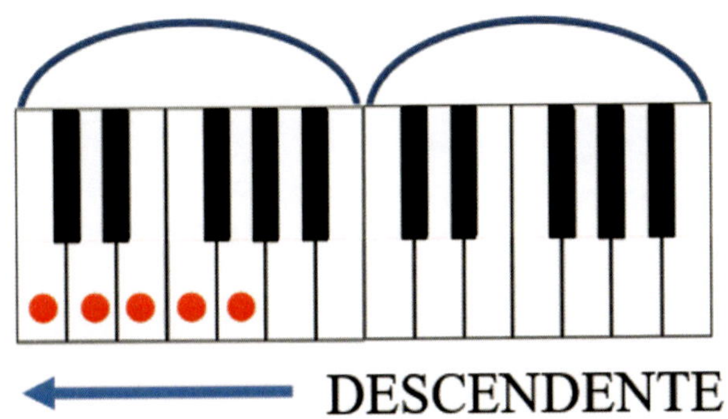

Série 2 - Intervalos de segundas

2.1 Preparação: mão direita

O INTERVALO DE SEGUNDA é uma “distância” bem pequena entre duas notas musicais diferentes. Para tocarmos intervalos de segundas com a mão direita, vamos seguir a sequência natural dos dedos: 1 – 2 – 3 – 4 – 5 em movimento sonoro ascendente ou 5 – 4 – 3 – 2 – 1 em movimento sonoro descendente. Toque no piano cada uma das sequências escritas nos quadros a seguir, usando os cinco dedos da mão direita, nos registros e notas que escolher. Observe a fermata no final de cada sequência.

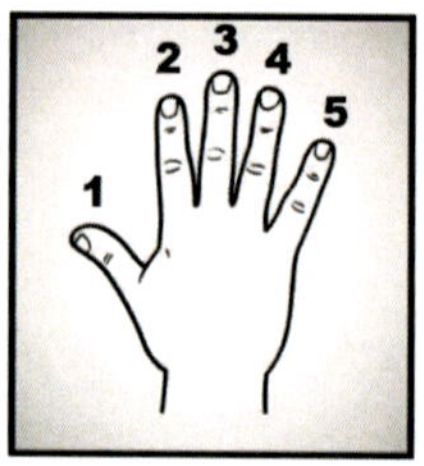

Subindo
(movimento sonoro ascendente)

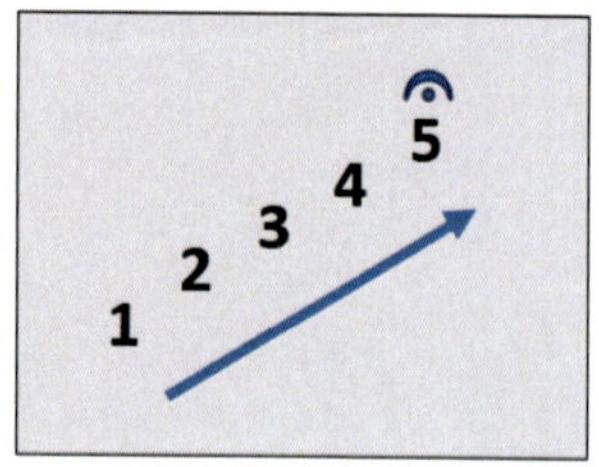

Descendo
(movimento sonoro descendente)

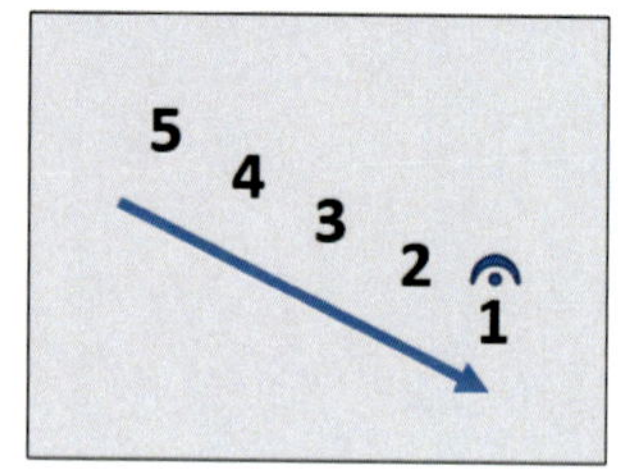

Subindo e repetindo cada dedo

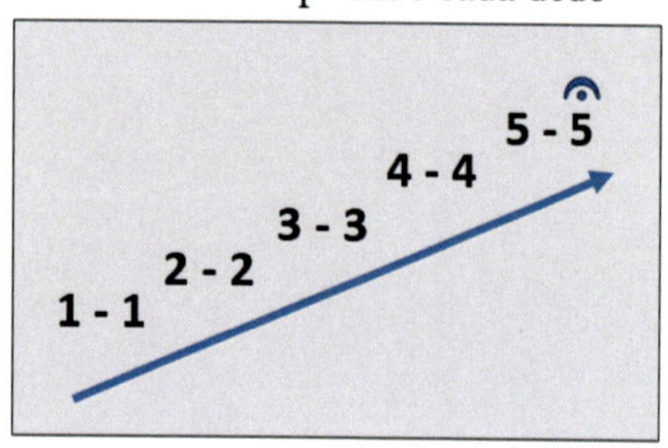

Descendo e repetindo cada dedo

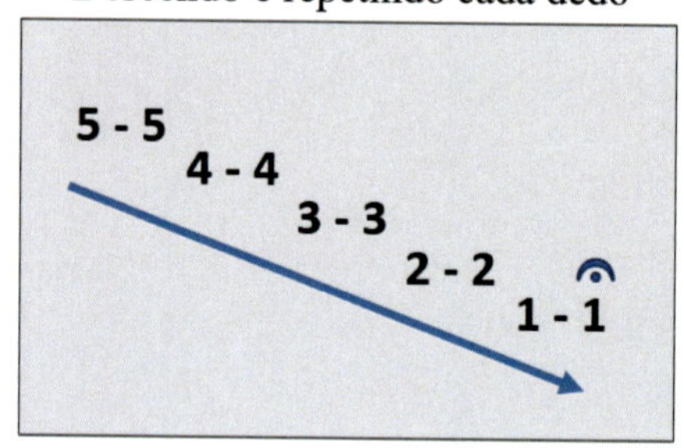

2.2 Canções com intervalos de segundas: mão direita

Cante e toque esta canção no piano, na posição indicada no teclado, usando os cinco dedos da mão direita. Observe as fermatas e as respirações e realize as dinâmicas como quiser. Depois, você pode tocar a canção em outras posições no piano, à sua escolha.

VOANDO NO BALÃO AZUL

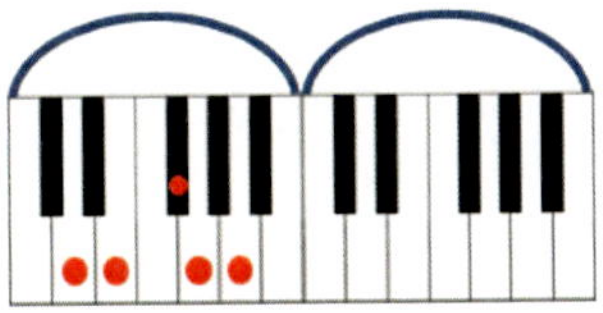

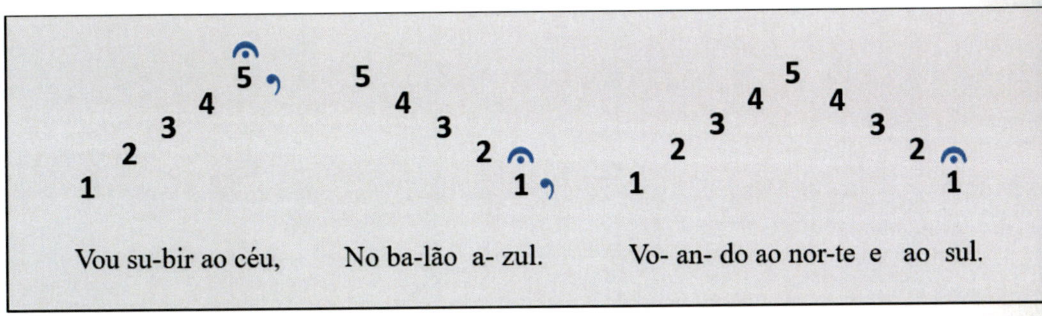

Vamos cantar e tocar mais uma canção?

CANTANDO A CANÇÃO

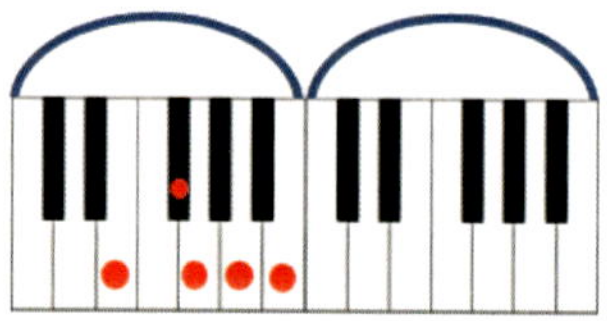

5 4 5   4 3 4   3 2 1 2 3 3 3   5 4 5   4 3 4   3 4 5 4 3 2 1

A can-ção, vou can-tar, pa- ra te a- le-grar há há. Be-lo som, can-ta- rei, e a vi- da a le-gra- rei.

2.3 Leituras com intervalos de segundas: mão direita

Com os cinco dedos da mão direita, toque no piano cada uma das sequências a seguir, nas notas e registros que escolher, sem olhar para as mãos e sem parar. Observe os silêncios, as dinâmicas, as fermatas, as respirações e o pedal.

1

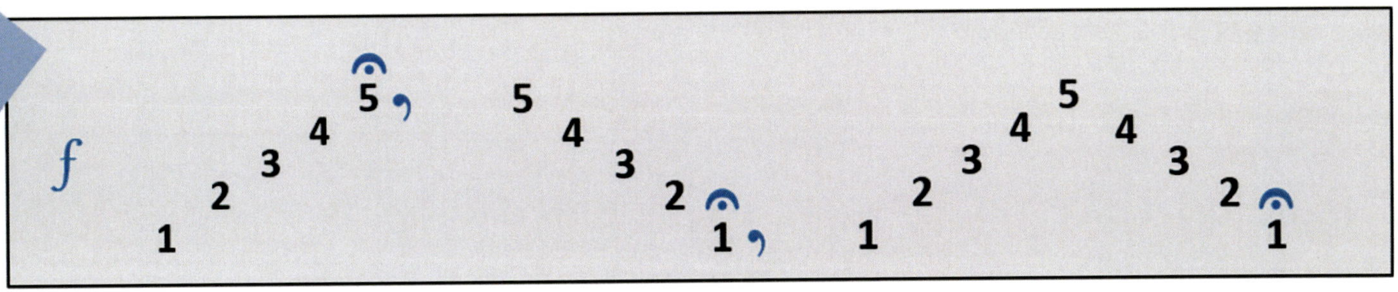

2

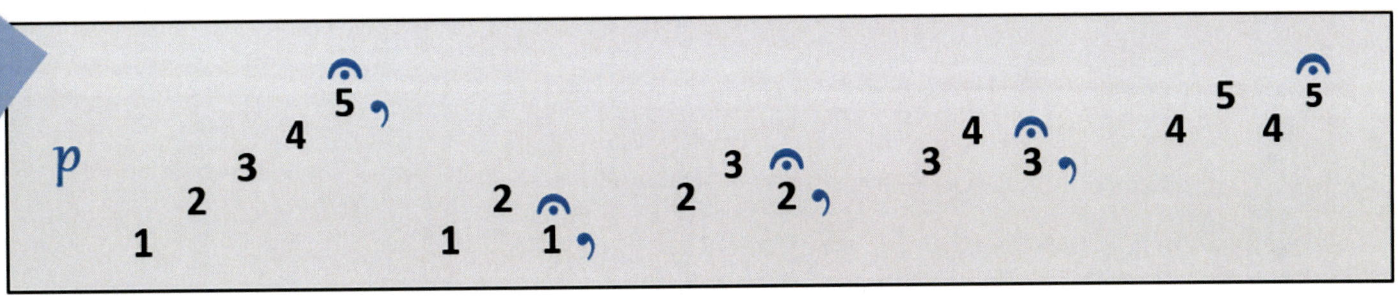

3

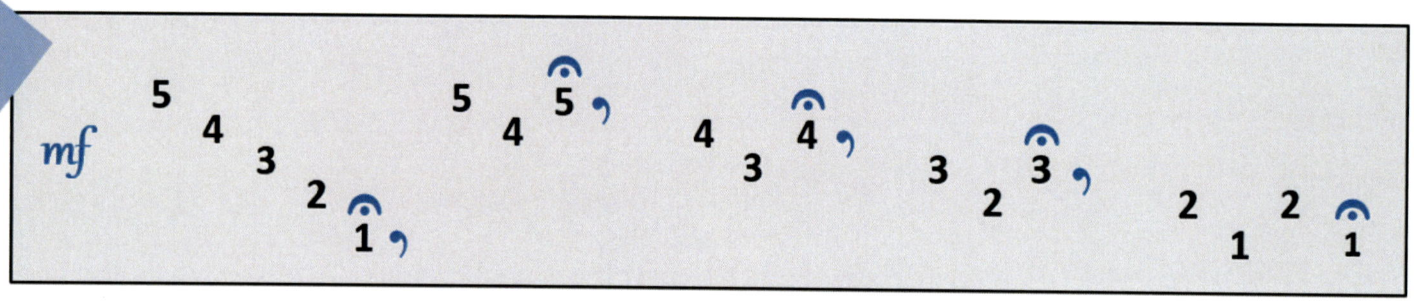
mf
5 4 3 2 1 5 4 5 4 3 4 3 2 3 2 1 2 1

4

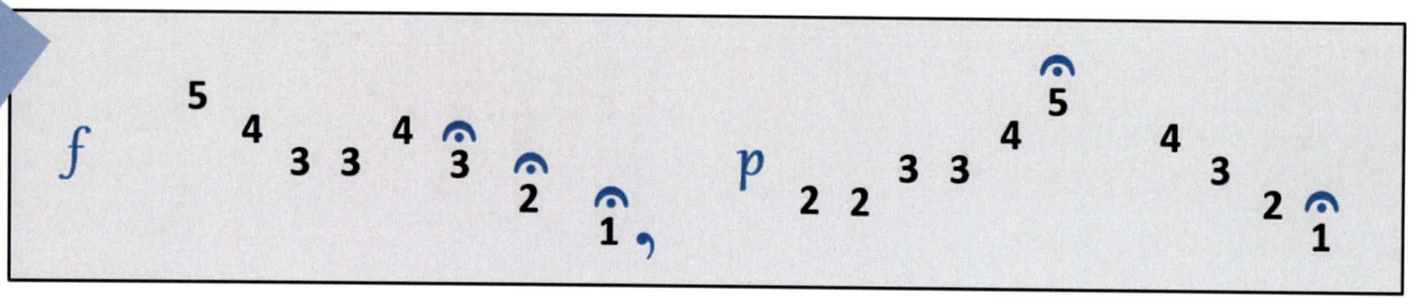
f
5 4 3 3 4 3 2 1
p
2 2 3 3 4 5 4 3 2 1

5

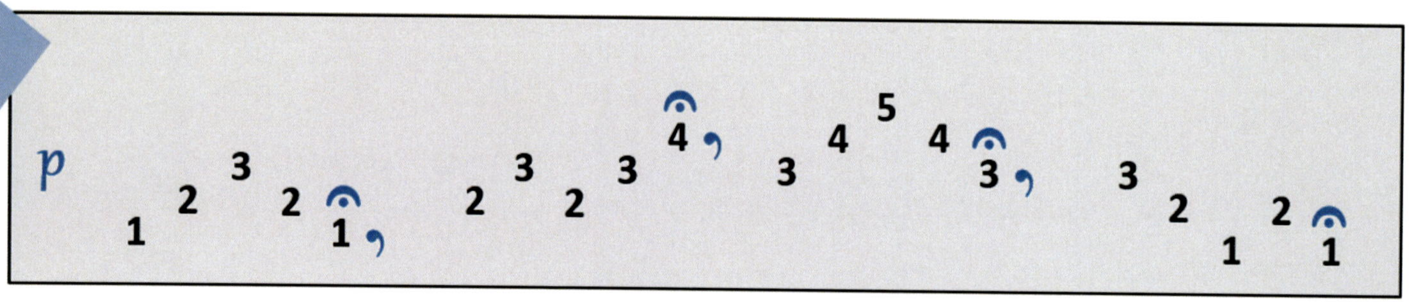
p
1 2 3 2 1 2 3 2 3 4 3 4 5 4 3 3 2 1 2 1

2.4 Preparação: mão esquerda

Para tocarmos intervalos de segundas com a mão esquerda, vamos seguir a sequência natural dos dedos: 5 – 4 – 3 – 2 – 1 em movimento sonoro ascendente ou 1 – 2 – 3 – 4 – 5 em movimento sonoro descendente.

Toque no piano cada uma das sequências a seguir, usando os cinco dedos da mão esquerda, nos registros e notas que escolher. Observe a fermata no final de cada sequência.

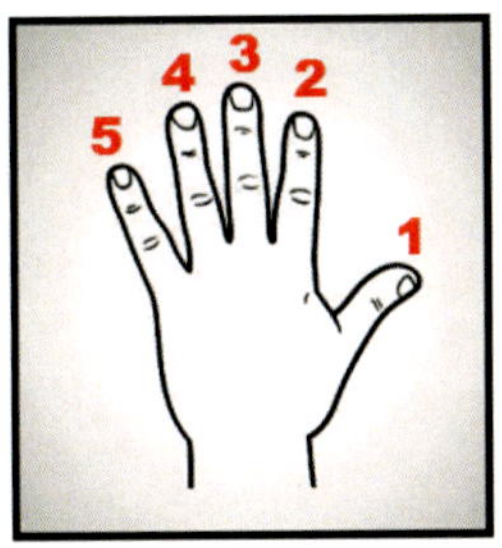

Subindo
(movimento sonoro ascendente)

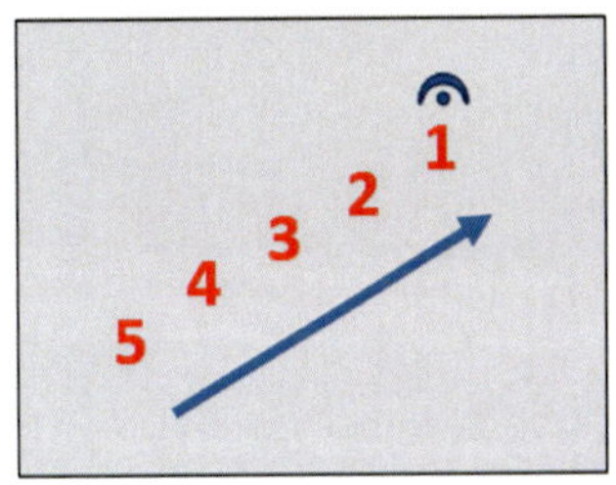

Descendo
(movimento sonoro descendente)

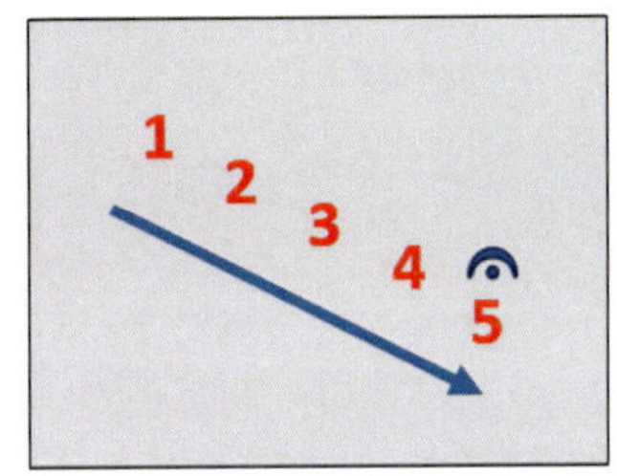

Subindo e repetindo cada dedo

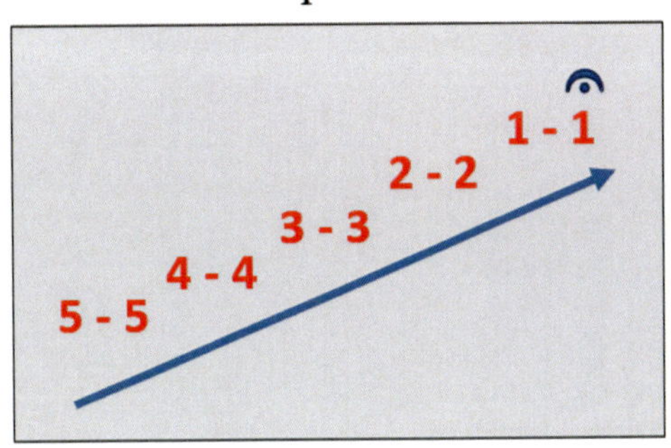

Descendo e repetindo cada dedo

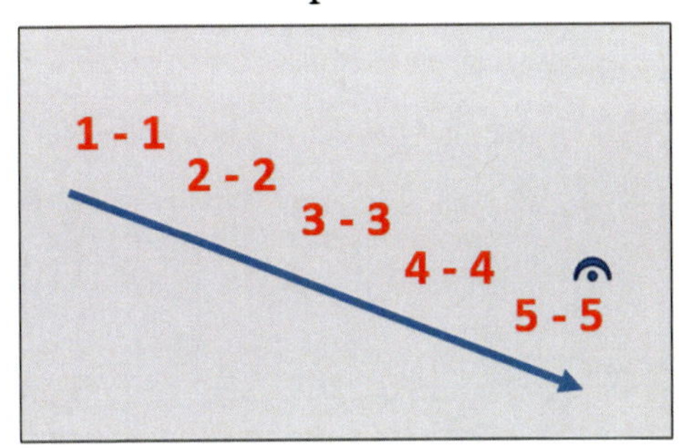

2.5 Canções com intervalos de segundas: mão esquerda

Cante e toque esta canção no piano, na posição indicada no teclado, usando os cinco dedos da mão esquerda. Observe as fermatas e as respirações e realize as dinâmicas como quiser. Depois, você pode tocar a canção em outras posições no piano, à sua escolha.

RATINHO ESPERTO

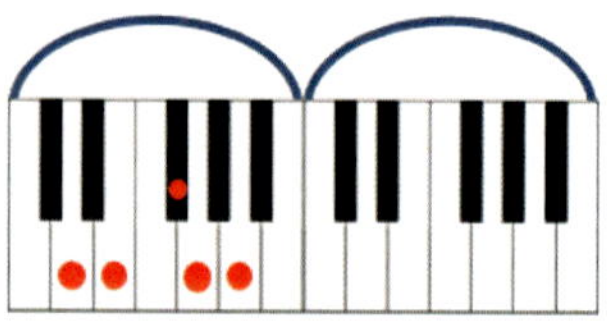

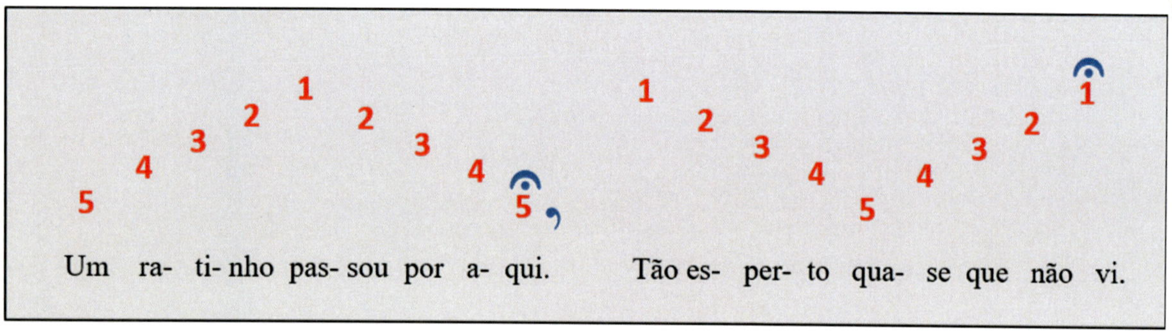

Vamos cantar e tocar mais uma canção?

ACORDANDO BEM CEDINHO

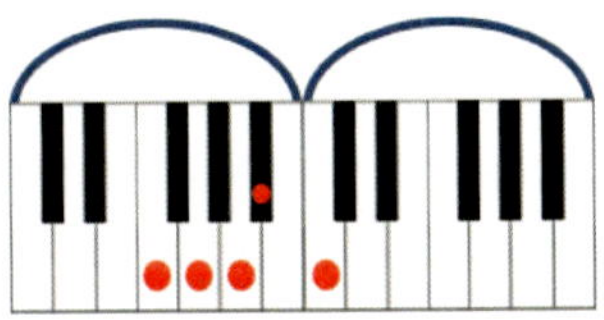

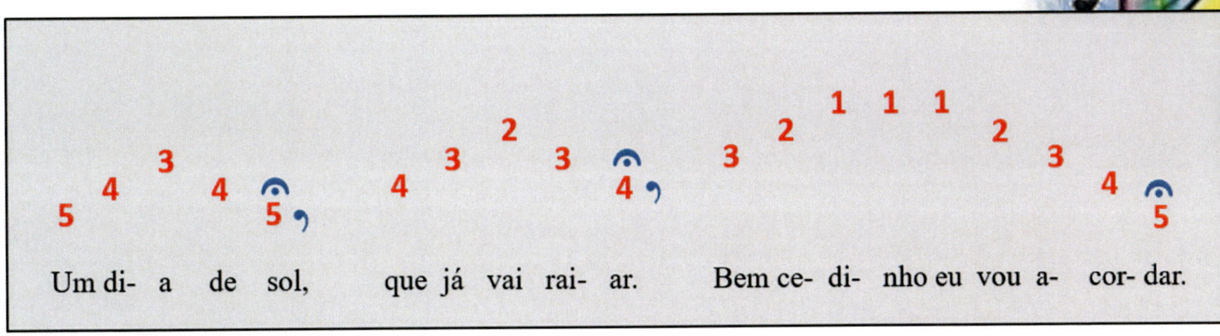

2.6 Leituras com intervalos de segundas: mão esquerda

Com os cinco dedos da mão esquerda, toque no piano cada uma das sequências a seguir, nas notas e registros que escolher, sem olhar para as mãos e sem parar. Observe os silêncios, as dinâmicas, as fermatas, as respirações e o pedal.

1

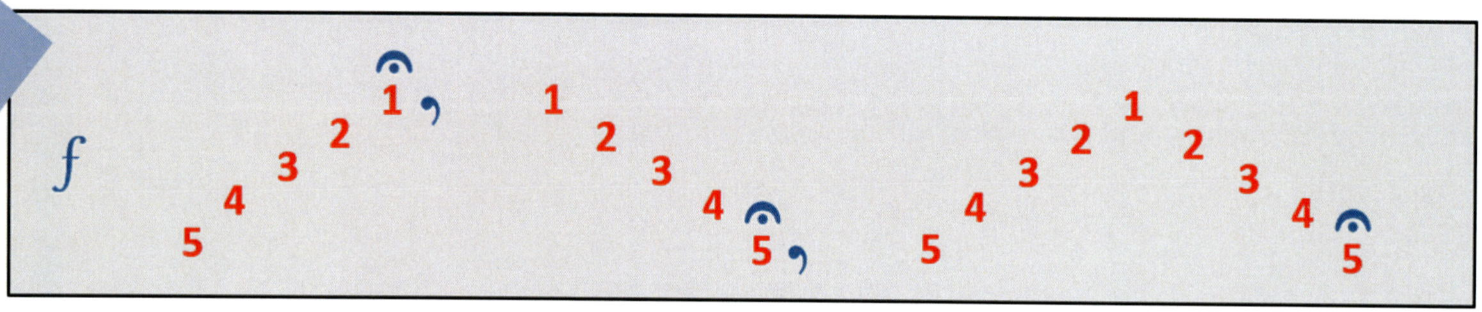

2

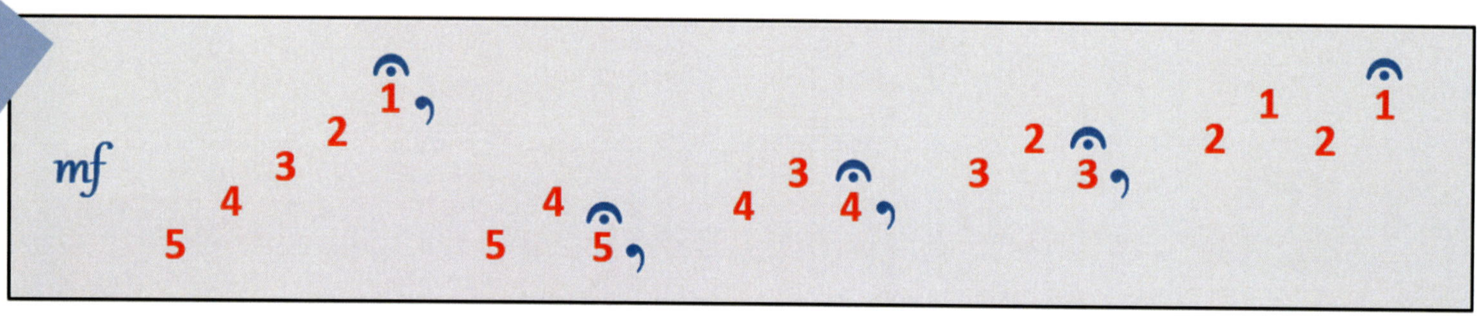

3

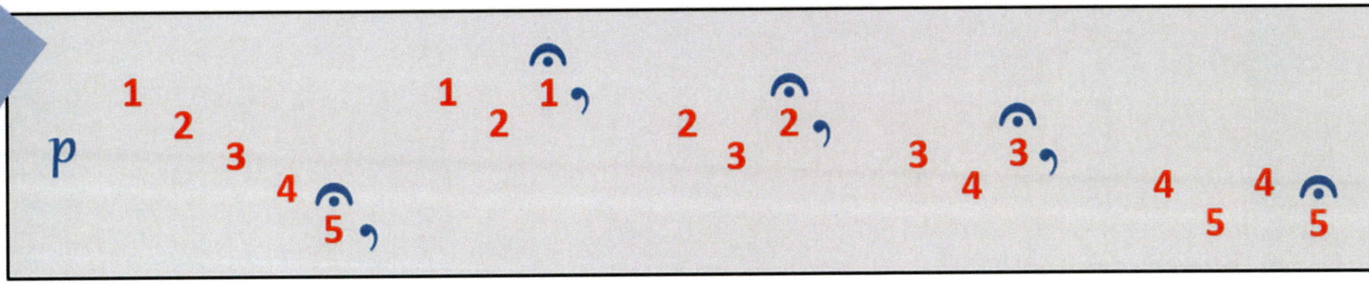

4

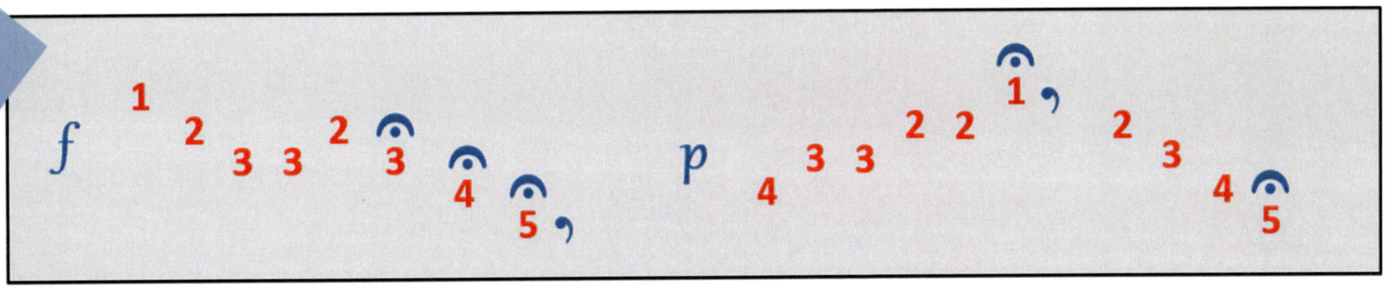

5

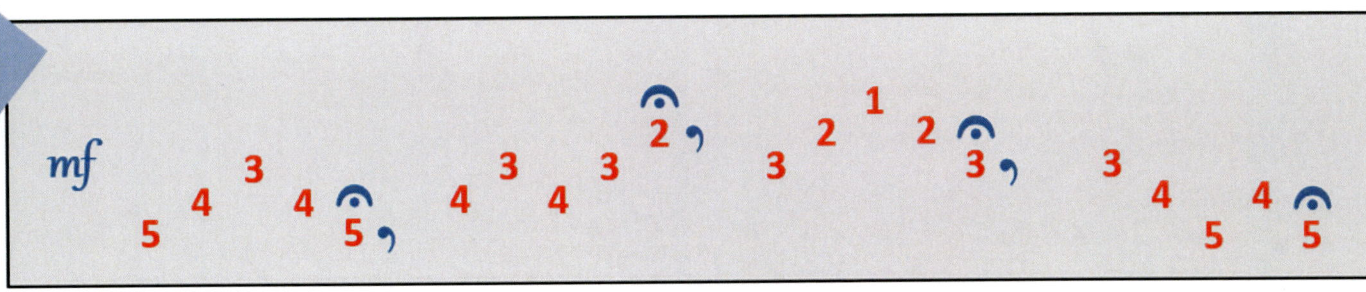

Série 3 - Intervalos de terças

3.1 Intervalos de terças: mão direita

O INTERVALO DE TERÇA é uma "distância um pouquinho maior" entre duas notas musicais diferentes. Para tocarmos intervalos de terças com a mão direita, vamos seguir a sequência dos dedos pulando alguns: 1 – 3 – 5 e 2 – 4 em movimento sonoro ascendente ou 5 – 3 – 1 e 4 – 2 em movimento sonoro descendente. Toque no piano cada uma das sequências a seguir, usando os cinco dedos da mão direita, nos registros e notas que escolher. Observe a fermata no final de cada sequência.

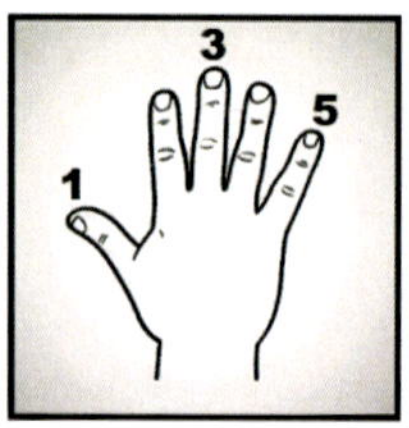

Subindo e descendo
(movimento sonoro ascendente e descendente)

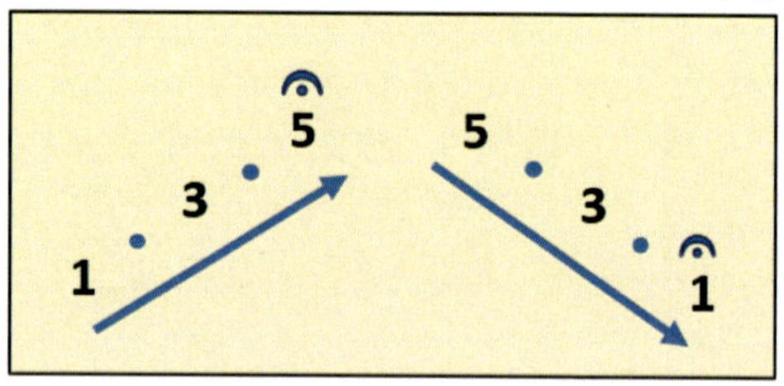

Subindo e descendo, repetindo cada dedo

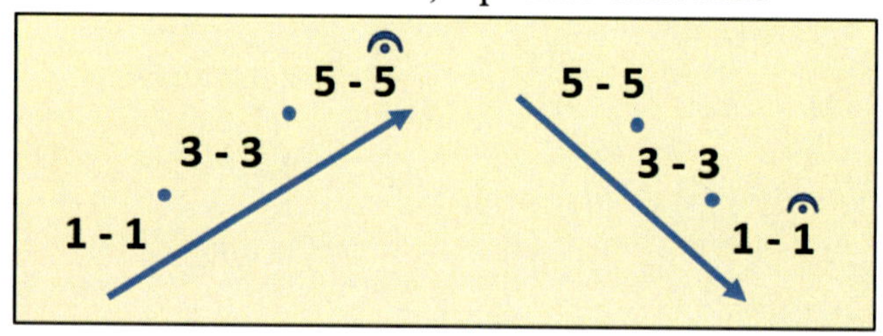

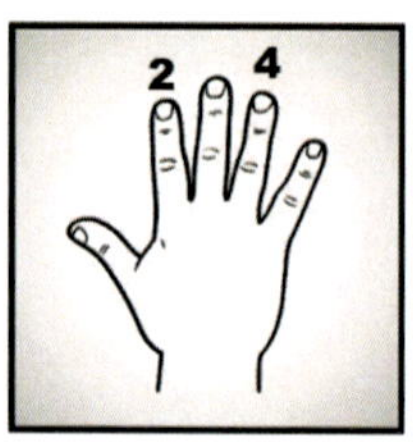

Subindo e descendo
(movimento sonoro ascendente
e descendente

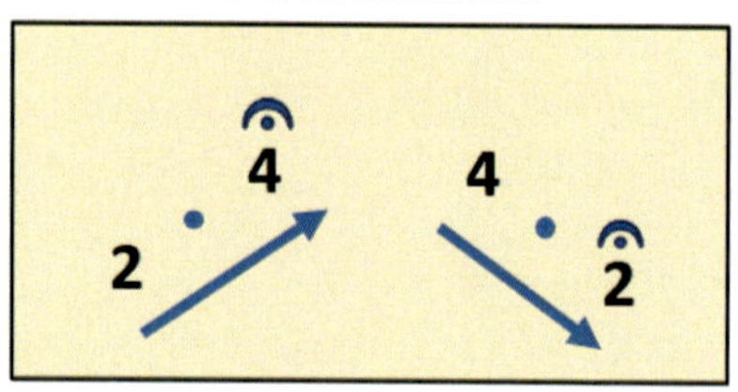

Subindo e descendo, repetindo cada dedo

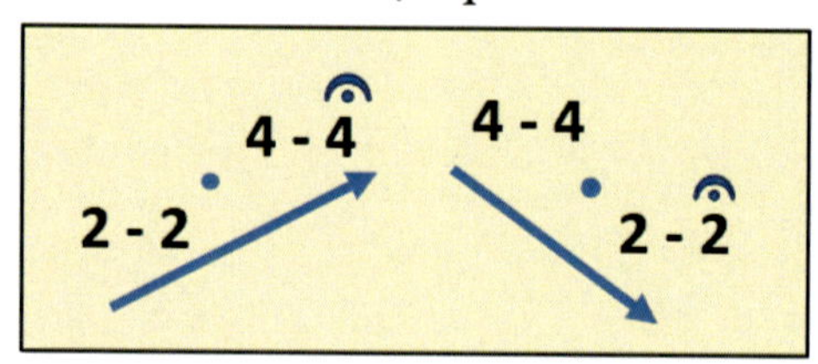

3.2 Canções com intervalos de segundas e terças: mão direita

Cante e toque esta canção no piano, na posição indicada no teclado, usando os cinco dedos da mão direita. Observe as fermatas e as respirações e realize as dinâmicas como quiser. Depois, você pode tocar a canção em outras posições no piano, à sua escolha.

PULANDO AMARELINHA NO PIANO

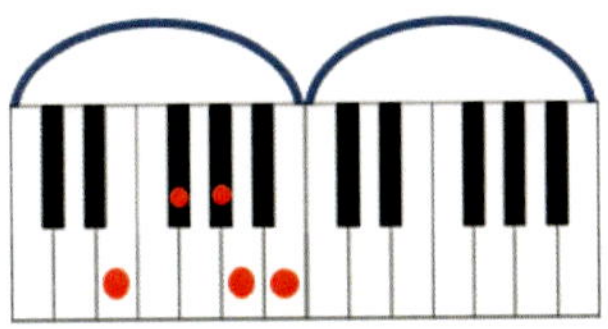

	1	3	5	3	5	3	1	1 ’	5	3	1	1 ’	1	3	5	5 𝄐
1ª -	Vou	pu-	lar	a-	ma-	re	li-	nha.	Pa-	ra	bai-	xo,	pa-	ra	ci-	ma.
2ª -	Um	pu-	li-	nho	bem	li-	gei-ro.		Pa-	ra	bai-	xo,	pa-	ra	ci-	ma.

Vamos cantar e tocar mais uma canção?

DIA DE ALEGRIA

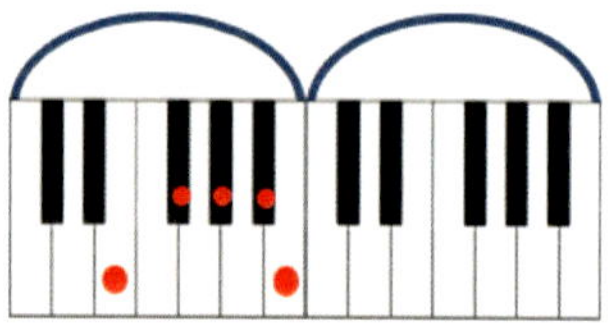

5	3	4	2	3	5	5	3	4	2	1	1
1ª - Já	nas-	ceu	o	di-	a,	di-	a	de a	le	gri-	a.
2ª - Num	di-	a	tão	lin-	do,	vou	vi-	ver	sor-	rin-do.	

3.3 Leituras com intervalos de segundas e terças: mão direita

Com os cinco dedos da mão direita, toque no piano cada uma das sequências a seguir, nas notas e registros que escolher, sem olhar para as mãos e sem parar. Observe os silêncios, as dinâmicas, as fermatas, as respirações e o pedal.

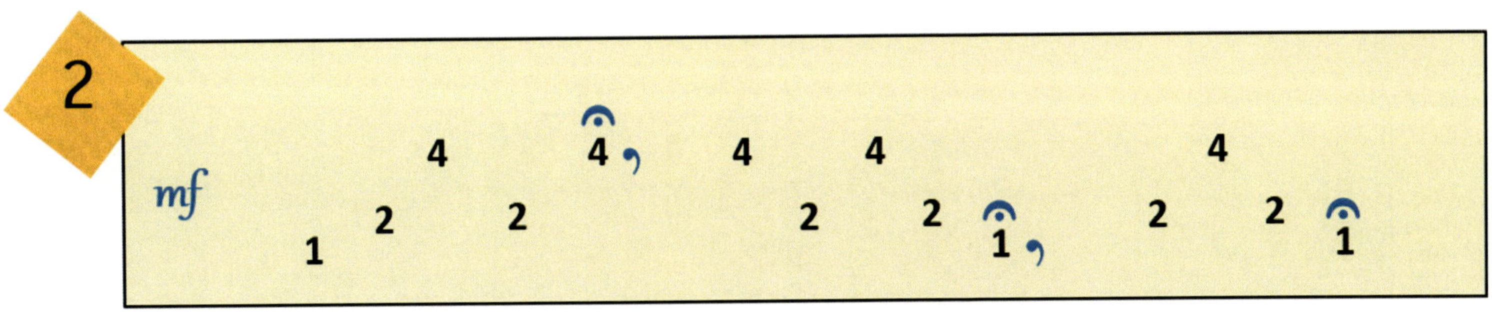

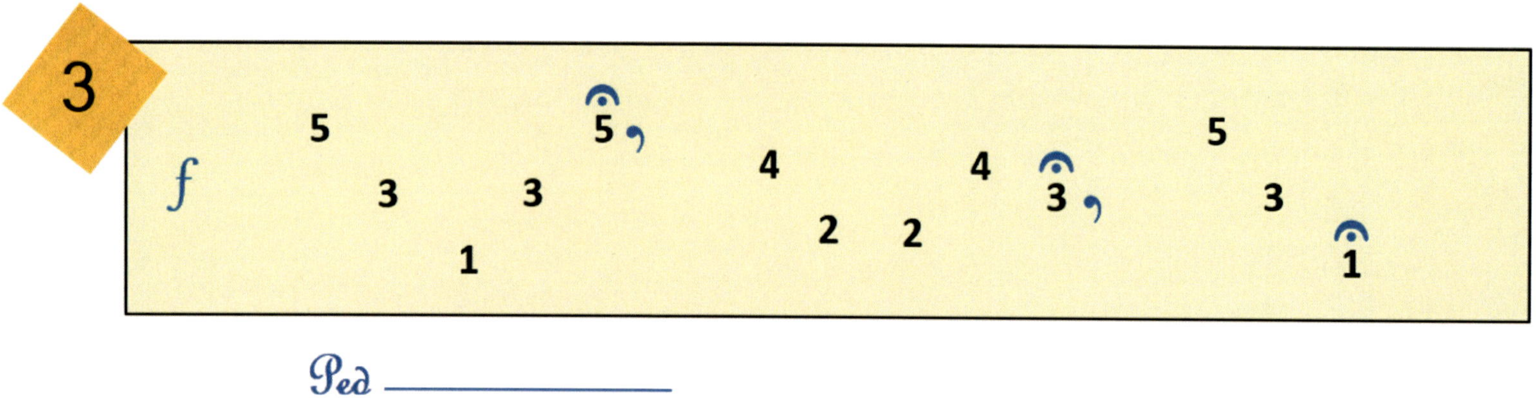
3
f
5 3 1 3 5 4 2 2 4 3 5 3 1
Ped

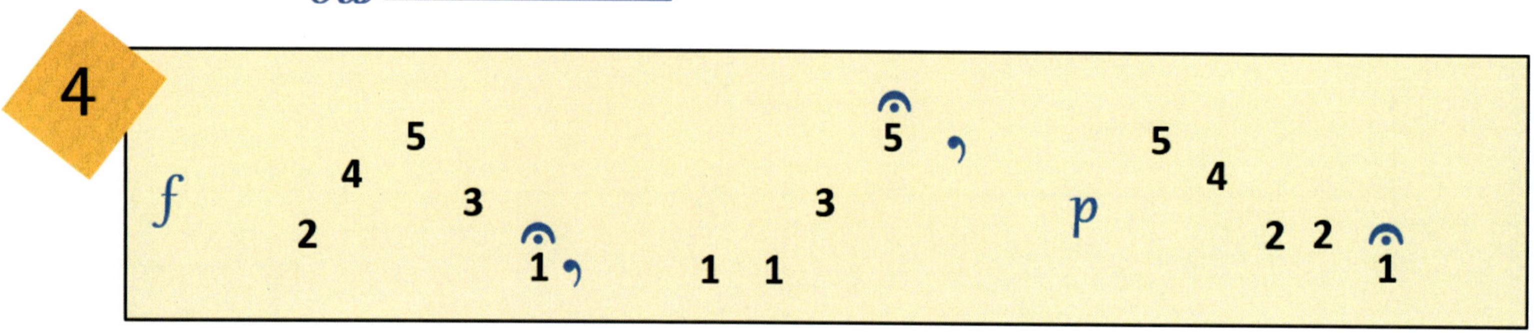
4
f
2 4 5 3 1 1 1 3 5
p
5 4 2 2 1

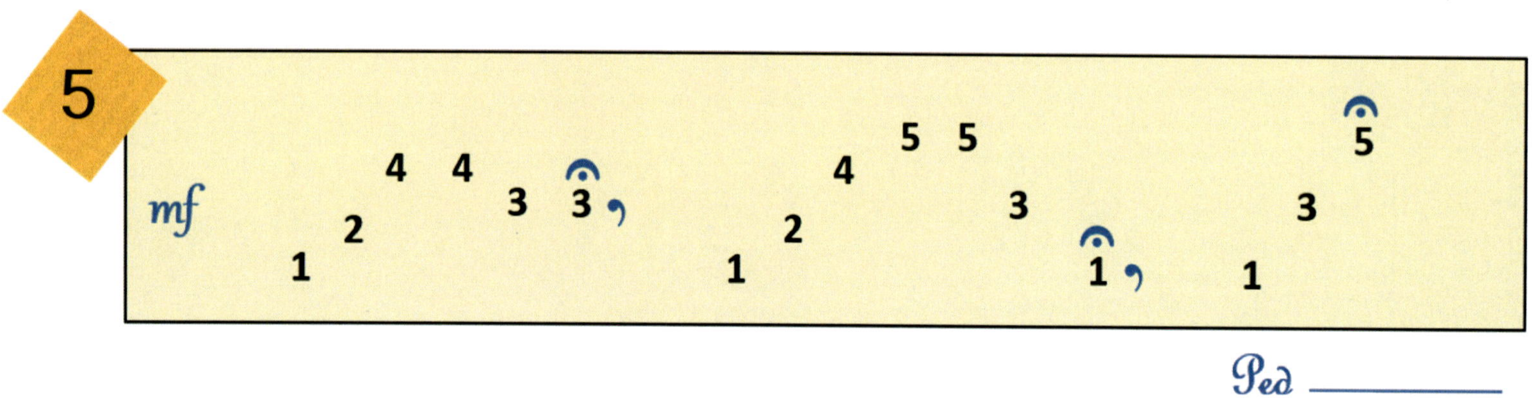
5
mf
1 2 4 4 3 3 1 2 4 5 5 3 1 1 3 5
Ped

3.4 Intervalos de terças: mão esquerda

Para tocarmos intervalos de terças com a mão esquerda, vamos seguir a sequência dos dedos pulando alguns: 5 – 3 – 1 e 4 – 2 em movimento sonoro ascendente ou 1 – 3 – 5 e 2 – 4 em movimento sonoro descendente. Toque no piano cada uma das sequências a seguir, usando os cinco dedos da mão esquerda, nos registros e notas que escolher. Observe a fermata no final de cada sequência.

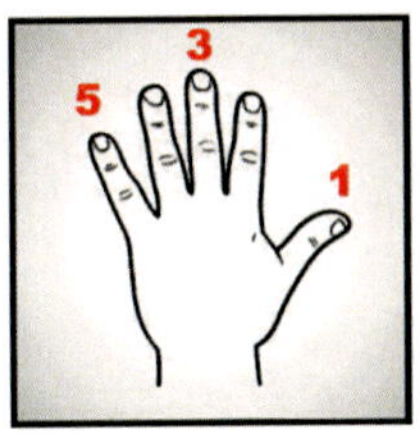

Subindo e descendo
(movimento sonoro ascendente e descendente)

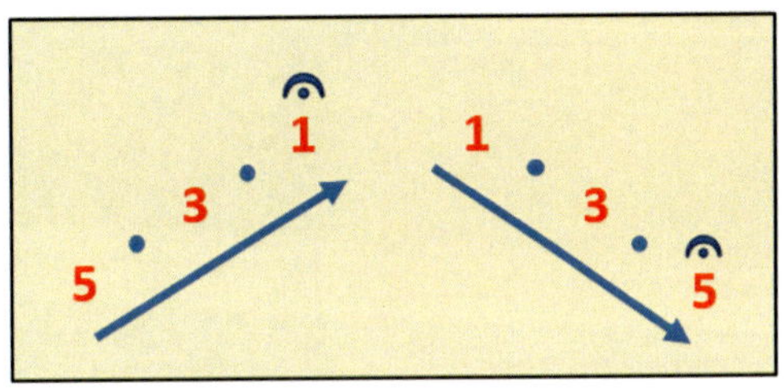

Subindo e descendo, repetindo cada dedo
(movimento sonoro ascendente e descendente)

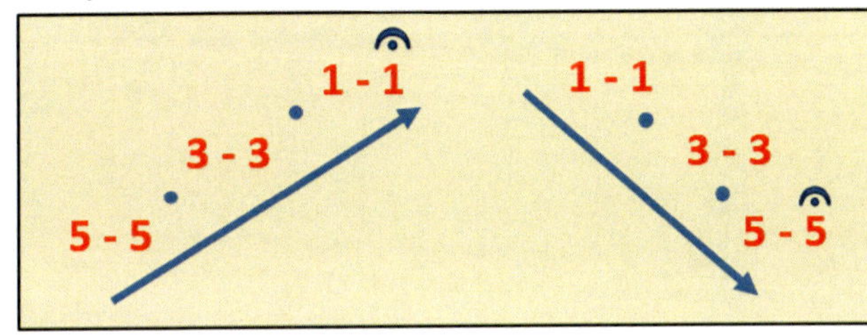

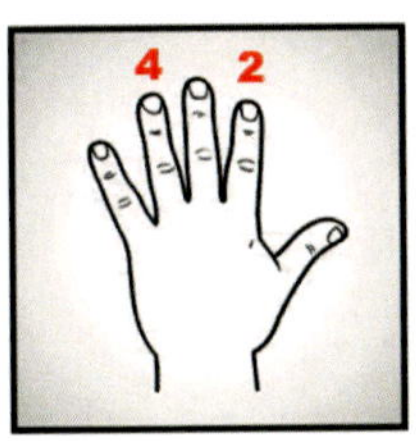

Subindo e descendo

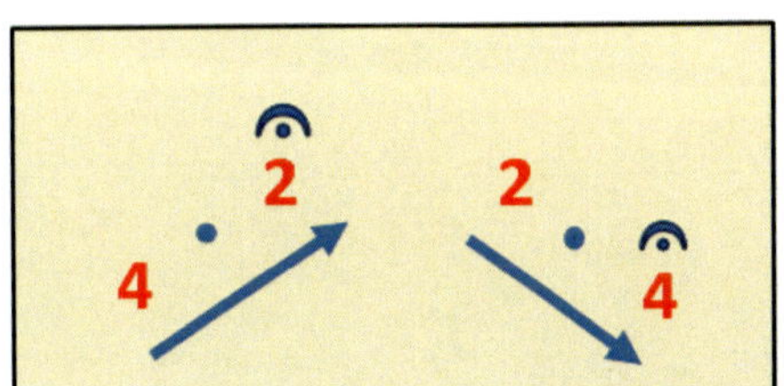

Subindo e descendo, repetindo cada dedo

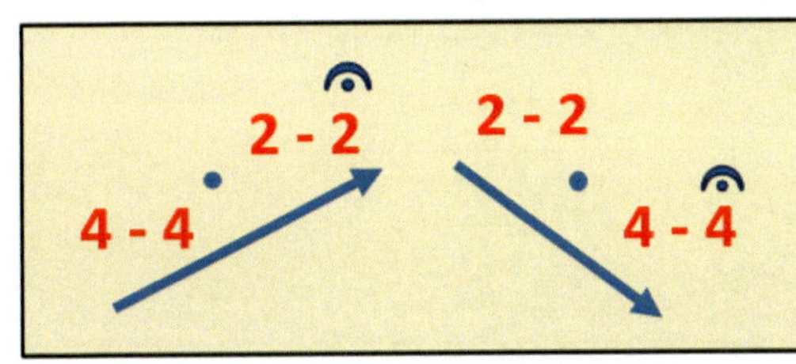

3.5 Canções com intervalos de segundas e terças: mão esquerda

Cante e toque esta canção no piano, na posição indicada no teclado, usando os cinco dedos da mão esquerda. Observe as fermatas e as respirações e realize as dinâmicas como quiser. Depois, você pode tocar a canção em outras posições no piano, à sua escolha.

CONCHINHA DO MAR

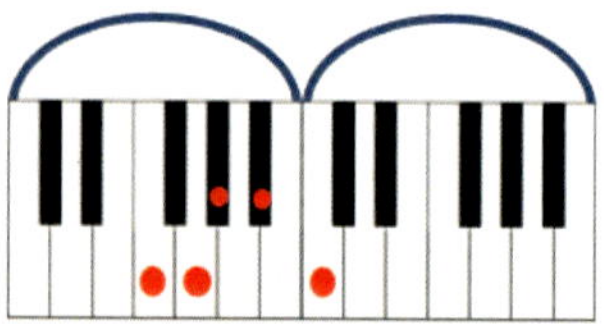

5 4 3 1 2 3 4 1 3 5 3 1 1 1 3 5

1ª - U- ma con-chi-nha do mar, foi pa- rar na prai- a. Ao lu- ar.

2ª -Tão so- zi- nha e-la es- tá, na a- rei- a fri- a. Ao lu- ar.

Vamos cantar e tocar mais uma canção?

BELO CISNE

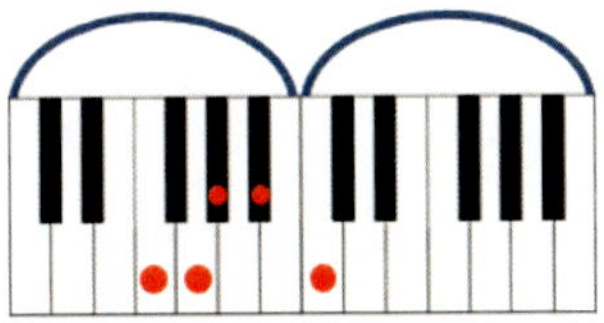

1	2	4	2	1	3	5 (fermata) ’	1	2	4	2	3 (fermata)	5 (fermata)
1ª - Be-	lo	cis-	ne	vem	na-	dar.	No	la-	go	dou-	ra-	do.
2ª - Nes-	te	di-	a	tão	fe-	liz.	Tão	a-	ben-	ço-	a-	do.

3.6 Leituras com intervalos de segundas e terças: mão esquerda

Com os cinco dedos da mão esquerda, toque no piano cada uma das sequências a seguir, nas notas e registros que escolher, sem olhar para as mãos e sem parar. Observe os silêncios, as dinâmicas, as fermatas, as respirações e o pedal.

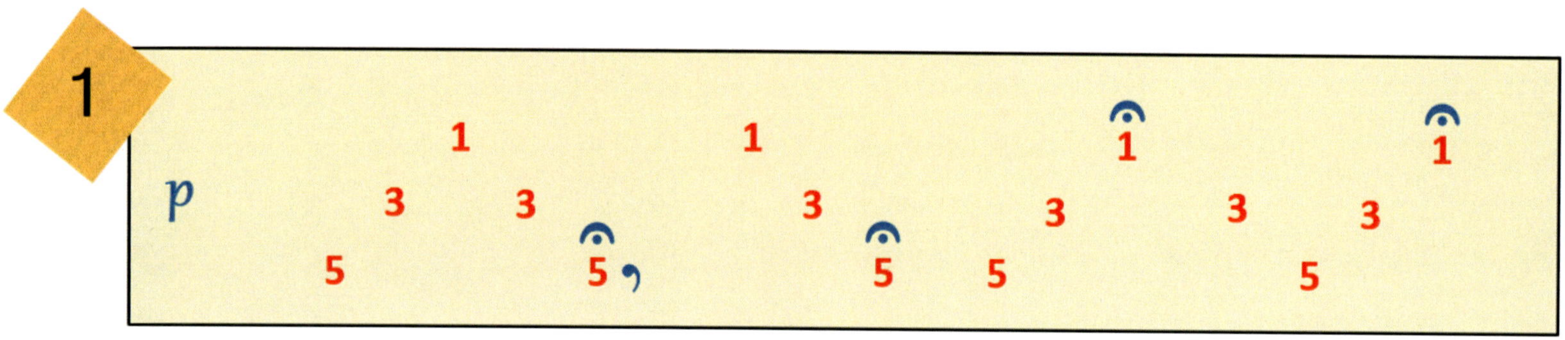

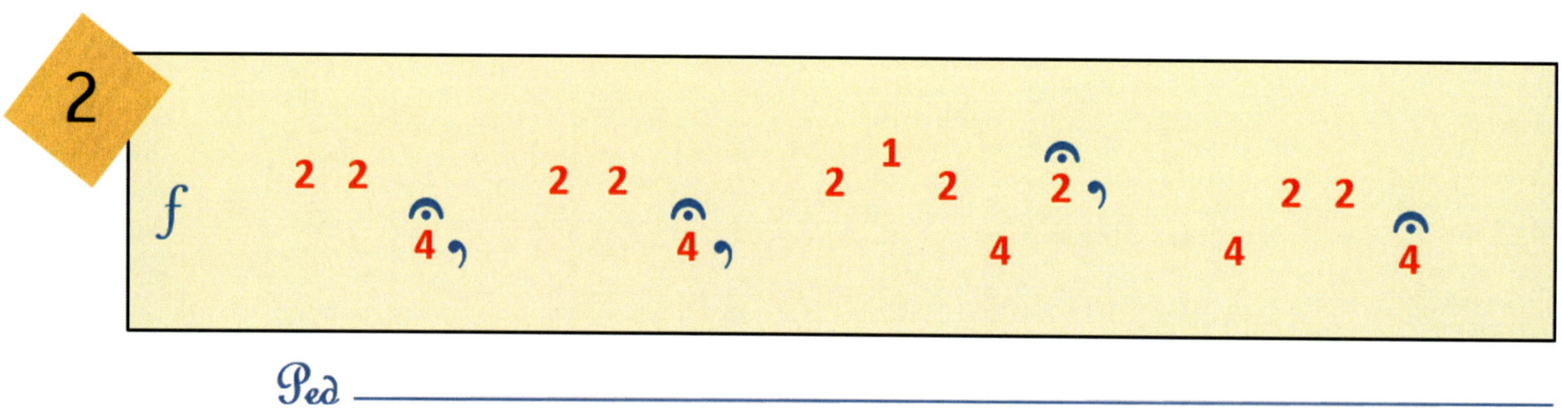

3

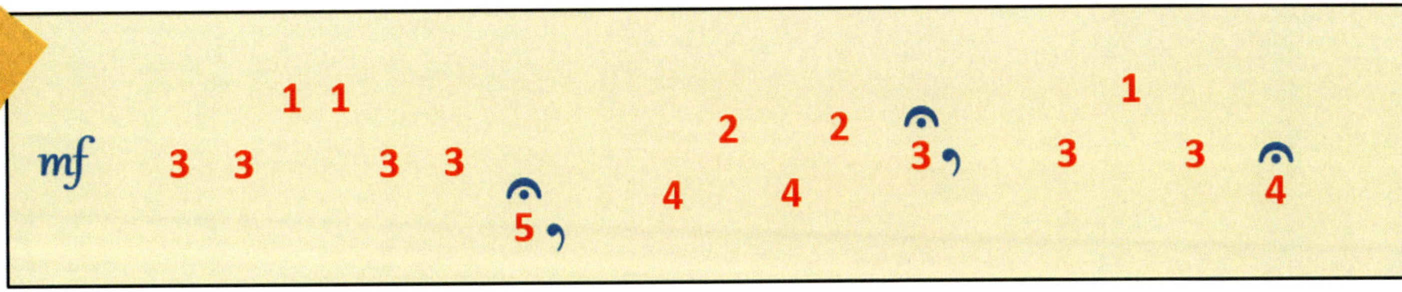
mf
3 3 1 1 3 3 5 4 2 4 2 3 3 1 3 4

4

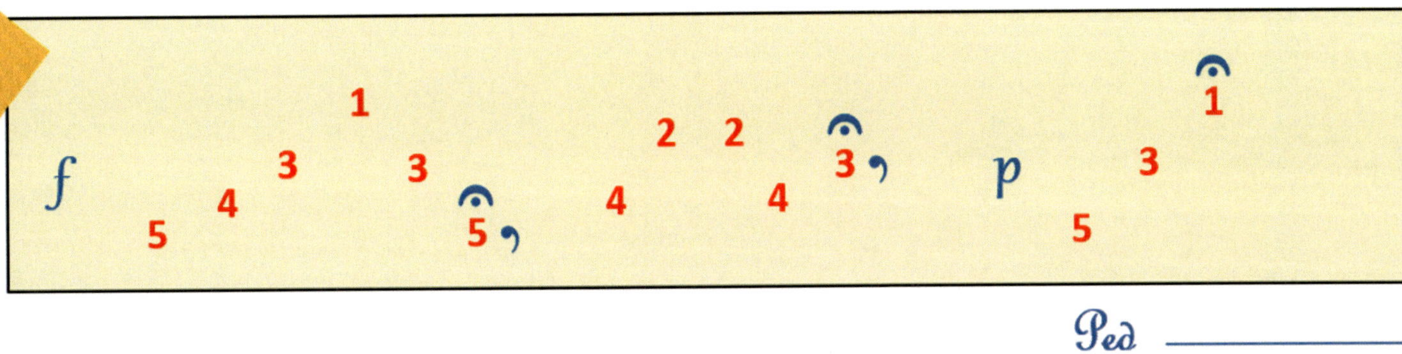
f
5 4 3 1 3 5 4 2 2 4 3
p
5 3 1
Ped

5

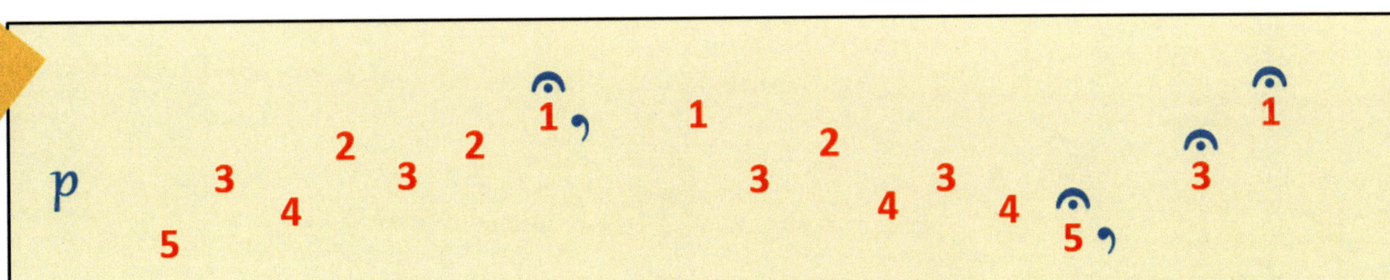
p
5 3 4 2 3 2 1 1 3 2 4 3 4 5 3 1

Série 4 - Intervalos de quartas

4.1 Intervalos de quartas: mão direita

O INTERVALO DE QUARTA é uma "distância bem maior" entre duas notas musicais diferentes. Para tocarmos intervalos de quartas com a mão direita, vamos seguir a sequência dos dedos pulando alguns: 1 – 4 e 2 – 5, em movimento sonoro ascendente ou 4 – 1 e 5 – 2 em movimento sonoro descendente. Toque no piano cada uma das sequências a seguir, usando os cinco dedos da mão direita, nos registros e notas que escolher. Observe a fermata no final de cada sequência.

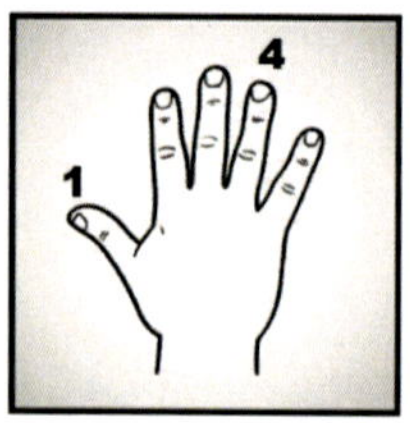

Subindo e descendo
(movimento sonoro ascendente
e descendente)

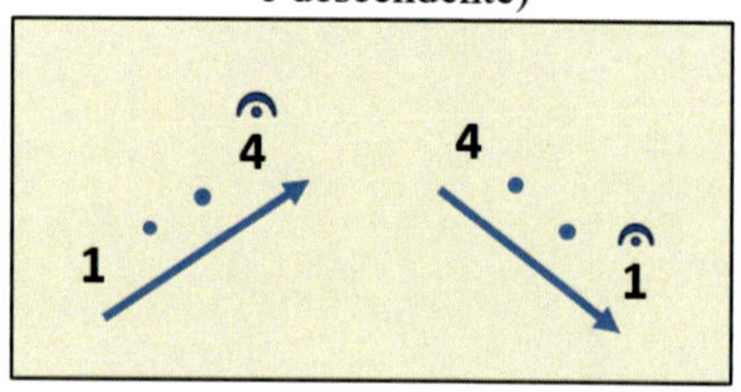

Subindo e descendo, repetindo cada dedo

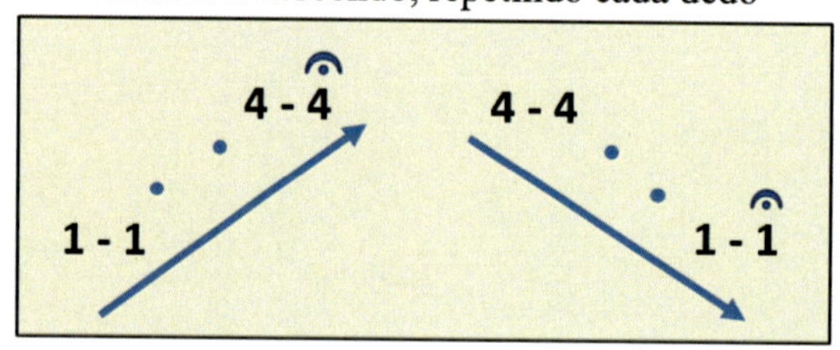

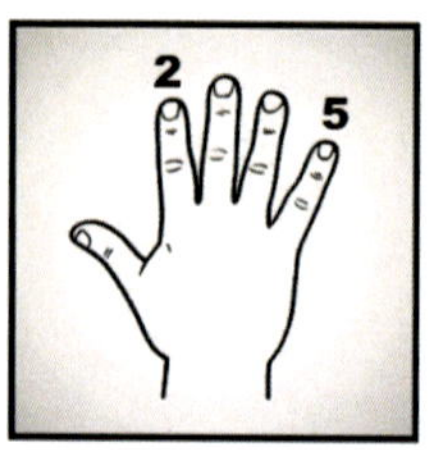

Subindo e descendo
(movimento sonoro ascendente
e descendente)

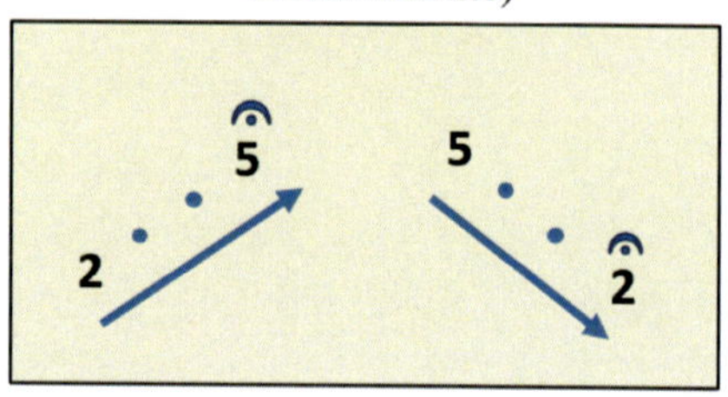

Subindo e descendo, repetindo cada dedo

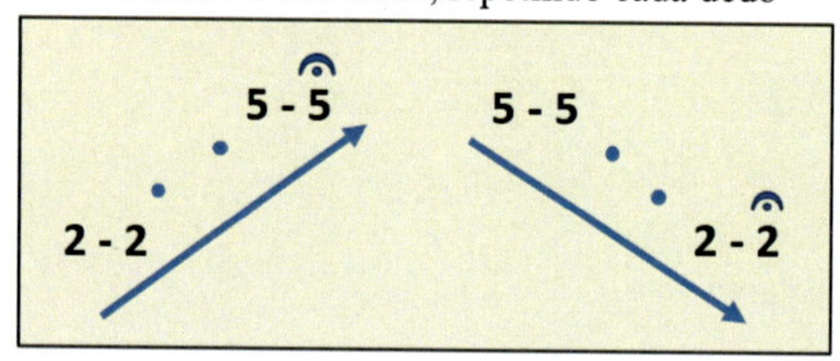

4.2 Canções com intervalos de segundas e quartas: mão direita

Cante e toque esta canção no piano, na posição indicada no teclado, usando os cinco dedos da mão direita. Observe as fermatas e as respirações e realize as dinâmicas como quiser. Depois, você pode tocar a canção em outras posições no piano, à sua escolha.

O SAPO E O JACARÉ

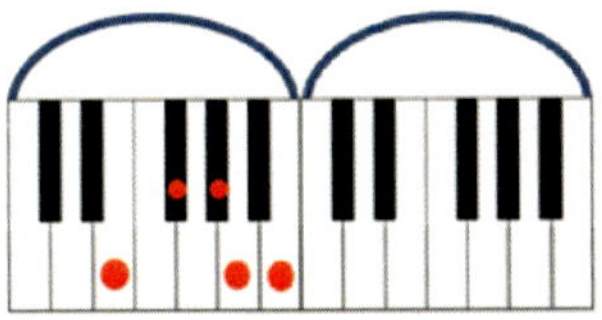

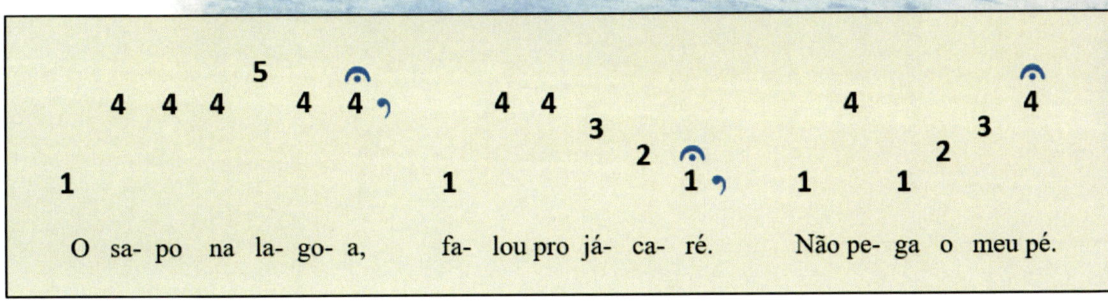

Vamos cantar e tocar mais uma canção?

DEDINHOS TOCANDO

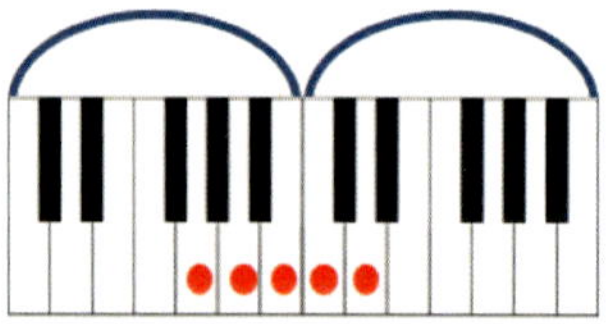

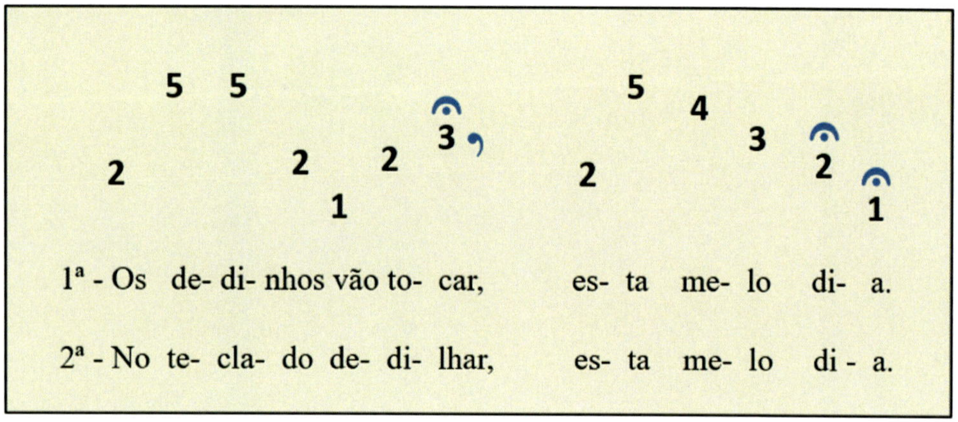

4.3 Leituras com intervalos de segundas e quartas: mão direita

Com os cinco dedos da mão direita, toque no piano cada uma das sequências a seguir, nas notas e registros que escolher, sem olhar para as mãos e sem parar. Observe os silêncios, as dinâmicas, as fermatas, as respirações e o pedal.

1

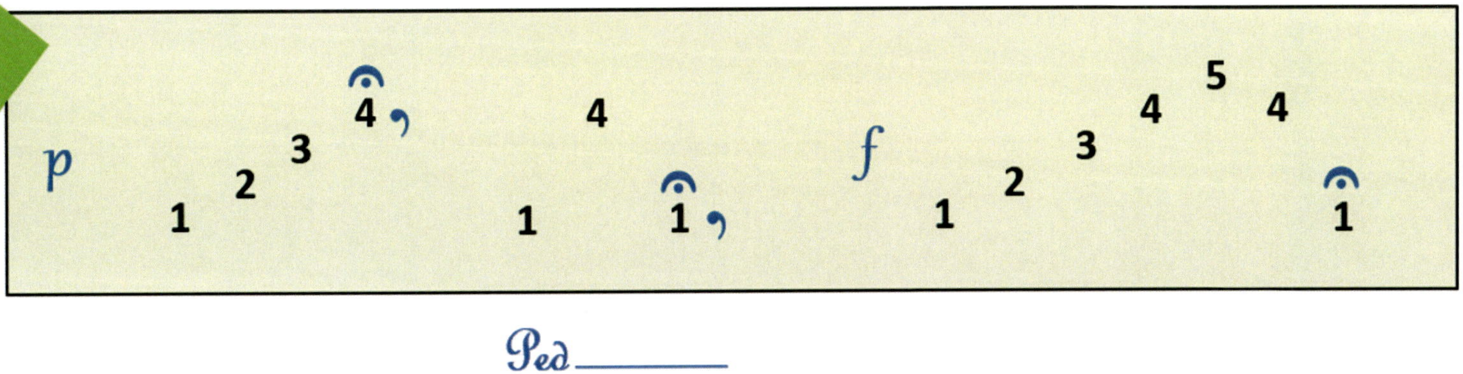

2

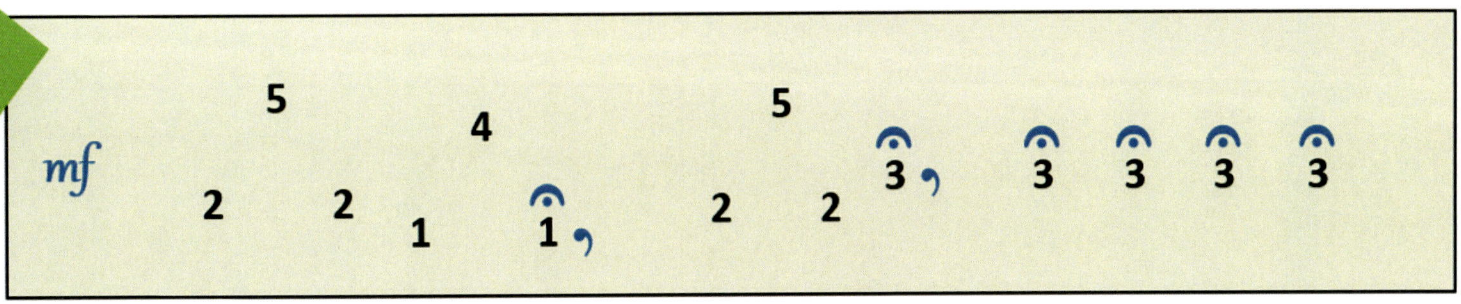

3

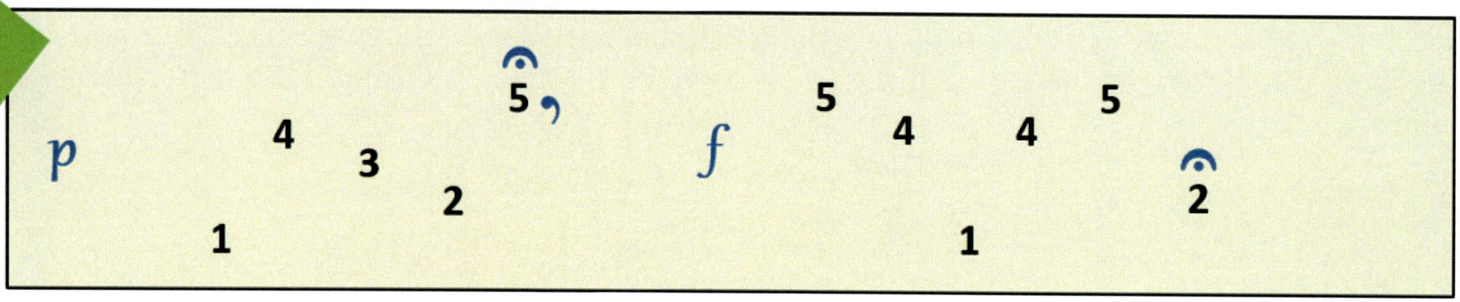

4

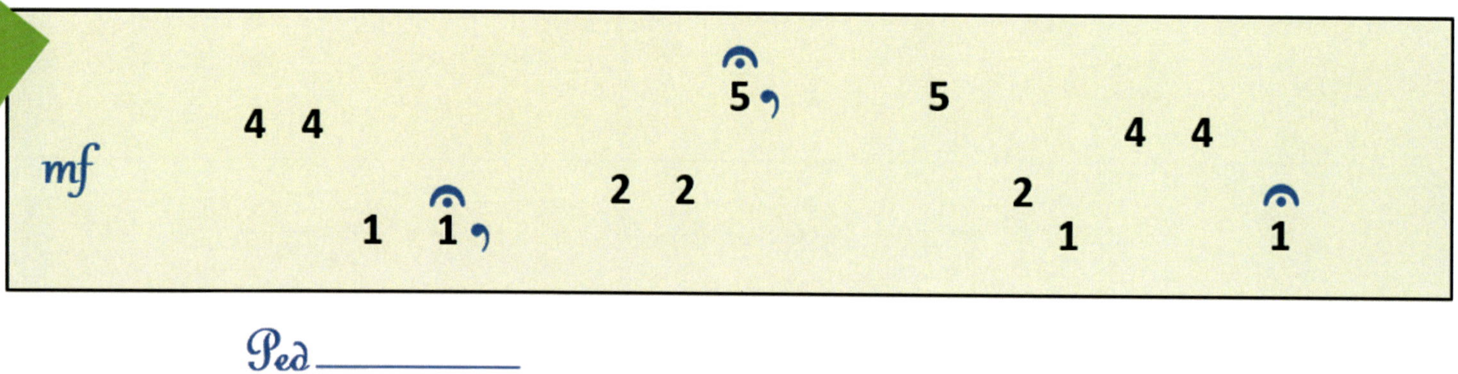

5

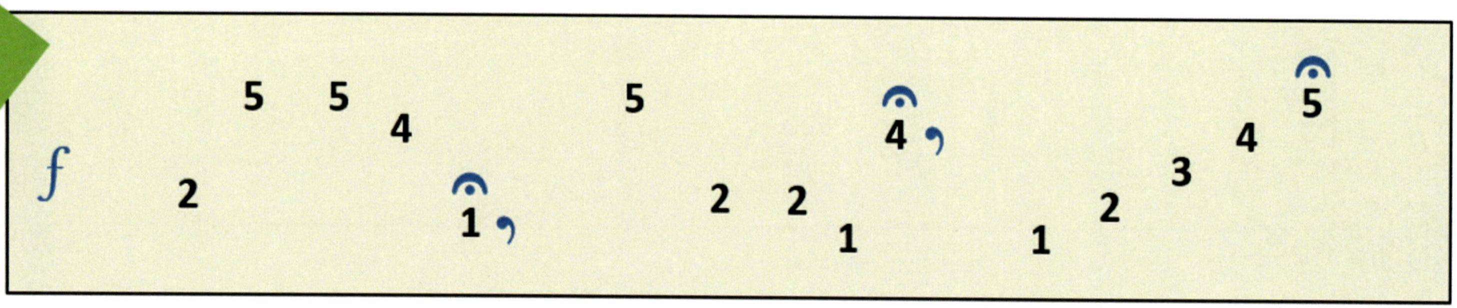

4.4 Intervalos de quartas: mão esquerda

Para tocarmos intervalos de quartas com a mão esquerda, vamos seguir a sequência dos dedos pulando alguns: 4 – 1 e 5 – 2 em movimento sonoro ascendente ou 2 – 5 e 1 – 4 em movimento sonoro descendente. Toque no piano cada uma das sequências a seguir, usando os cinco dedos da mão esquerda, nos registros e notas que escolher. Observe a fermata no final de cada sequência.

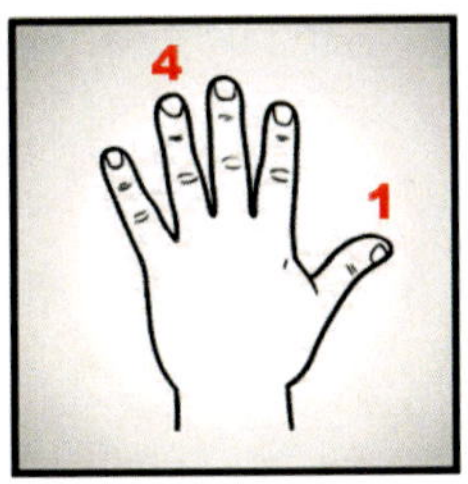

Subindo e descendo (movimento sonoro ascendente e descendente)

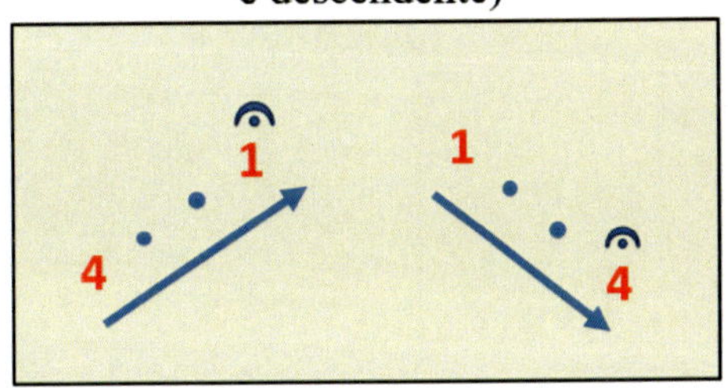

Subindo e descendo, repetindo cada dedo

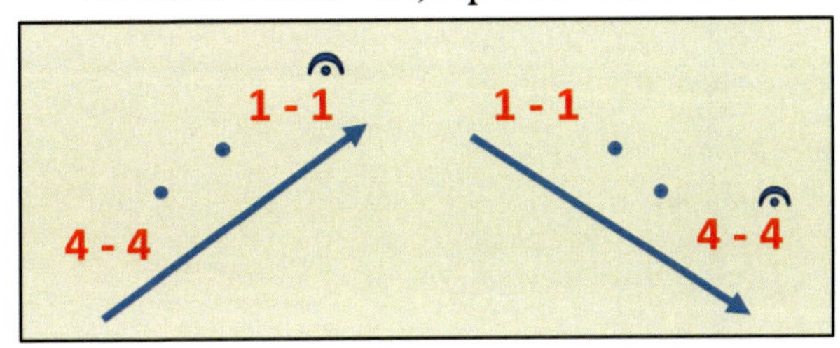

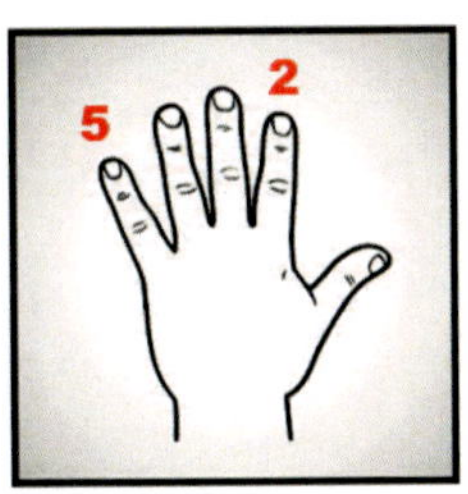

Subindo e descendo (movimento sonoro ascendente e descendente)

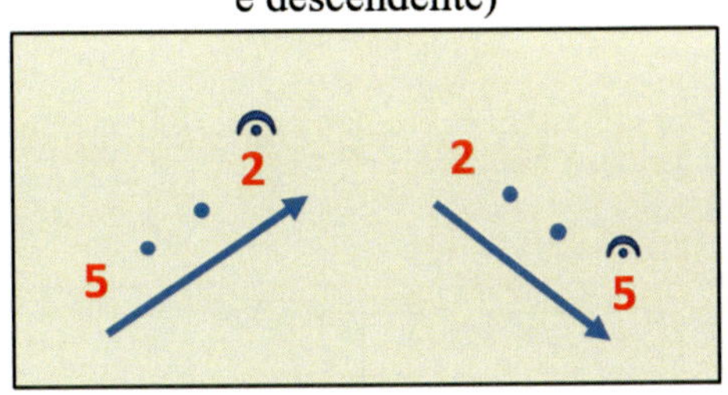

Subindo e descendo, repetindo cada dedo

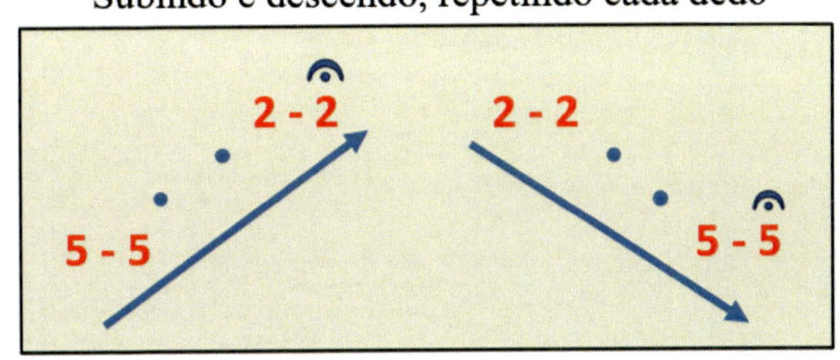

4.5 Canções com intervalos de segundas e quartas: mão esquerda

Cante e toque esta canção no piano, na posição indicada no teclado, usando os cinco dedos da mão esquerda. Observe as fermatas e as respirações e realize as dinâmicas como quiser. Depois, você pode tocar a canção em outras posições no piano, à sua escolha.

SONHO DE AMOR

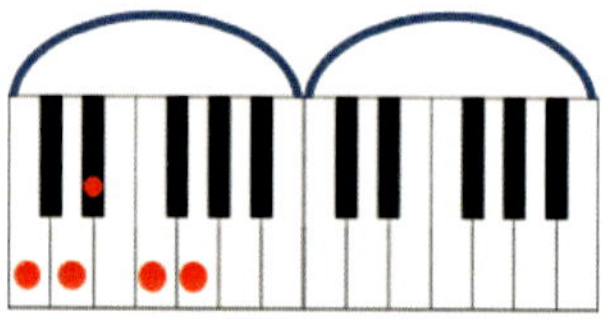

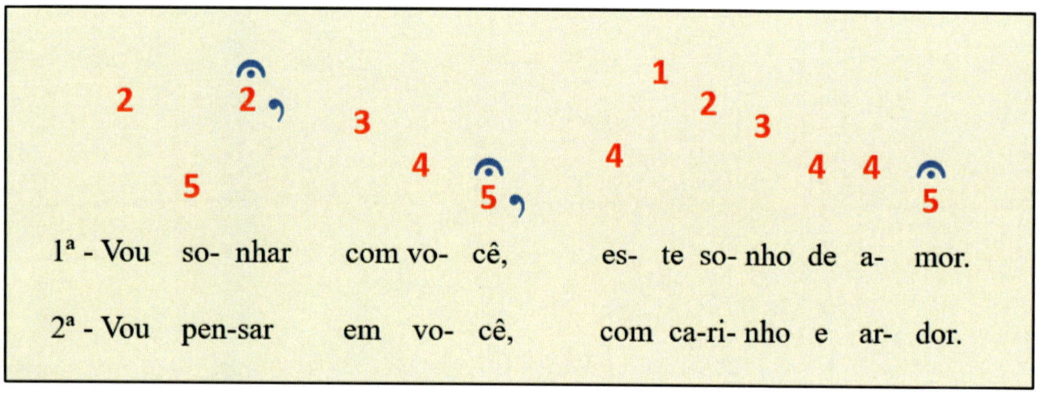

Vamos cantar e tocar mais uma canção?

PASSARINHO ME CONTOU

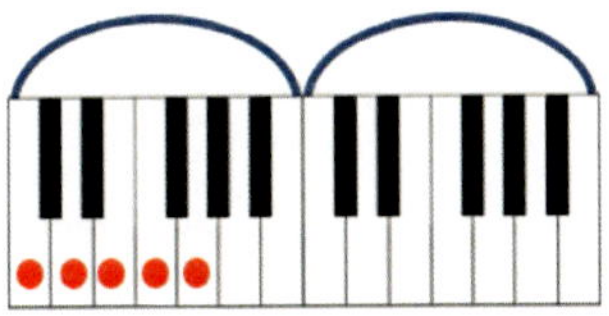

5 2 1 2 3 4 5 5 2 1 2 3 4 5

Pas- sa-ri- nho me con- tou, u- ma his-tó-ria tris- te as-sim.

1 1 1 2 2 2 3 2 1 2 3 4 5

Quis vo- ar lá no céu, mas a chu-va vei-o en- fim.

4.6 Leituras com intervalos de segundas e quartas: mão esquerda

Com os cinco dedos da mão esquerda, toque no piano cada uma das sequências a seguir, nas notas e registros que escolher, sem olhar para as mãos e sem parar. Observe os silêncios, as dinâmicas, as fermatas, as respirações e o pedal.

1

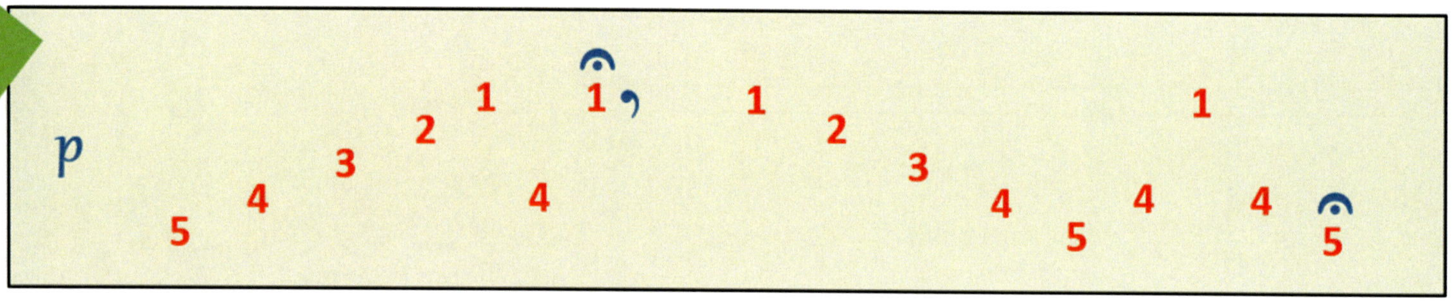

2

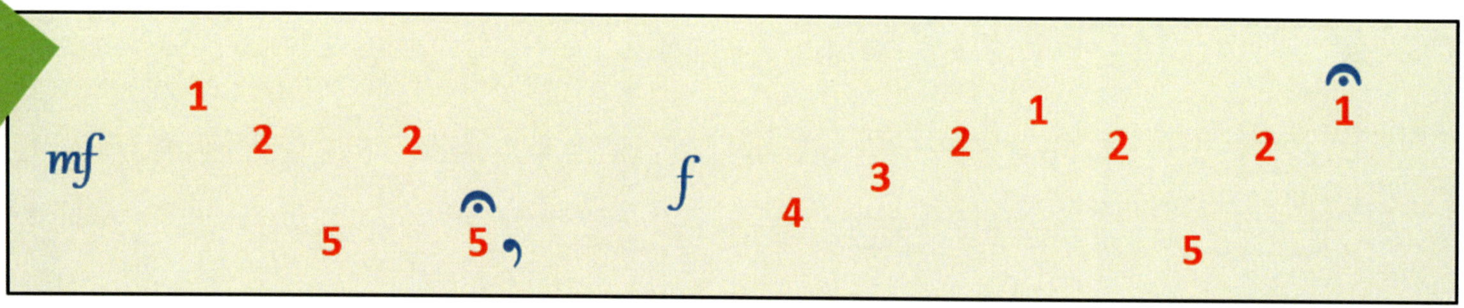

3

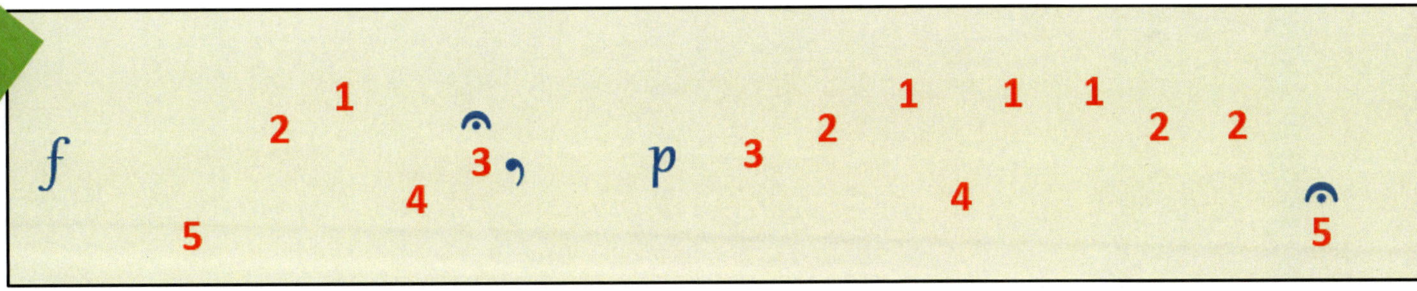
f
5 2 1 4 3
p
3 2 1 4 1 1 2 2 5

4

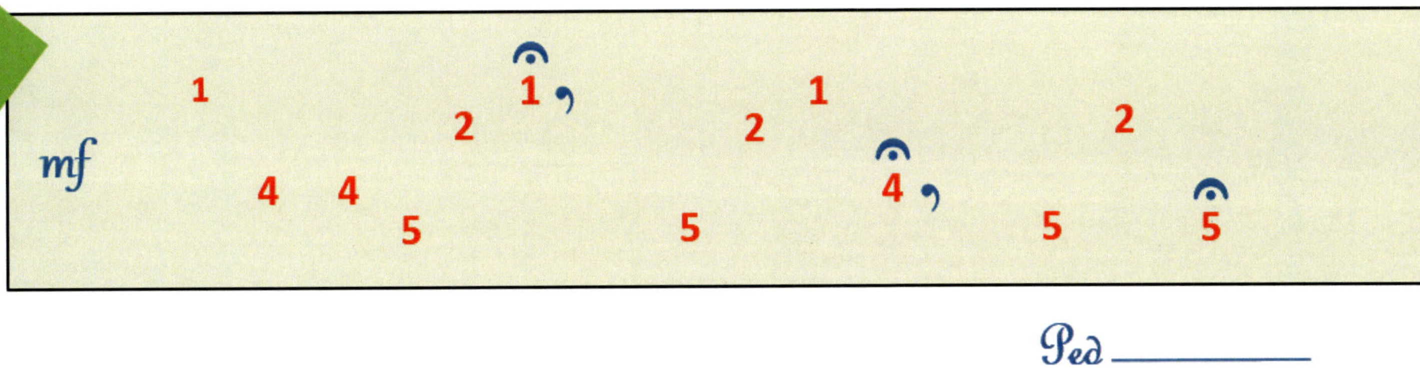
mf
1 4 4 5 2 1
2 5 2 1 4 5 2 5
Ped

5

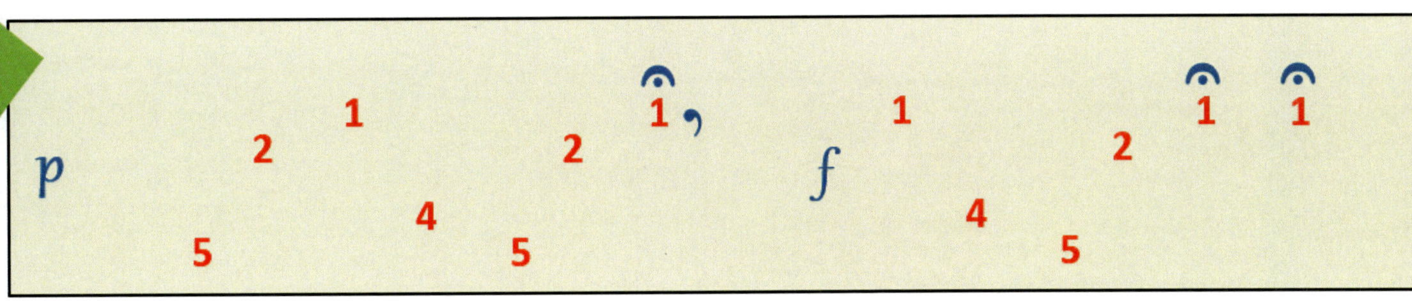
p
5 2 1 4 5 2 1
f
1 4 5 2 1 1

Série 5 - Intervalos de quintas

5.1 Intervalos de quintas: mãos direita e esquerda

O INTERVALO DE QUINTA é uma “distância muito maior” entre duas notas musicais diferentes. Para tocarmos intervalos de quintas com a mão direita, vamos seguir a sequência dos dedos pulando alguns: 1 – 5 em movimento sonoro ascendente ou 5 – 1 em movimento sonoro descendente. Para tocarmos intervalos de quintas com a mão esquerda, vamos seguir a sequência dos dedos pulando alguns: 5 – 1 em movimento sonoro ascendente ou 1 – 5 em movimento sonoro descendente. Toque no piano cada uma das sequências a seguir, usando os cinco dedos das mãos direita e esquerda, nos registros e notas que escolher. Observe a fermata no final de cada sequência.

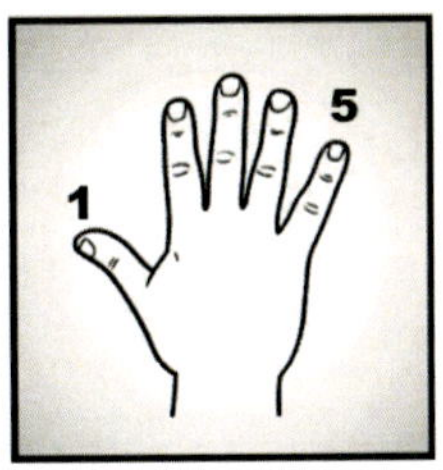

Subindo e descendo
(movimento sonoro ascendente e descendente)

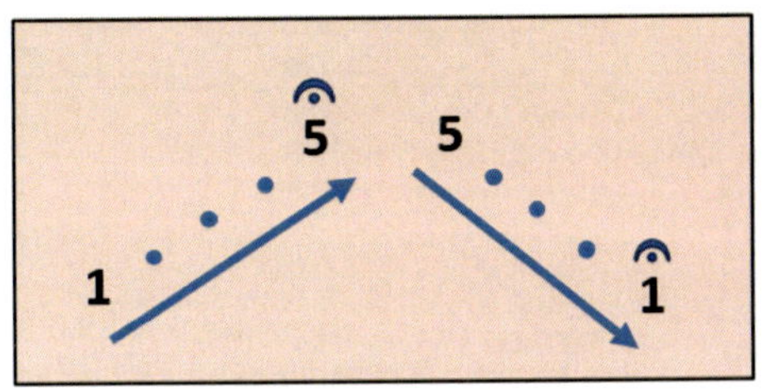

Subindo e descendo, repetindo cada dedo

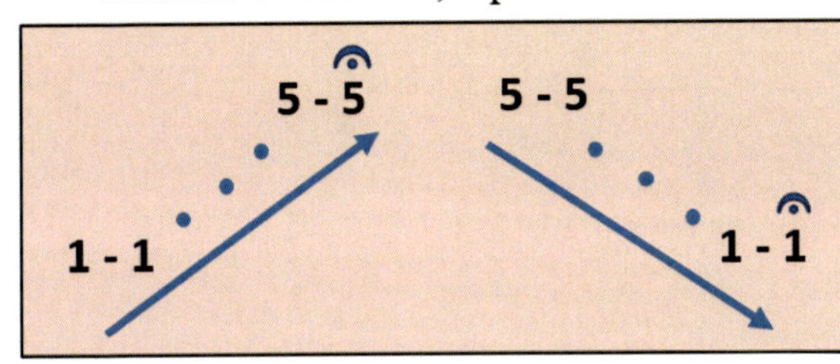

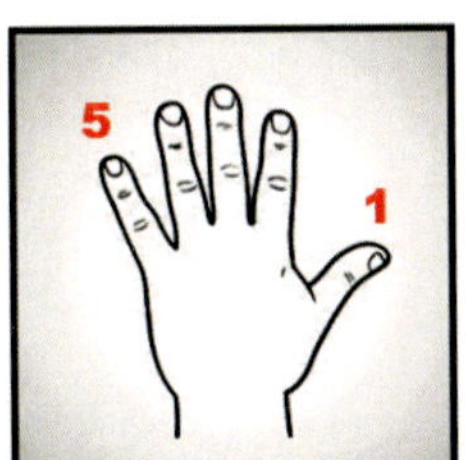

Subindo e descendo
(movimento sonoro ascendente e descendente)

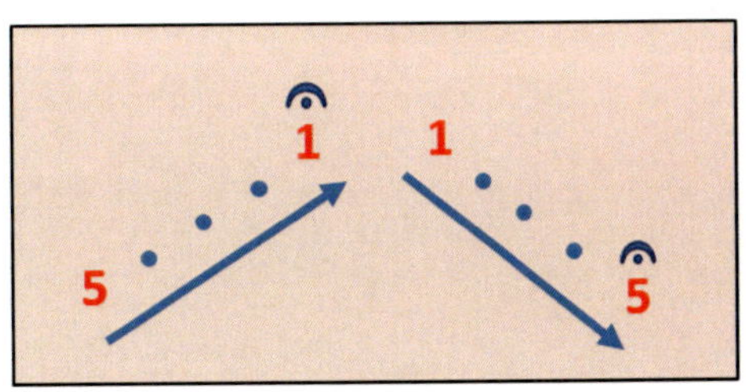

Subindo e descendo, repetindo cada dedo

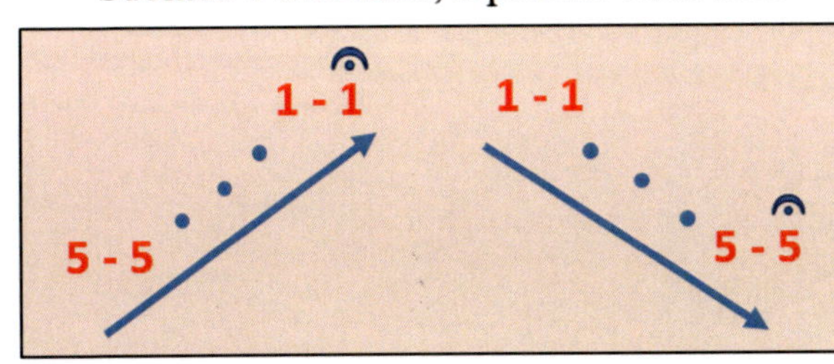

5.2 Canções com intervalos de segundas e quintas: mão direita

VENTO FRIO

Cante e toque esta canção no piano, na posição indicada no teclado, usando os cinco dedos da mão direita. Observe as fermatas e as respirações e realize as dinâmicas como quiser. Depois, você pode tocar a canção em outras posições no piano, à sua escolha.

VENTO FRIO

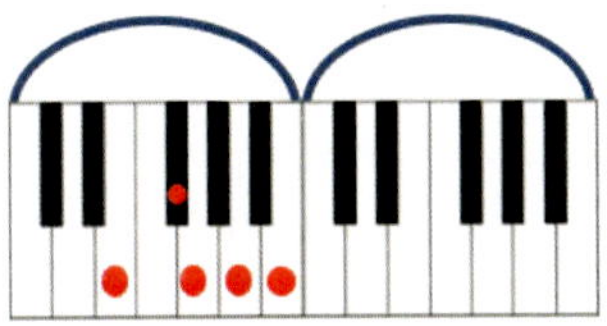

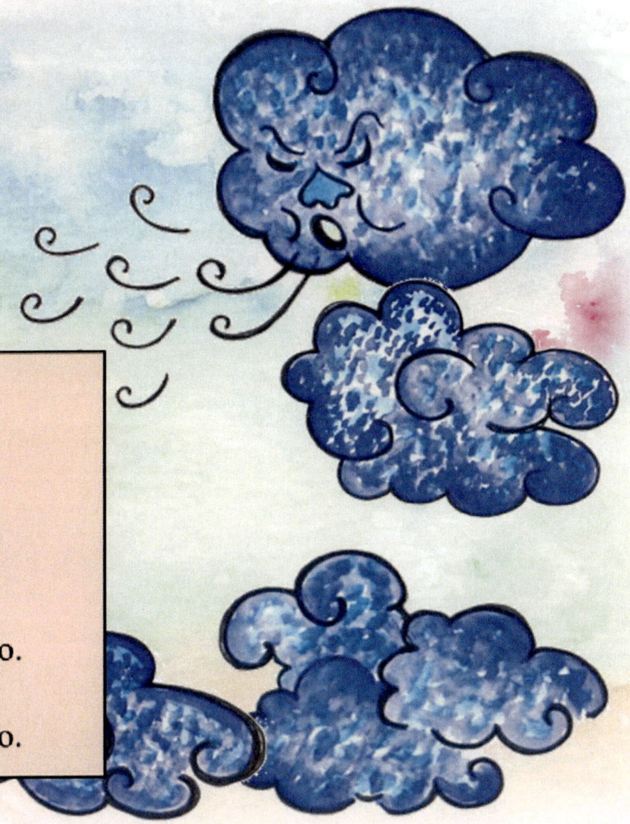

	1	5	5	5	4	3 𝄐	2 ❜	3	4	5	1	2 2	1 𝄐
1ª -	So-	pra‿o	ven-	to	fri-‿o	as-	sim.	Faz	do-	er	meu	co-ra-	ção.
2ª -	Vem	a-	mor		me	a-	que- cer.	Com	es-	ta	lin-	da	can-ção.

Vamos cantar e tocar mais uma canção?

RELOGINHO

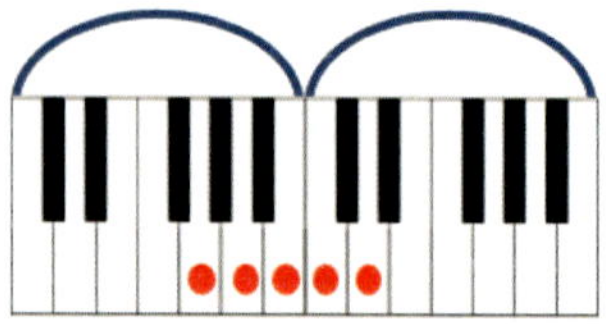

5		5	5			5		5,	5	5	5
	1			1	1		1				
Ba-	te	re-	lo	gi-	nho,	ba-	te‿as-	sim.	Blim,	blim,	blim.

5.3 Leituras com intervalos de segundas e quintas: mão direita

Com os cinco dedos da mão direita, toque no piano cada uma das sequências a seguir, nas notas e registros que escolher, sem olhar para as mãos e sem parar. Observe os silêncios, as dinâmicas, as fermatas, as respirações e o pedal.

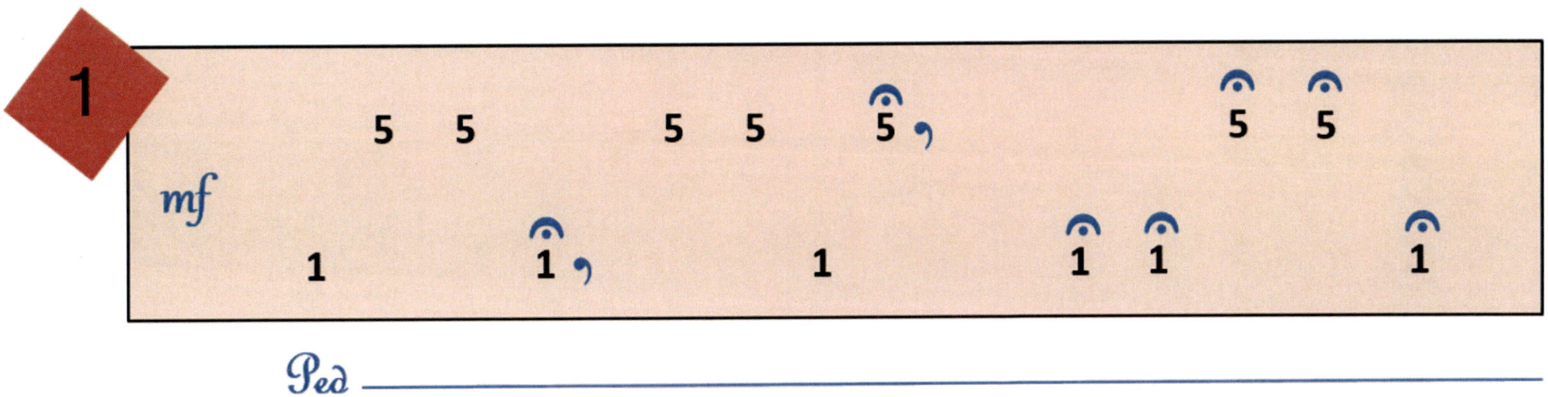

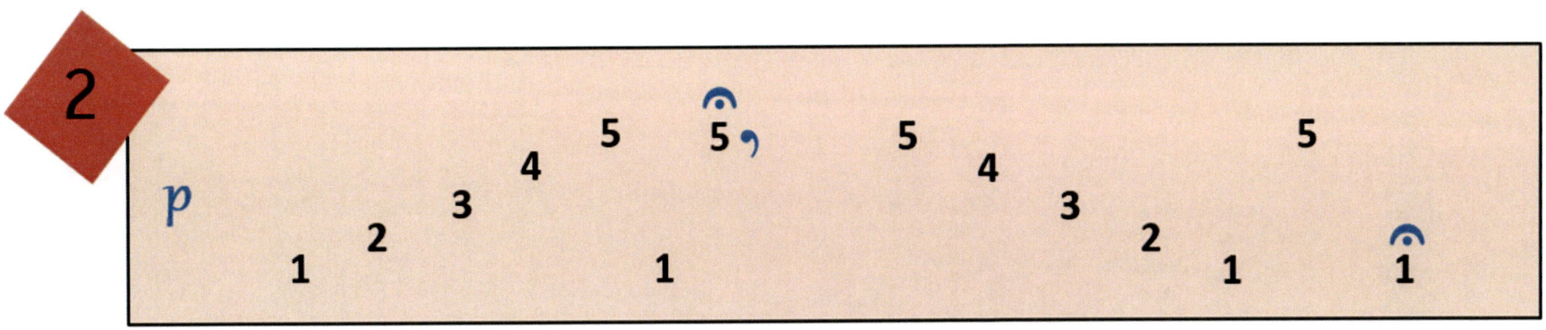

3

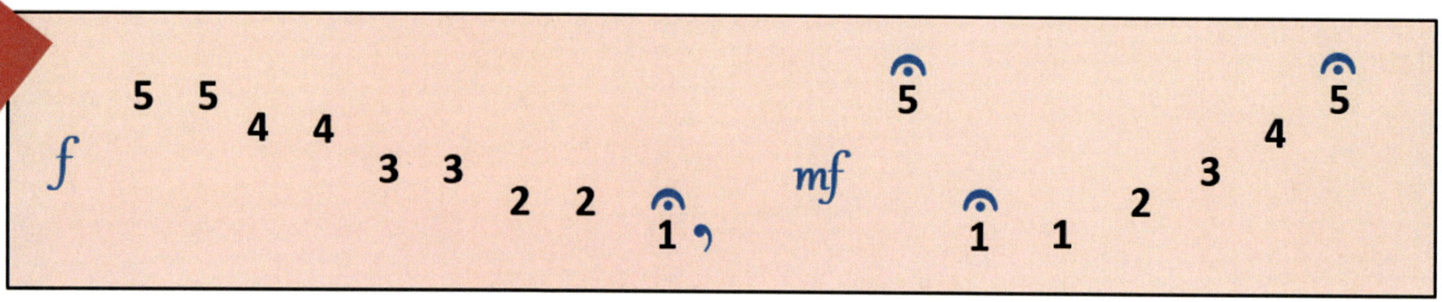
f
5 5 4 4 3 3 2 2 1
mf
5 1 1 2 3 4 5

4

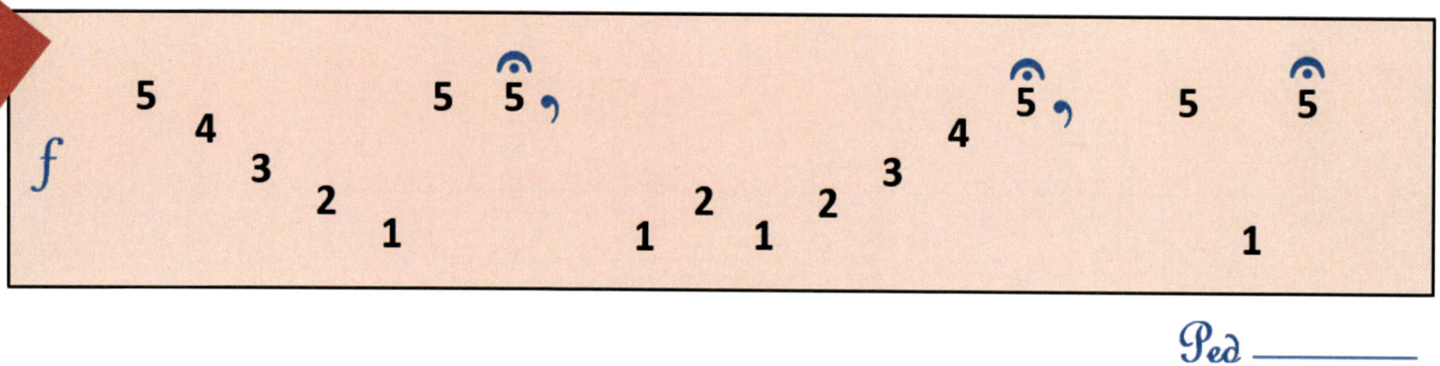
f
5 4 3 2 1 5 5 1 2 1 2 3 4 5 5 1 5
Ped

5

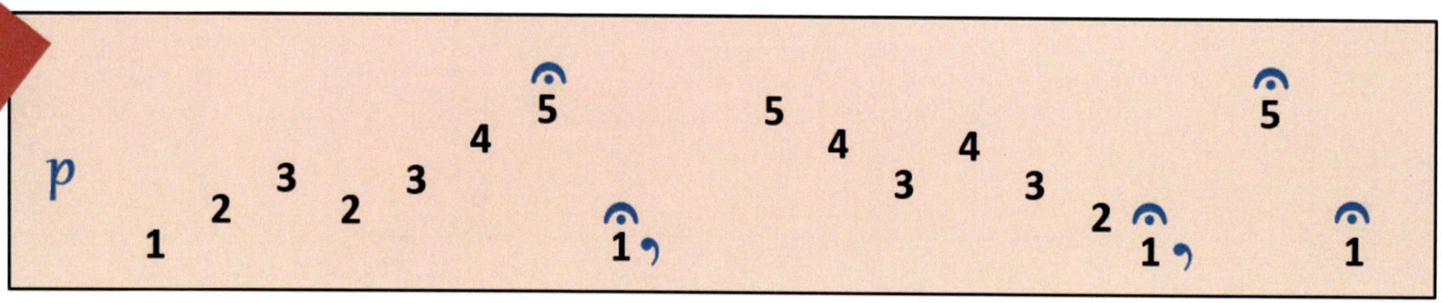
p
1 2 3 2 3 4 5 1 5 4 3 4 3 2 1 5 1

5.4 Canções com intervalos de segundas e quintas: mão esquerda

Cante e toque esta canção no piano, na posição indicada no teclado, usando os cinco dedos da mão esquerda. Observe as fermatas e as respirações e realize as dinâmicas como quiser. Depois, você pode tocar a canção em outras posições no piano, à sua escolha.

SINO DE NATAL

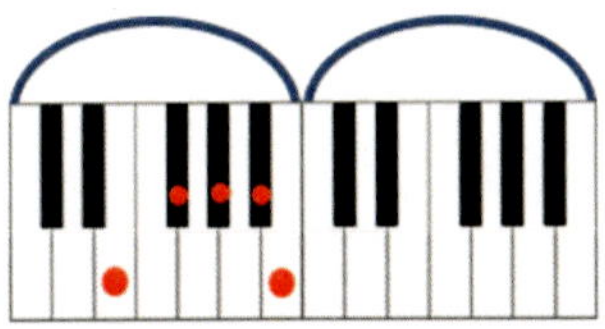

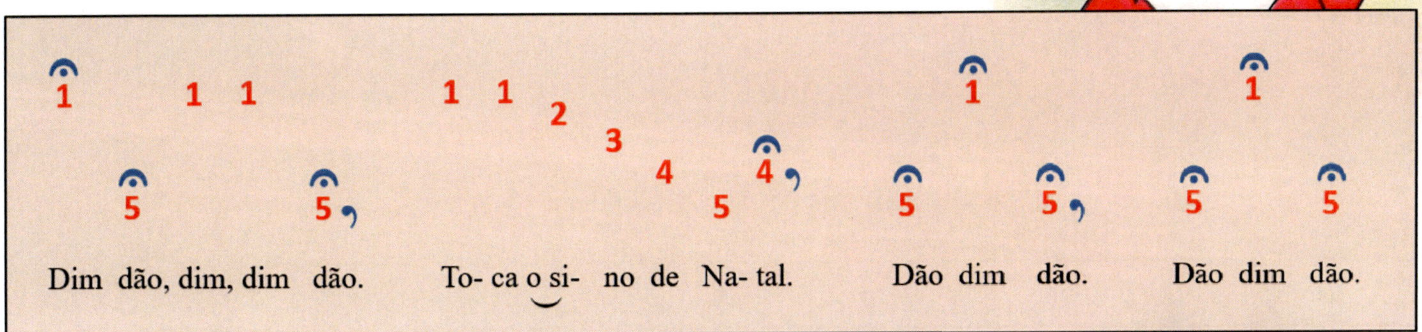

Vamos cantar e tocar mais uma canção?

CANÇÃO EM DÓ

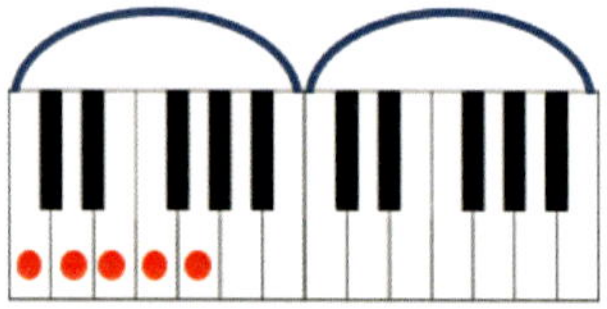

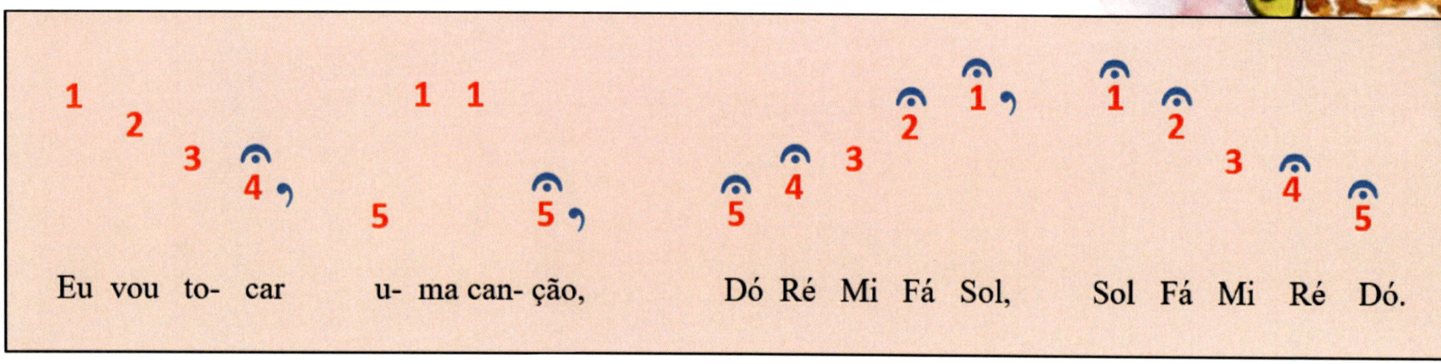

5.5 Leituras com intervalos de segundas e quintas: mão esquerda

Com os cinco dedos da mão esquerda, toque no piano cada uma das sequências a seguir, nas notas e registros que escolher, sem olhar para as mãos e sem parar. Observe os silêncios, as dinâmicas, as fermatas, as respirações e o pedal.

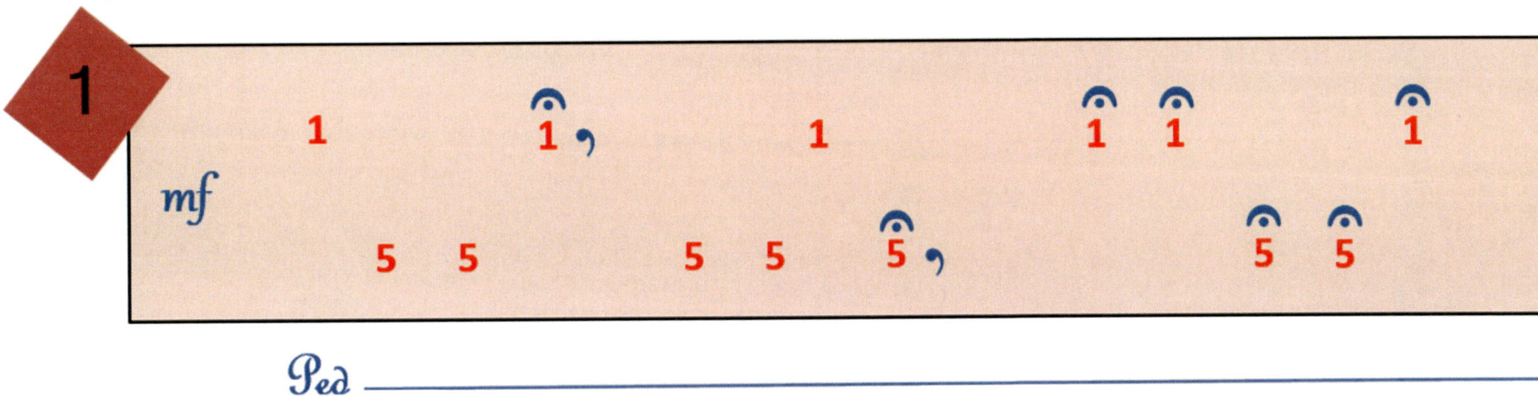

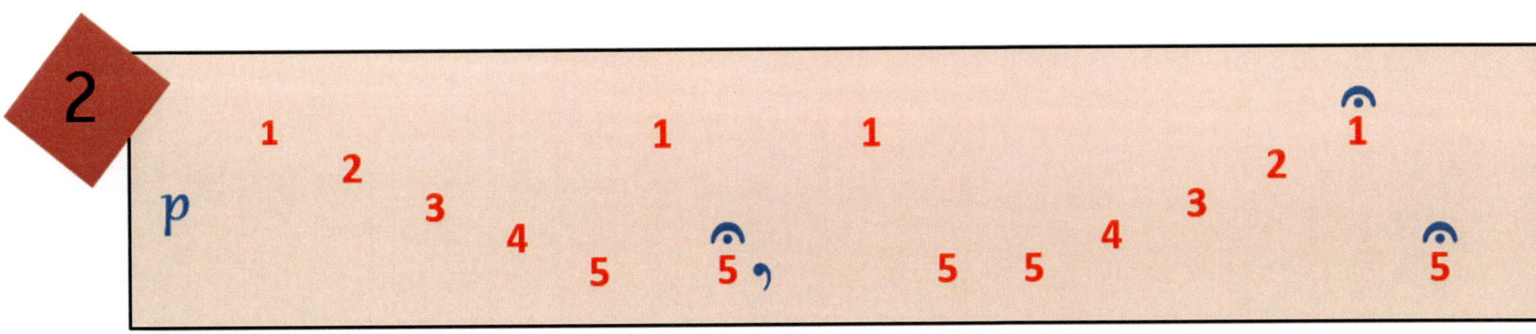

3

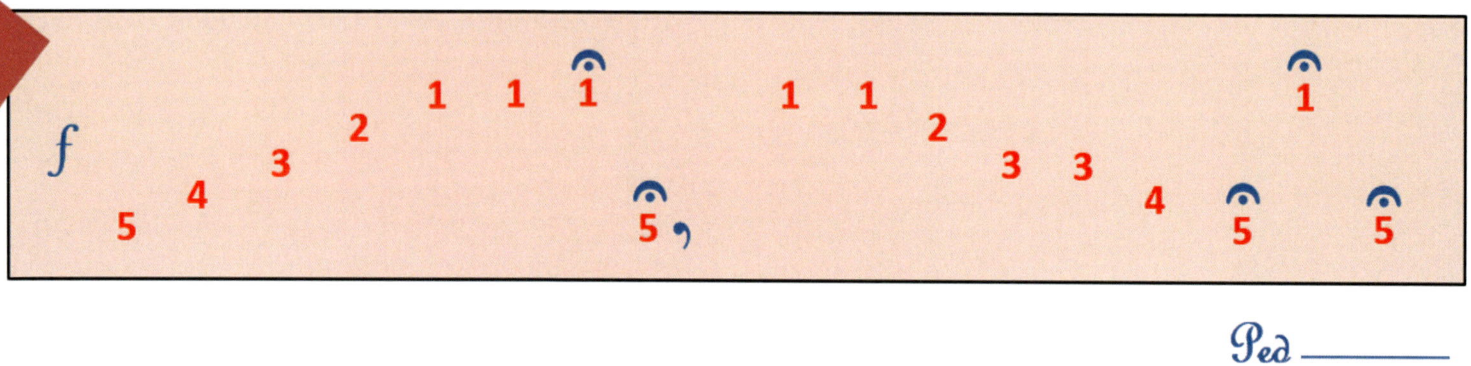
f
5 4 3 2 1 1 1 5 1 1 2 3 3 4 5 1 5
Ped

4

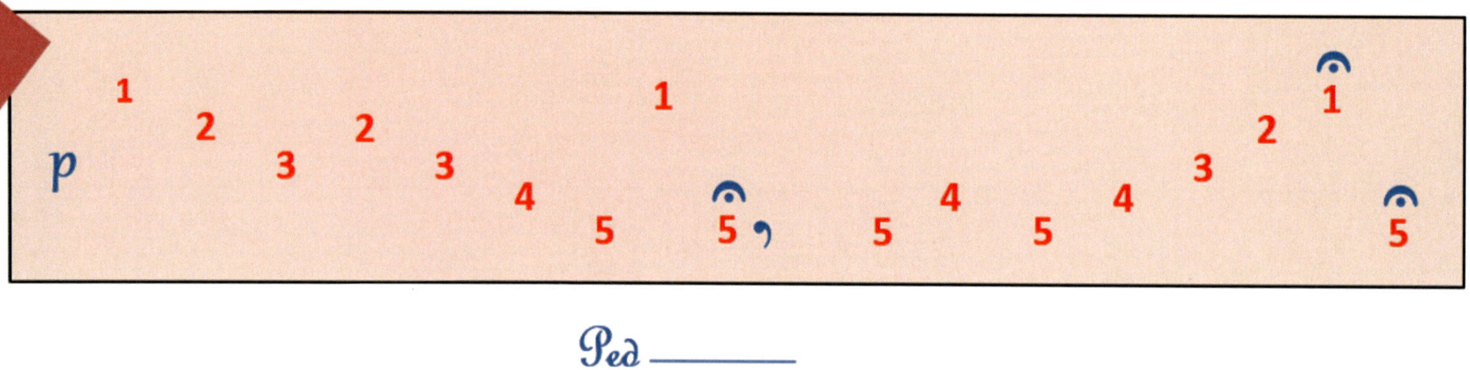
p
1 2 3 2 3 4 5 1 5 5 4 5 4 3 2 1 5
Ped

5

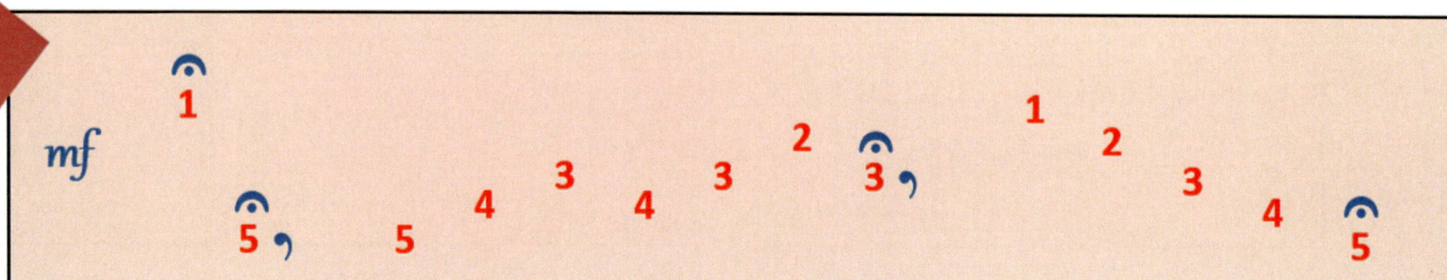
mf
1 5 5 4 3 4 3 2 3 1 2 3 4 5

Série 6 – Todos os intervalos juntos e misturados

6.1 Preparando a mão direita

Vamos recordar os intervalos de segundas, terças, quartas e quintas a serem realizados pela mão direita. Toque no piano, com a mão direita, as sequências escritas nos quadros a seguir. Observe a fermata no final de cada sequência.

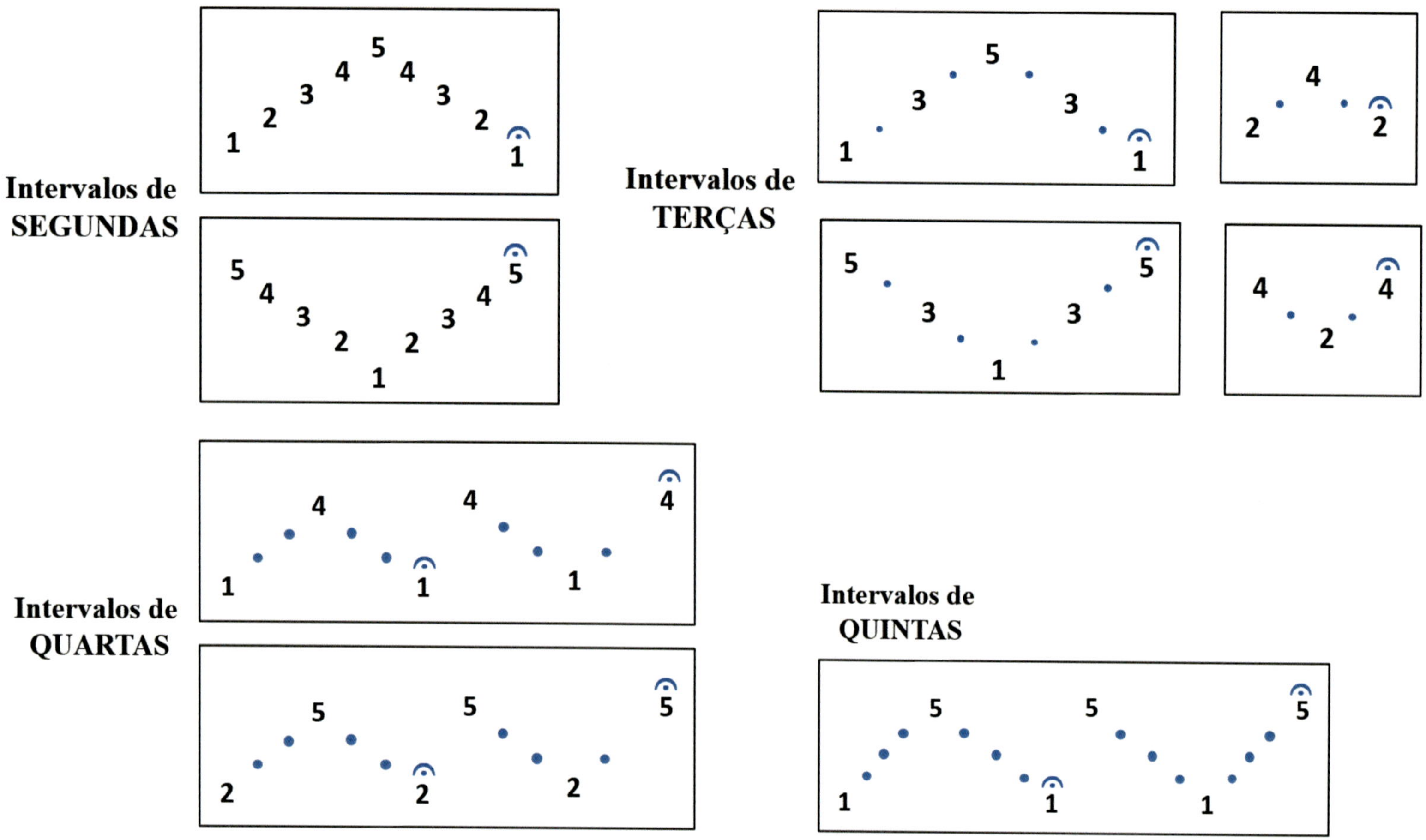

6.2 Preparando a mão esquerda

Vamos recordar os intervalos de segundas, terças, quartas e quintas a serem realizados pela mão esquerda. Toque no piano, com a mão esquerda, as sequências escritas nos quadros a seguir. Observe a fermata no final de cada sequência.

Intervalos de SEGUNDAS

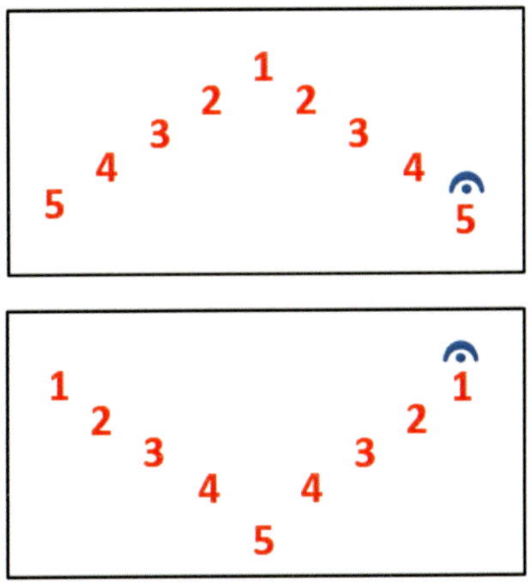

Intervalos de TERÇAS

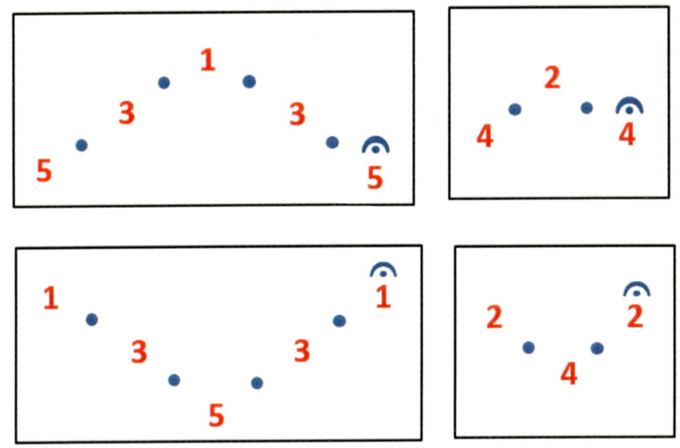

Intervalos de QUARTAS

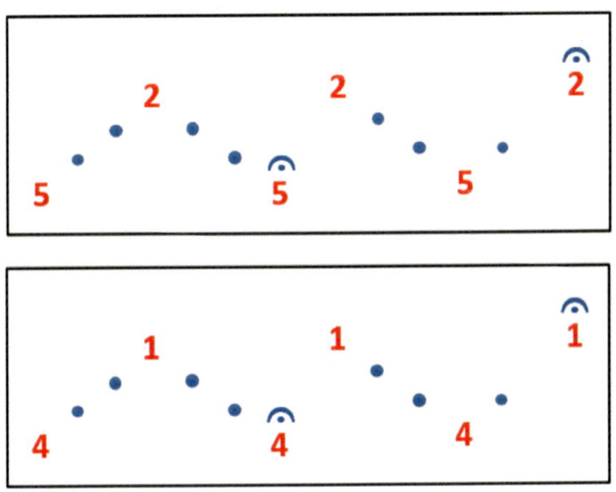

Intervalos de QUINTAS

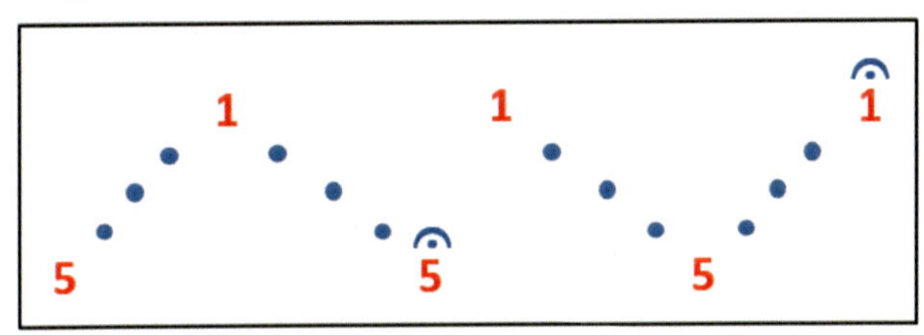

6.3 Canções com todos os intervalos juntos e misturados: mão direita

MACACO NO TELHADO

Cante e toque esta canção no piano, na posição indicada no teclado, usando os cinco dedos da mão direita. Observe as fermatas e as respirações e realize as dinâmicas como quiser. Depois, você pode tocar a canção em outras posições no piano, à sua escolha.

MACACO NO TELHADO

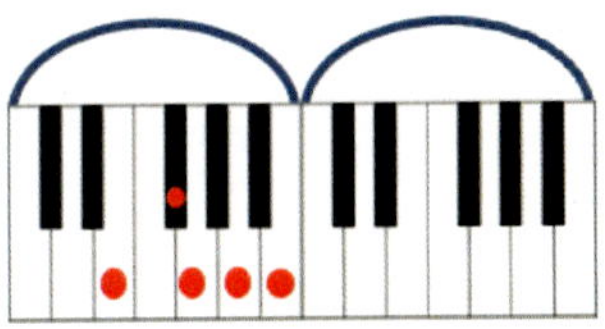

Vamos cantar e tocar mais uma canção?

HORA DE TOMAR BANHO

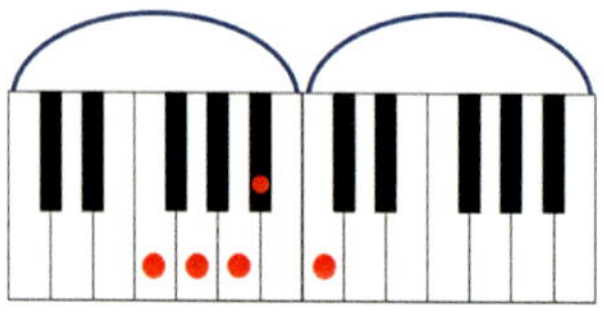

4	3	2	1	4 (fermata)	4	5	4	3	2 (fermata)	2	1	2	3	4	1	4 (fermata)
O	cão-	zi-	nho	vai	to-	mar	ba-	nho	vai.	Que‿água	fri-	a		ai,	ai,	ai.

6.4 Leituras com todos os intervalos juntos e misturados: mão direita

Com os cinco dedos da mão direita, toque no piano cada uma das sequências a seguir, nas notas e registros que escolher, sem olhar para as mãos e sem parar. Observe os silêncios, as dinâmicas, as fermatas, as respirações e o pedal.

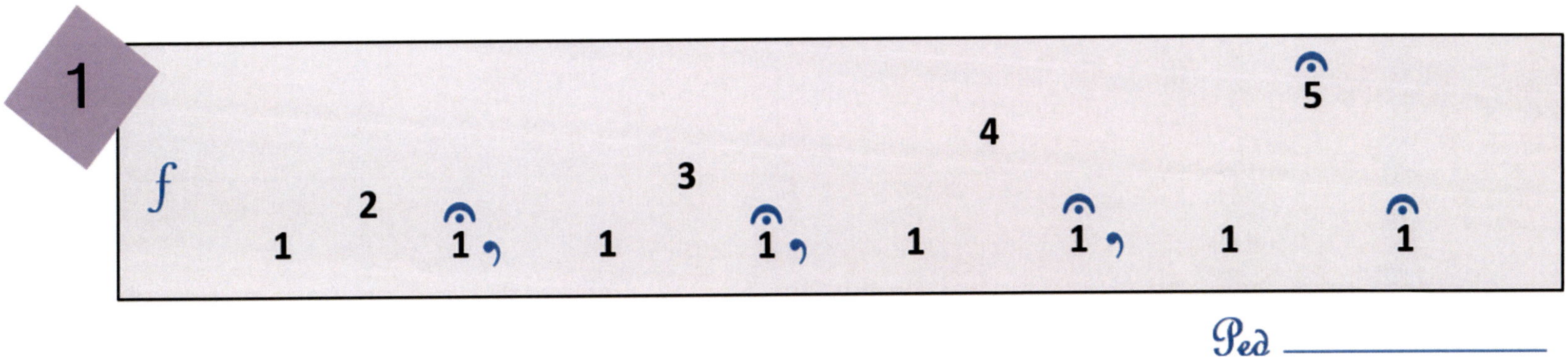

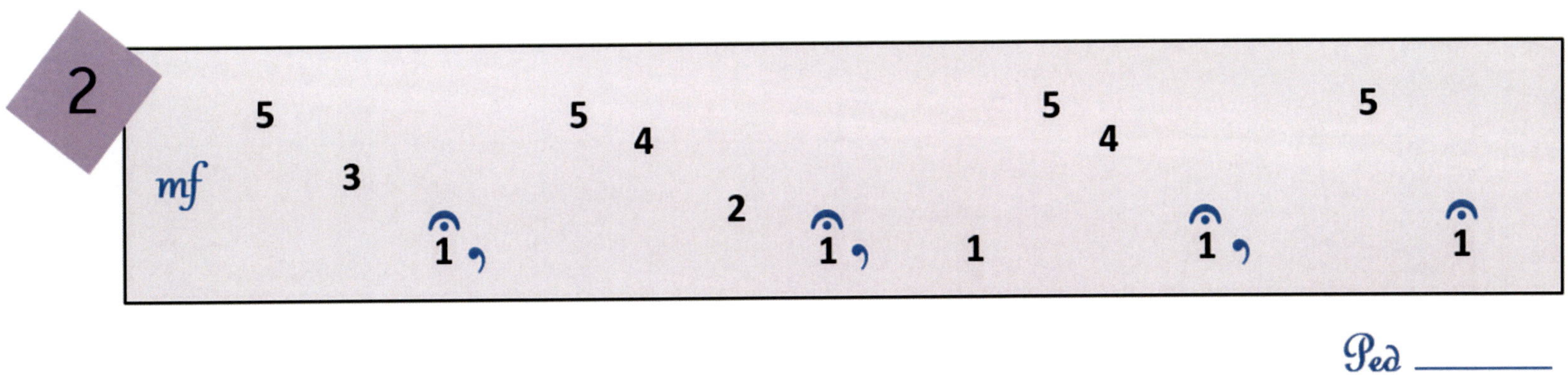

3

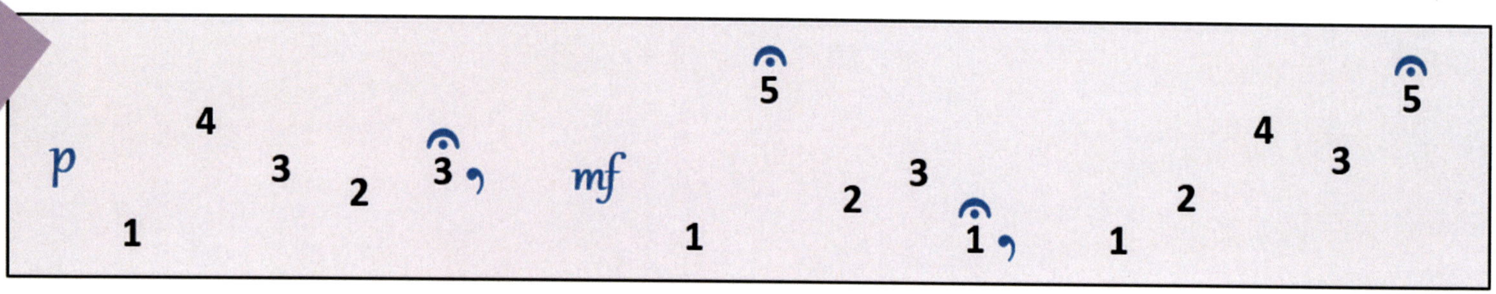
p
1 4 3 2 3
mf
1 5 2 3 1 1 2 4 3 5

4

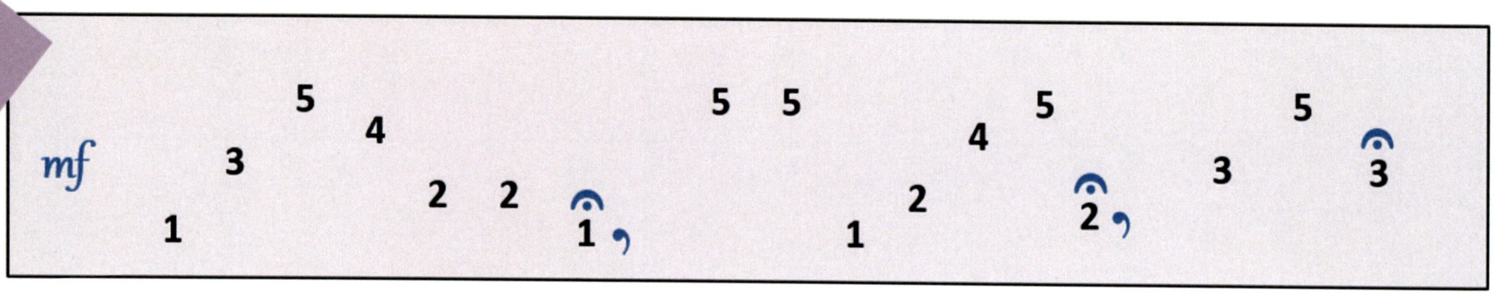
mf
1 3 5 4 2 2 1 5 5 1 2 4 5 2 3 5 3

5

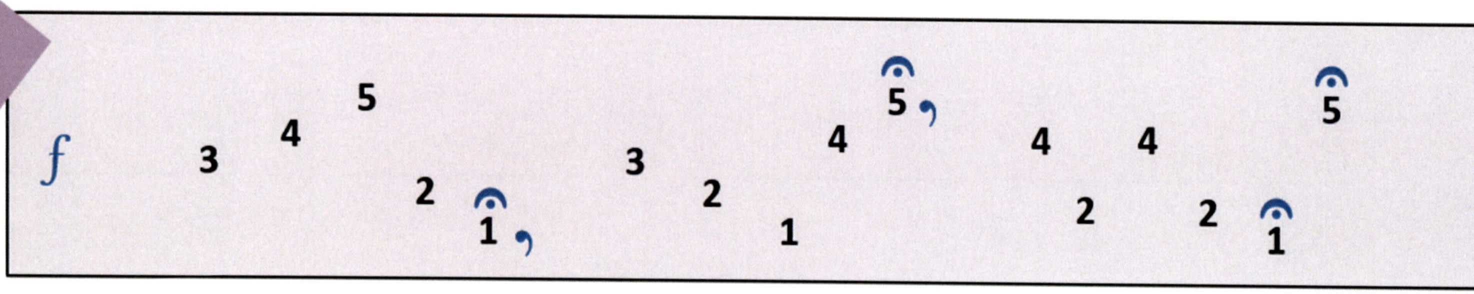
f
3 4 5 2 1 3 2 1 4 5 4 2 4 2 1 5

6.5 Canções com todos os intervalos juntos e misturados: mão esquerda

Cante e toque esta canção no piano, na posição indicada no teclado, usando os cinco dedos da mão esquerda. Observe as fermatas e as respirações e realize as dinâmicas como quiser. Depois, você pode tocar a canção em outras posições no piano, à sua escolha.

JOANINHA PULA CORDA

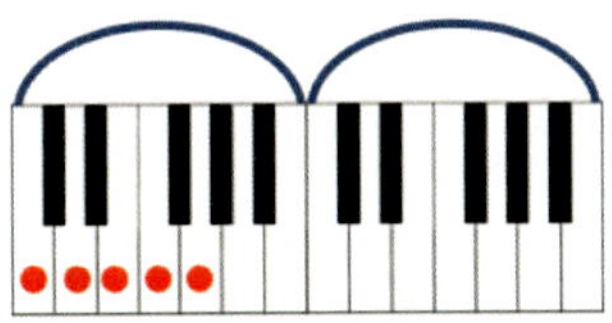

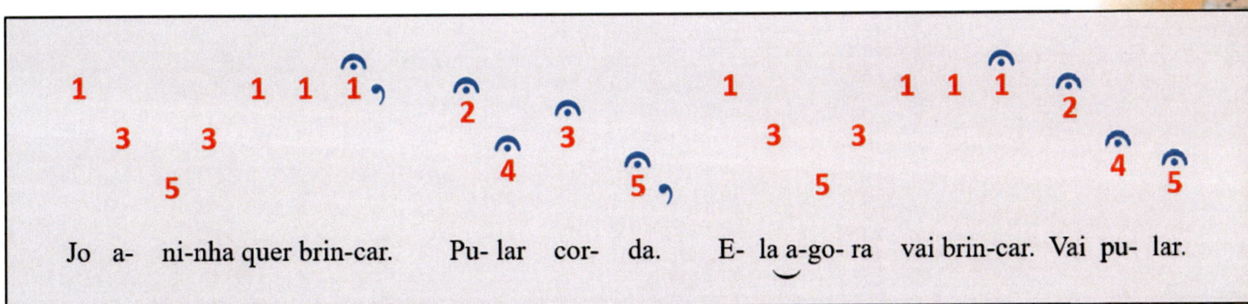

Vamos cantar e tocar mais uma canção?

BOTÃO EM FLOR

BOTÃO EM FLOR

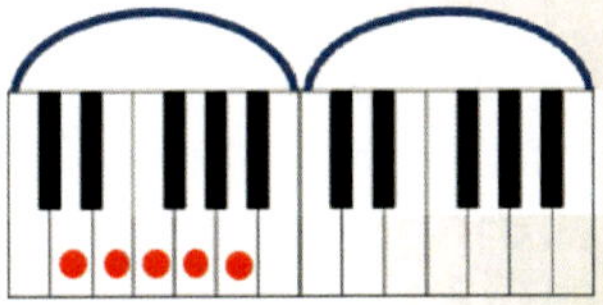

5 3 1 1 1 3 5 5 3 4 1 3 5 3 4 1 3 5 3 4 1 5

1ª - U- ma ro-sa no jar- dim, fi- cou tris- te as- sim, por-que lá mur-chou, um bo-tão em flor.

2ª - Mas não fi-que tris-te as-sim, pois no seu jar- dim, vai nas-cer um no- vo bo-tão em flor.

6.6 Leituras com todos os intervalos juntos e misturados: mão esquerda

Com os cinco dedos da mão esquerda, toque no piano cada uma das sequências a seguir, nas notas e registros que escolher, sem olhar para as mãos e sem parar. Observe os silêncios, as dinâmicas, as fermatas, as respirações e o pedal.

1

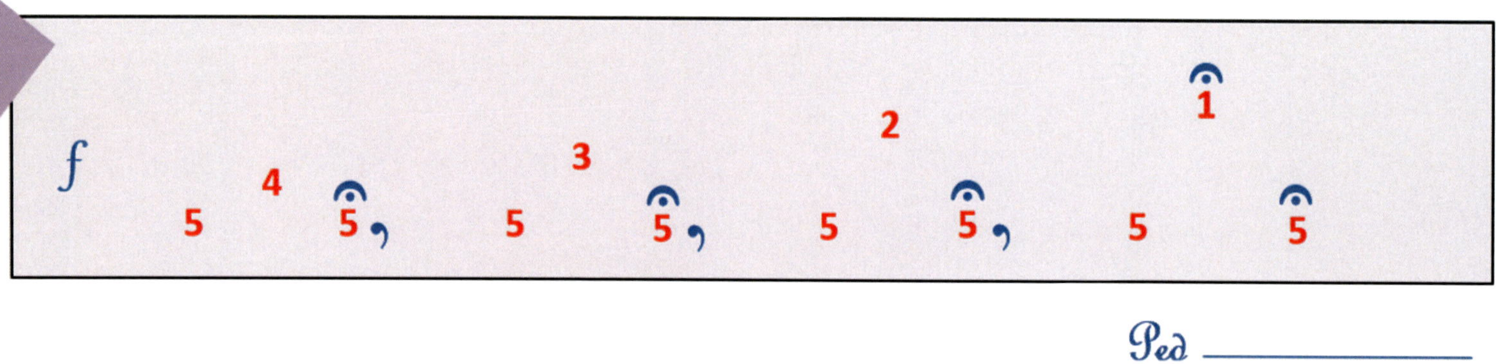

2

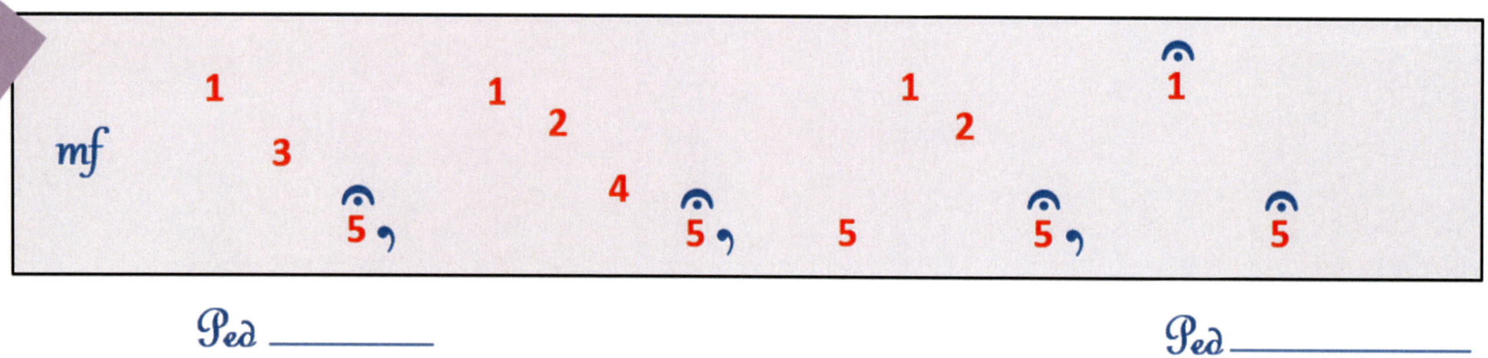

3

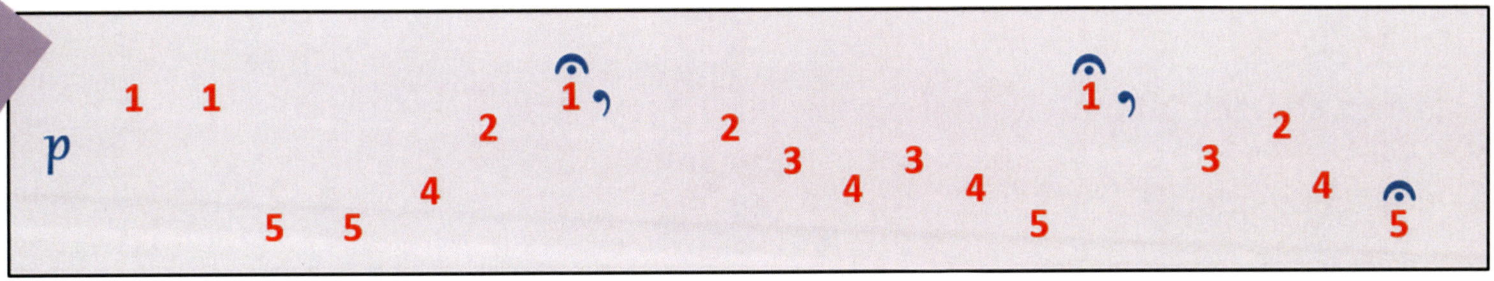
p 1 1 5 5 4 2 1 2 3 4 3 4 5 1 3 2 4 5

4

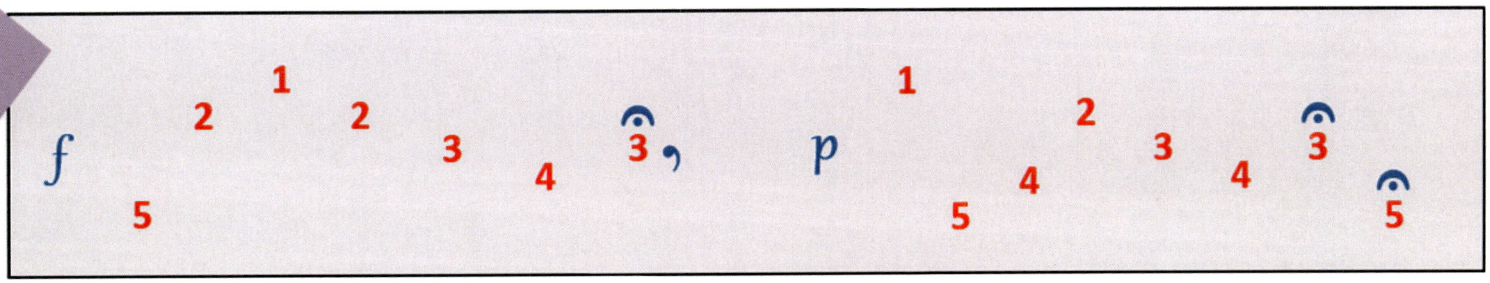
f 5 2 1 2 3 4 3 p 5 1 4 2 3 4 3 5

5

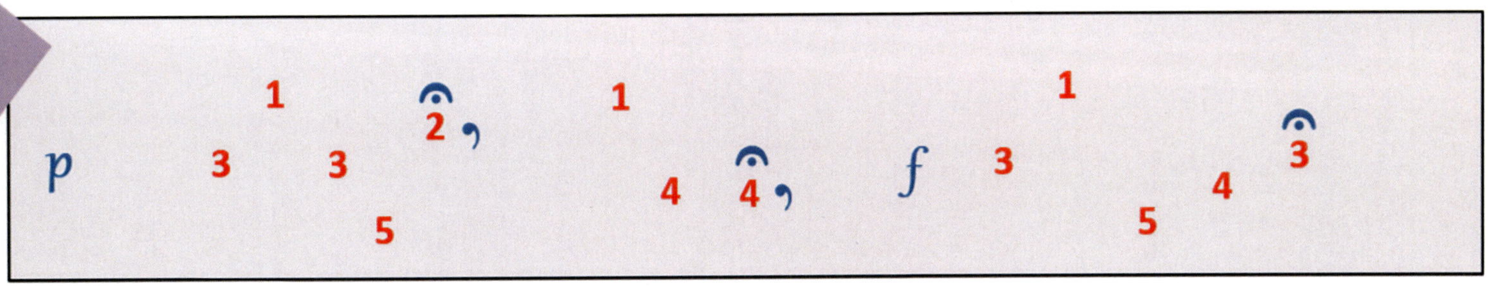
p 3 1 3 5 2 1 4 4 f 3 1 5 4 3

Parabéns!

Você chegou ao final do capítulo de LEITURA POR DEDILHADO. Vamos lembrar tudo o que você aprendeu?

1. O POSICIONAMENTO CORRETO DOS CINCO DEDOS DE CADA MÃO NO TECLADO.
2. OS NÚMEROS DOS DEDOS.
3. OS MOVIMENTOS SONOROS ASCENDENTES E DESCENDENTES.
4. AS REPETIÇÕES DE NOTAS.
5. OS INTERVALOS DE SEGUNDAS, TERÇAS, QUARTAS E QUINTAS.
6. AS DURAÇÕES SONORAS CURTAS E LONGAS.

Faça uma autoavaliação sobre aquilo que você aprendeu: o que você achou fácil e o que você achou difícil.